21 世纪应用型精品规划教材·物流管理

物流实验指导

刘华琼　主　编

张丽彩　陈永祥　副主编

清华大学出版社
北　京

内 容 简 介

本书共分五部分，包括物流岗位及专业能力需求分析，物流专业实验教学现状及改进意见，物流管理技术实验平台建设方案，物流实验项目体系，基础、认知性实验，设计性实验，综合性实验，开放性实验等内容。

本书编写上注重理论联系实际，重点突出，运用现代物流技术解决实际物流问题，注重实操性，从多方面、多角度地训练物流技能，并大量使用实际案例，有助于学生理解并提高学生学习的积极性。

本书适合作为高等学校物流工程、物流管理等专业的教材，也可以作为物流理论研究者、物流咨询公司、物流企业和其他企业物流部门管理人员及物流从业人员科研和实践的参考用书。

图书在版编目(CIP)数据

物流实验指导/刘华琼主编. --北京：清华大学出版社，2013　（2017.8重印）
(21世纪应用型精品规划教材·物流管理)
ISBN 978-7-302-33340-1

Ⅰ. ①物…　Ⅱ. ①刘…　Ⅲ. ①物流—高等学校—教学参考资料　Ⅳ. ①F252

中国版本图书馆 CIP 数据核字(2013)第 173609 号

责任编辑：曹　坤
装帧设计：杨玉兰
责任校对：周剑云
责任印制：宋　林

出版发行：清华大学出版社
　　　　　网　　　址：http://www.tup.com.cn, http://www.wqbook.com
　　　　　地　　　址：北京清华大学学研大厦 A 座　　　邮　　编：100084
　　　　　社 总 机：010-62770175　　　　　　　　　邮　　购：010-62786544
　　　　　投稿与读者服务：010-62776969, c-service@tup.tsinghua.edu.cn
　　　　　质量反馈：010-62772015, zhiliang@tup.tsinghua.edu.cn
　　　　　课件下载：http://www.tup.com.cn, 010-62791865
印 装 者：北京中献拓方科技发展有限公司
经　　销：全国新华书店
开　　本：185mm×230mm　　印　张：17.25　　　字　数：374 千字
版　　次：2013 年 6 月第 1 版　　　　　　　印　次：2017 年 8 月第 2 次印刷
印　　数：3001～3300
定　　价：42.00 元

产品编号：046131-02

前　言

近年来，随着我国物流科学研究的不断深入，大量的现代科学技术和方法被运用到了物流管理、物流组织和物流规划等问题的研究中，而物流企业也迫切需要懂这些技术并且会操作的技能型人才的加入。另外，物流专业本身就是一门实践性很强的应用性学科，只有通过对物流岗位能力的实践锻炼，才能满足企业对物流人才实际动手能力的高要求。对此，在教育培养中构建实验教学体系，提高物流类专业学生的实践能力，成为适应企业需求、满足岗位能力需要的必然要求。

本书从物流实际应用的角度出发，对现代物流中的重点问题及其操作方法进行了较为深入的理论分析，并配合实验环节对如何运用技术理论解决问题进行了深入的训练。通过本书的学习，读者不但能够理解现代物流技术的理论方法，而且能学会如何运用理论来解决现实中的实际问题。

出于各种考虑，由几所高校的教师及行业内一些工作多年的管理者共同编写了这本教材，希望能够为培养应用型物流人才做些努力。本书由刘华琼担任主编，张丽彩、陈永祥担任副主编，北京交通大学毕军，日照市高级技工学校李栋，山东交通学院孙学琴、何民爱、孟祥茹、白燕、魏新军、姜华、吕延昌、张远、陈建岭、王宝义、赵颖参与编写了本书的各个章节。本书在编写过程中，参考了大量的中外文献，在此我们谨向有关专家、学者表示诚挚的谢意！

由于时间仓促和编者学术水平所限，书中的不足之处在所难免，恳请物流界学者、专家和广大读者多提宝贵意见，以便再版时进一步修正。

编　者

目　　录

第一章 物流岗位及专业能力需求分析

第一节 物流岗位需求调查

从纵向看，现代物流产业结构涉及运输、储存、装卸、搬运、包装、流通加工、配送、信息处理以及为以上各个环节提供装备和配套服务的诸多领域，其本身就是一个庞大的系统；从横向看，物流服务几乎涉及国民经济的各个方面，是一个跨行业、跨部门、跨地区的基础性产业，具有强大的经济渗透能力与带动效应，主要包括物流基础产业、物流装备制造产业、第三方物流产业、物流IT产业等。发展我国现代物流产业，将会促进我国产业结构、产品结构、企业组织结构的调整与变化，推动流通领域的现代化进程，提升消费服务水平，有利于扩大内需和提高人民生活质量。

一、物流人才需求的类别

根据物流产业结构及发展现状分析，我国今后物流人才的需求主要包括以下四个方面。

(1) 宏观管理人才：主要是政府机构制定政策、规划等需要的专业人才，以及相应的教学、科研、人才培训等方面的人才。

(2) 企业物流管理人才：这是物流人才中需求量最大的一块，因为企业的涵盖面很广，尤其是制造业对物流人才有大量的需求。其主要工作是进行企业自身物流系统的规划与管理，或在实施物流业务外包中与第三方物流公司进行协调、管理和控制。

(3) 物流企业管理人才：是指专门从事物流业务的第三方物流企业所需的人才，包括仓储、运输、配送、报关、货运代理、物流系统规划、物流方案设计、物流成本核算及物流绩效评价、物流市场营销等方面的人才。

(4) 物流信息技术开发及应用人才：信息技术在现代物流产业发展中占有重要地位，目前已引起政府部门、社会团体和物流企业的普遍重视，因而需要大量既精通物流理论又掌握信息技术的复合型人才。

二、物流岗位需求调查与分析

为了掌握我国物流企业对人才的需求情况，编写组对国内各类物流企业及企业的物流部门进行了为期一个月的市场调查。

此次调查采取召开座谈会、访谈会、实地走访、网上调查、问卷调查相结合的调研方式。调查内容包括：

(1) 物流专业人才的层次结构以及对相关专业知识、能力结构的需求情况；

(2) 社会对物流专业人才培养方面的意见和建议，以及校企合作方面的要求；

(3) 近几年物流专业毕业生就业后的工作情况，即毕业生所学专业与从事专业的情况。

本次调查发出问卷 200 份，回收 152 份，回收率为 76%，其中有效问卷为 152 份。本次问卷调查选取的调查对象是物流企业的人事主管或经理和非物流企业的物流部门主管，他们对当前物流人才的状况和需求更为清楚。调查结果分析如下。

1．调查的企业类型

(1) 按企业性质分类。

调查的 152 家企业中，国有企业 40 家，民营企业 80 家，外资企业 12 家，中外合资企业 20 家。调查企业性质及所占比例如表 1.1 所示。

表 1.1　调查企业性质及所占比例

企业性质	数量(个)	比例(%)
国有企业	40	26
民营企业	80	53
外资企业	12	8
中外合资企业	20	13
合　计	152	100

从调查结果看，目前民营企业已经迅速崛起，但国有企业仍然在我国物流业中占有大量的市场份额，由于政策和地理位置的优势，国内的中外合资企业和外资企业也已成为一支不可忽视的力量，但从总体规模上看，国有企业仍然具有优势。

(2) 按物流企业和企业物流部门分类。

调查的 152 家企业中，物流企业 104 家，其中，专业物流企业 12 家，物流系统开发企业 16 家；企业物流部门 48 家，其中，生产物流企业 28 家，商业物流企业 20 家。调查企业性质及所占比例如表 1.2 所示。

表 1.2　调查企业性质及所占比例

企业性质		数量(个)	比例(%)
物流企业	小计	104	68
	专业物流企业	12	8
	物流系统开发企业	16	11
	其他	76	49
企业物流部门	小计	48	32
	生产物流企业	28	19
	商业物流企业	20	13
合　计		152	100

2. 岗位设置情况

调查表明，目前物流行业中的岗位可划分为以下几个类别：综合性物流管理、物流信息管理、库存管理、客户服务、报关报检、运输管理、配送专干、仓储操作、物流市场营销、物流绩效评价、物流系统规划、物流解决方案设计、物流成本核算等。

3. 企业对学历的需求分析

调查结果显示，目前企业物流从业人员学历层次的基本情况为，近 1/3 的企业具有高中及以下学历的人员比例超过 45%，只有几家企业本科学历的人员比例占 30% 以上大部分企业具有研究生学历的人员比例低于 1%；而企业对物流人才学历层次的需求情况为，有近 60% 的企业要求本科以上层次人才比例超过 50%，有 95% 以上的企业需要本科以上层次的物流人才。

由此可见，从物流人才的学历层次情况来看，本科以上层次的物流人才的需求与现状的反差较大，需求比较旺盛。

4. 对物流技能的需求与满意度

对物流技能的需求，从调查结果看，按企业需求顺序由大到小排列依次是：物流信息管理技术占 68.2%，运输优化技术占 60.4%，仓储管理技术占 59.5%，物流成本核算及绩效评价技术占 43.8%，物流网络优化技术占 41.7%，包装及集载技术占 32.8%，装卸搬运技术占 30.5%，其他物流技术需求所占比重均在 30.0% 以下，如图 1.1 所示。

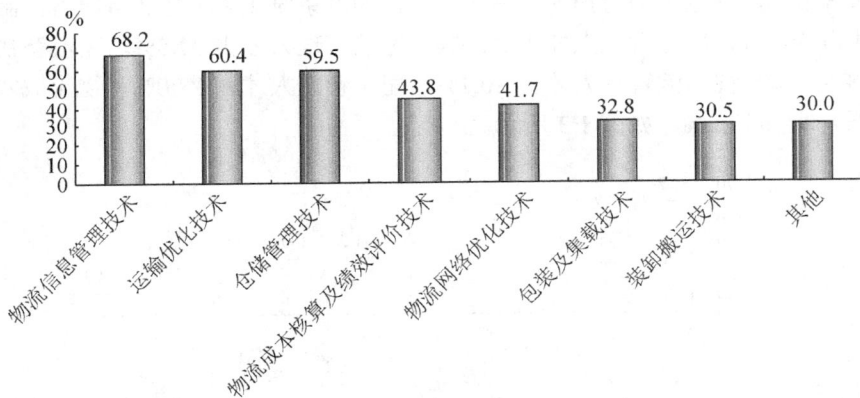

图 1.1　企业物流技能需求百分比

企业对员工物流专业技能满意程度，从调查结果看，满意的占 57.6%，一般的占 38.7%，不满意的占 3.7%，如图 1.2 所示。

总体来看，物流企业或部门对员工物流专业技能的满意度较高。但在访谈和观察中发现，实质上物流企业员工的专业技能并不是非常合理，技能水平也不高。由于我国人力成

21世纪应用型精品规划教材·物流管理

本较低，大多数企业的物流运作还停留在传统的人工操作模式，因此对多数员工的技能要求只是传统的填表、简单的验收、保管、拣选等，调查结果的满意度高实质上也反映出我国多数物流企业的现代化物流水平不高，还属于传统的物流企业。

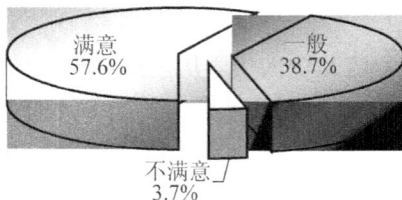

图 1.2　企业对员工物流专业技能满意程度

对于学生不能尽快胜任物流相关工作的原因，从调查结果看，多数企业选择的是：实践经验不足，对行业了解不够和专业技能欠缺等。

关于企业对物流人才比较看重的素质，从调查结果看，多数企业选择的是：团队合作、专业技术运用、职业拓展和专业操作等。

5. 企业最紧缺的物流岗位人才

调查结果显示，企业最紧缺的物流岗位人才按需求度由大到小排列依次是：物流信息管理人才占62.2%，物流市场营销人才占51.7%，物流系统规划人才占41.5%，国际物流业务管理人才占39.9%，库存管理人才占32.8%，运输管理人才占31.5%，物流解决方案设计人才占30.8%，综合性物流管理人才占30.1%，配送管理人才占27.0%，物流成本核算与物流绩效评价人才占12.2%，如图1.3所示。

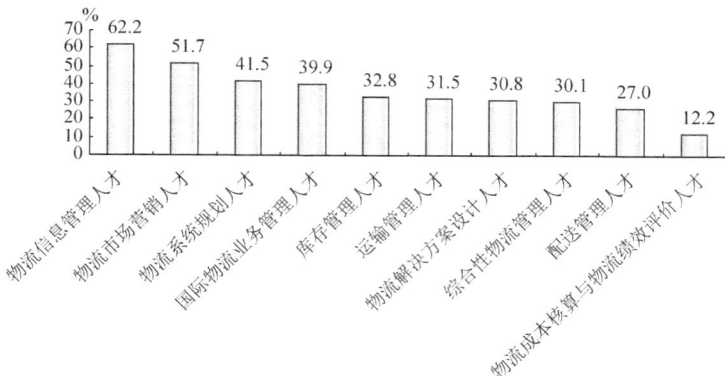

图 1.3　企业最紧缺的物流岗位人才百分比

由此可见，我国的物流企业已经开始注重提升自己的服务水平，注重对物流信息技术的应用，努力为客户提供诸如物流系统规划及物流解决方案设计等增值性的物流服务；物流服务市场拓展也是企业较为关注的一个重要方面，而国际物流服务将成为企业开拓的一个重要领域；仓储、运输、配送仍是企业主要的服务功能。

第二节 岗位专业能力分析

在物流运作过程中，商流、信息流、资金流贯穿于各个环节之中，物流企业在经营、管理、市场开拓和业务操作等方面需要上百个岗位，不同的岗位对专业能力的要求不尽相同，表 1.3 所示是对企业关键物流岗位专业能力分析。

表 1.3 企业关键物流岗位专业能力分析

岗 位	岗位概要	岗位职责	基本专业能力要求
物流经理	组织、管理物流系统各环节，实现物流顺畅的目标	① 控制送货和仓储成本以符合公司目标； ② 管理物流供应商以使货物送达目标客户手中，并不断提升服务水平； ③ 保证日常操作顺畅有效； ④ 提供实时管理和作业报告，保持计算机系统和手工操作系统数据精确； ⑤ 保持实际存货 100%精确； ⑥ 安置、组织并调动整个团队，充分执行目标要求的任务； ⑦ 确保区域层面上的最优组合	① 受过项目管理、生产作业管理等方面的培训； ② 熟悉物流管理业务流程，具有丰富的流程管理技能； ③ 了解各种物流管理技术； ④ 具有较好的人际沟通能力及组织协调能力； ⑤ 能够熟练使用计算机及办公软件； ⑥ 英语水平良好
采购主管	制订、组织、协调公司或所属部门的采购计划，达成公司所期望的货物种类、库存和利润目标	① 调查、分析和评估市场，以确定客户的需求和采购时机； ② 拟定和执行采购战略； ③ 根据产品的价格、质量、分类和促销，有效的管理特定产品的计划和分配； ④ 管理采购助理(若有)和其他相关员工，以确定采购的产品符合客户需求； ⑤ 发展、选择和处理与当地供应商的关系，如价格谈判、采购环境、产品质量、供应链、数据库等； ⑥ 改进采购的工作流程和标准，通过尽可能少的流通环节，减少库存的单位保存时间，以达到存货周转的目标； ⑦ 发展和维护总部及区域采购部、销售部和市场部、物流以及其他组织的相关职能部门的内部沟通渠道	① 受过物流管理、生产管理、谈判、管理技能开发等方面的训练； ② 熟悉物资采购招投标程序； ③ 具有丰富的流程管理技能，熟悉物流管理业务流程； ④ 能够熟练使用计算机及办公软件； ⑤ 英语水平良好

21世纪应用型精品规划教材·物流管理

岗 位	岗位概要	岗位职责	基本专业能力要求
信息主管	负责物流管理信息系统的规划与管理	① 负责物流信息系统的调研、规划、分析、设计和实施工作; ② 监控现行信息系统的运行状态,保证信息系统的正常运行; ③ 及时向上级主管及各部门提供有关信息; ④ 负责公司综合统计分析工作,定期对各业务的完成情况进行监督、检查和考核	① 受过 IT 专业系统培训,具有计算机软、硬件及网络管理知识; ② 熟悉物流管理业务流程; ③ 具有系统规划的丰富经验与系统分析能力; ④ 具有物流业务统计分析知识和技能
仓储主管	组织、指导原材料及产品入库、保管、出库等环节的工作,编制相应台账,并报送财务部和生产部	① 根据公司的生产销售能力,确定原材料及产品的标准库存量; ② 及时与生产部和市场部沟通,保证生产用原材料的库存供给和市场部发送产品所需的库存供给; ③ 定期编制采购物品的入货台账、退货台账及库存台账,报送财务部和生产部; ④ 定期编制产品入库、出库及库存台账,送生产部和财务部; ⑤ 组织人员保证材料库及成品库的仓储环境,确保库存产品或材料的材质不变; ⑥ 制定并实施材料库及成品库的管理制度和管理方法	① 受过物流管理、仓储管理等方面的培训; ② 熟悉物资采购程序; ③ 了解运输方式及其特征; ④ 熟悉物流管理业务流程
运输主管	规划最佳送货路线与方式,组织订单货物及时完好地送达	① 组织、指导有关订单货物送达活动; ② 选择及评价最佳送货路线及方式; ③ 检查丢失及损坏情况,并进行问题处理; ④ 评价送货人员工作质量、及时性和费用情况; ⑤ 提出运输工具及方法的建议; ⑥ 作为组织代表就有关事宜与政府部门进行沟通	① 受过物流管理、仓储、货运管理等方面的培训; ② 熟悉公司业务区域内的地理状况; ③ 熟悉公司产品运输方式及特征; ④ 具备运输优化技能; ⑤ 熟悉物流管理业务流程; ⑥ 具有丰富的流程管理技能
市场营销主管	负责市场调研,对物流网络规划提出建议、做好客户关系管理工作	① 负责市场调研工作,通过不同渠道和途径获得物流市场信息,负责对物流市场的调研、预测及报告撰写; ② 根据物流市场信息,结合企业资源情况,对物流网络节点的数量、位置和规模等提出建议; ③ 做好客户关系管理工作,对客户群进行科学划分,不断开发潜在客户,维护好老客户; ④ 负责物流项目的开发和确立	① 具备市场营销和客户管理的专业知识和运作技能; ② 熟悉第三方物流的业务及运作流程; ③ 具备强烈的客户服务意识和敏锐的市场分析能力; ④ 具有良好的沟通、分析和协调能力; ⑤ 具备物流网络规划能力

物流专业是一门实践性很强的应用型学科,通过对物流岗位专业能力的需求分析可知,企业对物流人才实际动手能力有很高的要求。对此,在教育培养中构建实验教学体系,提高物流类专业学生的实践能力,成为适应企业需要、岗位能力需求的必然要求。

第二章　物流专业实验教学现状及改进意见

第一节　实验教学现状

实验教学环节是发现问题的重要机会，只有在终端的应用才能暴露出应用能力培养体系中的问题，才能认识到问题所在，加以调整，以进一步优化物流专业应用能力培养体系。在之前多年的实践教学经验及调研中，也确实反映出我国之前的物流类专业应用能力培养体系中存在着不少问题。

1. 急需更新实验教学理念

实验教学水平的提升，首先是实验教学理念的提升，理念的提升从某种角度上说也是对实验教学定位的提升。实验教学应是与理论教学并行、并重的，但不能一味地因为强调其重要性而人为地割裂两者之间的关系，而应更深层次地认识实验教学的作用。

大量的理论知识来源于实践，在"授之以渔"的教学目标之下，恰恰是实验环境能够为学生还原知识产生、积累及完善的过程，因此在教学过程中可以将课堂理论知识传授方式转变为实验探索过程，让学生去亲身感知，而不是让学生去验证理论。对于以实践应用为特色的物流专业，这种实验教学的理念更应该加强，因为许多物流理论知识产生于实践，应遵循"实践—认知—实践"这一知识发展过程，并将其反映到实验教学的过程之中，通过合理地设置教学环节，逐步深化对事物的认识，让实验室和教室成为同等重要的教学场所。通过教学理念的转变也可以将大量的验证性实验项目转化为综合性、设计性实验项目，解决实验教学分配不均的问题。

提升实验教学的作用，单纯地提升认识还不够，还需要制度来保证这种定位的执行，即落实到具体的教学活动中，在培养计划的制订过程中不仅仅是将提升实验动手能力写入培养目标，更要将具体的教学任务进行细化，写入培养计划。完善的实验教学课程体系包括独立的实验课程，必要的认知性、基础性实验，专业性较强的综合性、设计性实验，拓展性的开放式实验。最后还需要对一些课程内容进行适当的规范，给出指导性的意见，只有这样才能把实验教学的理念切实落实到位。

2. 实验教学体系尚未系统完善

由于物流相关学科的建设周期比较短，加之物流多学科融合的特色，导致物流相关专业的教学还处于探索阶段，尚未真正系统完善，各个院校在物流相关学科的建设过程中大多数是借助原有优势学科的基础条件，构建具有自身特色的物流专业教学体系。比如山东大学是以机械工程为特色，北京物资学院偏重信息系统以及节点规划设计，清华大学则以工业工程为依托，首都经济贸易大学以企业管理为特色，山东交通学院以交通运输管理为特色等。在这种背景条件下，为专业培养目标服务的实验教学则更加反映了这一特征，实验室的建设模式也呈现多样化的特征，以特色实验教学为主，这一现状对于一个发展中的学科而言是正常的，在发展过程中需要不断地探索。但是一个学科走向成熟势必将形成自身的基本核心架构体系，以仓储、运输等为核心的物流产业在人才的培养上也将形成面宽点深的基本格局。所谓面宽是指应覆盖到基本的核心内容，要能够比较全面地覆盖本学科的基本要点；所谓点深是指在某一领域上精通，从而形成特色。物流实验教学也应按照这一思路进行建设和完善，形成对"宽基础、强特色物流人才"培养目标的有力支撑。

要改变目前物流实验教学面不宽、点不深的发展现状，应在整个专业培养目标、培养计划既定的条件下，着重研究自身体系的构建问题，对物流相关专业人才的培养应明确其具备的基础知识、能力体系，并因地制宜、因校制宜地凝练特色，对于仓储、运输、配送、物流信息等基本核心环节必须有所涉及，以免造成人才培养上的知识"短板"，同时应着力塑造特色，通过实验教学环节强化优势，从而使学生具备更强的竞争力。

3. 专业基础有待进一步夯实

通过实践发现，大多数同学在实验和实习中缺乏敏锐的创新精神和意识。对于企业中已经长期运作的，但已不太符合目前物流行业的工作流程和方式，他们可以很明确地说出不合理之处，能用物流专业知识给予解释，但却不能提出优化方案，这在一定程度上限制了同学们未来的发展。除了学生缺少经验，对物流企业的运作情况不十分熟悉等客观因素外，最主要的原因是教学安排中对专业课程再整合不足，学生缺少综合性的专业能力训练等。

4. 个别课程内容标准过高，脱离实际

现行的物流类专业课程目标的制定由于缺少行业和企业的参与而呈现随意性大的问题，致使课程标准过高。同时，当前我国物流企业与国际现状具有较大差距，管理及软、硬件方面落后很多，学生实习中落差较大，感觉课程教学过于先进，脱离我国物流行业实际。

5. 工程能力欠缺，学生有较明显的轻工程重管理倾向

在与就业挂钩明显的毕业实习中，可以发现绝大多数学生在运输、仓储、速递、快运等物流类企业，工作内容与所学专业比较对口。进一步分析发现，大多数同学将要从事行政管理、人力资源管理、市场管理及市场拓展等管理类工作。

对这一类的岗位及毕业生的跟踪调查发现，物流类毕业生近年来虽然取得的成绩斐然，但难以见到直接从事物流项目的规划、研发等工程类工作的毕业生。另外，毕业生从事的

工作均按以往的工作模式进行，并没有合理利用自己的物流相关知识加以改进。例如，大多数物流企业的信息系统都是五六年前建立起来的，均无法满足现阶段的需求。毕业生在系统学习相关知识的前提下，并未对系统进行升级优化。这在很大程度上未能体现出物流专业毕业生的工程能力。

排除目前物流行业大企业偏少，研发、技术推进投入不足等因素，可以认为：物流专业的毕业生虽然有比较系统的物流管理知识，以及由此形成的较强的管理能力和市场拓展能力，基本能够适应目前物流行业的业务要求，但距离物流管理技术应用能力培养体系中所要求的"从事物流项目的规划、设计、开发等工作，具有较强的应用能力"以及工程类应用型本科专业的总体要求，仍存在不少差距。

物流工程专业被定位为工科应用型专业，因此为了提高毕业生的综合竞争力，应进一步对培养原则进行界定，并进行教学手段的创新。

第二节　改　进　意　见

为解决目前主要实践环节存在的问题，本书在实验环节教学体系的建立中加大了基础性知识的探索实验，并在此基础上提高力度，重点突出创新能力的培养，明确了应用能力培养体系的主基调。

1. 重新定位物流工程专业人才培养原则

在人才培养体系中，在将专业定位于应用型专业的前提下，必须注重以下人才培养原则。

(1) 基本原则：加强对物流作业现场管理人才实际应用能力的训练。

(2) 素质教育原则：通过加强素质教育，将素质教育融入课堂教学之中，培养具有社会责任感、心理素质良好的大学生。

(3) 培养创新意识原则：通过加强基础理论和综合能力的培养，拓宽基础、采用柔性专业方向，培养具有开拓创新能力的大学生。

(4) 加强基础的原则：根据现代物流发展趋势对人才培养的要求，应注重基础理论和工程素质的教育，加强外语和计算机等应用能力的培养，使外语与计算机能力的训练贯穿于整个培养过程中，以适应现代物流产业国际化和信息化的要求。

(5) 个性化培养原则：为了增强学生的社会适应能力，应该让学生有更大的选课空间，并充分注意学生之间的差异，使专业教育符合学生个性化发展要求。这一原则可通过降低必修课学分、增加选修课学分来实现。

(6) 培养主动学习能力的原则：在教学中，应注重扩大学生的知识面和信息量，应增加课外自学的比重。对此，可通过采用"讲1、练2、考3"的方式强化学生对主动学习能

21世纪应用型精品规划教材·物流管理

力的培养。

(7) 采用现代化教学手段的原则：通过引进案例教学、模拟教学和模拟实验等教学手段，加深学生对所学课程内容的理解与掌握。

(8) 理论联系实际的原则：作为工科专业，尤其需要强化"在实践中学习、在实践中检验、在实践中提高"的教学理念和教学手段，改变以往在教学中"注重定性描述、不注重定量解决实际问题"的倾向。提高实践教学的比例，加强社会实践与实习，切实强化学生能力的培养。

2. 夯实理论基础

调整该专业的课程体系和内容，以适应当前社会的需求。

在第一、第二学年，加强工科基础理论和实践能力训练，加强以计算机为工具的信息技术基础与技能的训练，逐步使学生具备扎实的理论基础，以良好的工科基础素养来支持专业课程的进一步学习。

在第三学年，应调整课程体系，在保证重点开设物流工程核心课程的基础上，设置适应现代技术发展的新技术课程，如物流信息化管理、软件应用等；特别需要增加应用技术类选修课程和提高学生动手能力课程的学分，并将学生的职业技能训练与就业准备相结合，保证毕业生具有较高的社会综合竞争优势。

3. 强化工科特色

作为工学专业，应以培养学生的工程素质为出发点。在保证学生具备基本的管理理论知识与能力的基础上，要通过对现有课程的调整优化，适当加大工科类课程的学时，来突出工科特色，并以此为基础培养学生的应用能力和创新能力。

4. 教学方式的改进

目前，本科教学最基本、最主要的教学方式仍然是采用课堂讲授。这种教学方式的改进须由注入式向启发式、参与式、讨论式转变，为了实现这种转变，在课堂教学方式中应做到以下几点。

(1) 运用各种方式(包括直接对话、提问、测试、作业、课程小论文等)了解学生对知识掌握的程度，提高信息反馈的及时性。

(2) 增加课堂讨论和案例等教学手段的使用力度，使学生参与教学过程，调动学生学习的积极性和创造性。

(3) 鼓励学生提出问题并开展讨论。通过让学生发现问题，然后开展讨论提出解决问题的办法，达到加深对课程内容的理解和认识的教学目的。

(4) 通过各种手段提高教学内容的直观性。

第三章　物流管理技术实验平台建设方案

第一节　总　体　目　标

物流管理技术实验平台(以下简称"实验平台")的总体目标是基于现代物流的核心理念和标准流程，运用现代物流管理技术，采用大平台小模块的建设模式，通过集成、应用先进的物流技术装备，建设一个功能齐全、富有特色，能够充分体现现代物流自动化、智能化和高效化的综合物流实验平台，全力打造一个高水平的，能够为企业培养技能型专业人才的物流综合模拟实验中心，通过开展物流业务模拟性、设计性及开放性实验项目，真正培养和提高学生的实践操作能力和专业创新能力。

第二节　实验平台的结构组成

实验平台的基本结构主要由四个实验室组成：物流装备与技术实验室、物流信息技术实验室、物流管理实验室和物流规划仿真实验室，如图 3.1 所示。

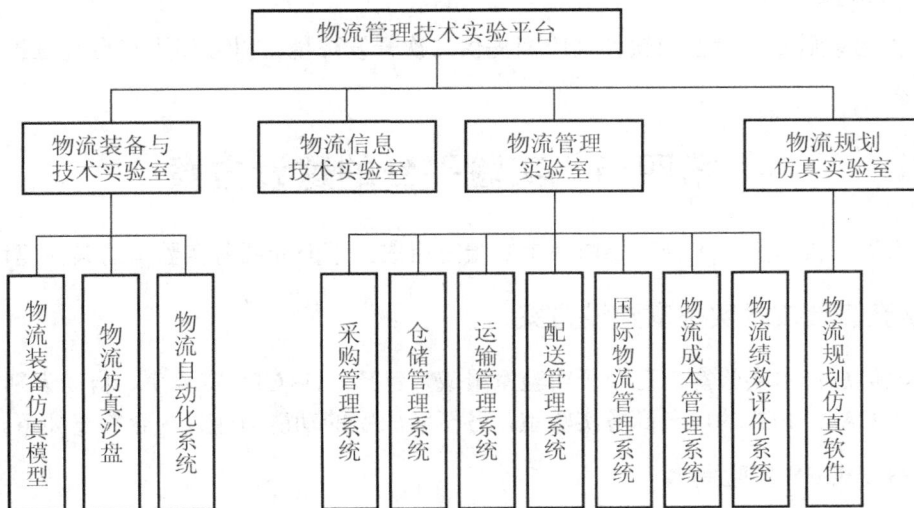

图 3.1　实验平台的基本结构组成

第三节　实验平台建设的基本原则

实验平台在建设过程中应遵循如下基本原则。

1. 技术先进性原则

通过软件与硬件的高度集成,充分体现现代物流管理的核心理念、先进技术和科学的管理流程。首先,保证硬件设备的先进性,所有物流硬件设备均采用工业级标准,真正反映现代化物流系统的实际运作情况;其次,保证物流实验软件的先进性,以现代物流信息管理系统模拟实际物流企业的运作流程和实际操作模式。

2. 经济实用性原则

在物流实验平台建设过程中要充分考虑经济性原则,选择性价比高的设备及软件。同时,平台应具有良好的实战性和可操作性,以达到经济实用的目的。

3. 柔性化设计原则

采用模块化思想进行实验平台的规划设计,为系统升级和扩展提供技术基础,便于引入更多先进的物流设备和技术,也为科研工作创造良好的实验环境。

4. 开放性原则

开放性原则要求设备和软件供应商提供二次开发环境,以方便用户自行维护与进一步研究开发。

第四节　实验平台的建设方案

物流管理技术实验平台主要由四个实验室组成,下面介绍各实验室的具体建设方案。

一、物流信息技术实验室建设方案

物流信息技术实验室由三个子实验室组成,包括 GIS+GPS 实验室、自动识别技术实验室、基于 CA 和 EDI 的电子商务实验室,各子实验室的功能与建设内容简述如下。

1. GIS+GPS 实验室

GIS+GPS 实验室的功能结构如图 3.2 所示。

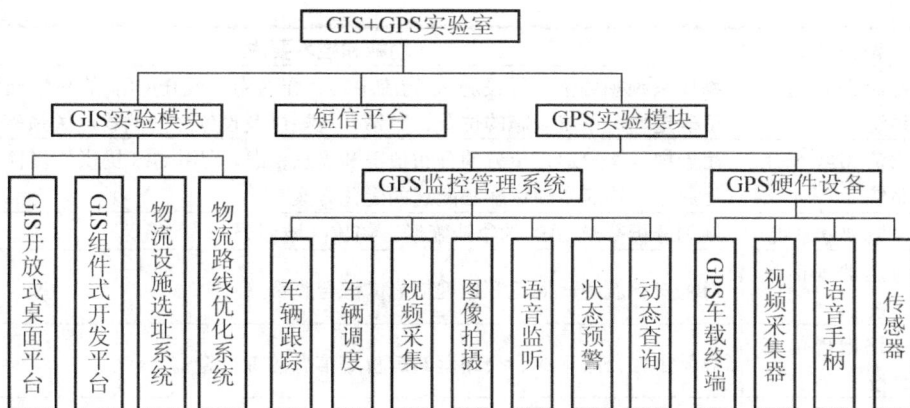

图 3.2　GIS+GPS 实验室功能结构图

GIS+GPS 实验室的主要仪器设备配置如表 3.1 所示。

表 3.1　GIS+GPS 实验室的主要仪器设备配置表

序号	设备名称	功能和技术要求
1	GIS 开放式桌面平台	能够实现地图浏览以及对空间对象、属性数据的编辑功能和对影像数据的配准功能，提供地图编辑、属性数据管理、分析与辅助决策相关事务以及输出地图、三维建模等方面的功能
2	GIS 组件式开发平台	基于 COM 组件技术标准，以 ActiveX 控件的方式提供 GIS 功能的组件平台，为管理信息系统(MIS)增加 GIS 功能，把 MIS 提升到一个新的高度。 (1)核心组件：提供二维地图可视化、地图编辑、空间数据访问、管理、查询和部分空间分析功能。 (2)分析组件： ①基于矢量的空间分析提供叠加分析、矢量邻近分析、网络分析、动态分段、追踪分析等功能； ②基于栅格的空间分析提供栅格邻近分析、条件提取、概括分析、水文分析、内插表面、统计分析、地图代数、表面分析等功能； ③网络分析对象、栅格分析对象和叠加分析对象
3	电子地图	包括世界级、全国级、城市级电子地图各 1 套
4	短信平台	包括短信收发设备(含短信平台支持软件)，支持 SIM 卡群发，实现短信与各管理信息系统的主动查询和被动通知、货物状态的反馈和跟踪，提供二次开发接口资料
5	GPS 硬件设备	包括 GPS 车载终端、传感器、语音手柄、视频采集器
6	GPS 监控管理系统	主要功能：①车辆跟踪功能；②历史轨迹回放功能；③车辆调度功能；④车辆监视功能(包括路线监控功能、视频监视功能和图像拍摄功能)；⑤状态预警功能(包括速度预警功能、移动报警功能、里程报警功能、紧急报警功能、区域预警功能、信号故障预警功能)；⑥语音监听功能

续表

序号	设备名称	功能和技术要求
7	物流设施选址系统	物流系统规划中进行设施(如物流中心、配送中心或仓库等)的科学选址,用于确定物流系统设施的位置、数量、规模以及设施之间的物流关系等
8	物流路线优化系统	用于根据客户地理位置的分布情况和需求信息,利用 GIS 提供的多种线路优化原则,快速生成运输与配送的优化方案
9	区域划分系统	规划分析基于 GIS 的物流配送、销售区域划分
10	海运地理信息系统	对港口、航线、海运等地理信息的综合查询
11	公路地理信息系统	对城市、公路干线、公路运输运价等信息的综合查询
12	嵌入式终端 GIS 系统	在移动终端上通过 GIS 技术实现物流信息查询、客户位置查询、最优路径分析等功能

2. 自动识别技术实验室

自动识别技术实验室的结构组成如图 3.3 所示。

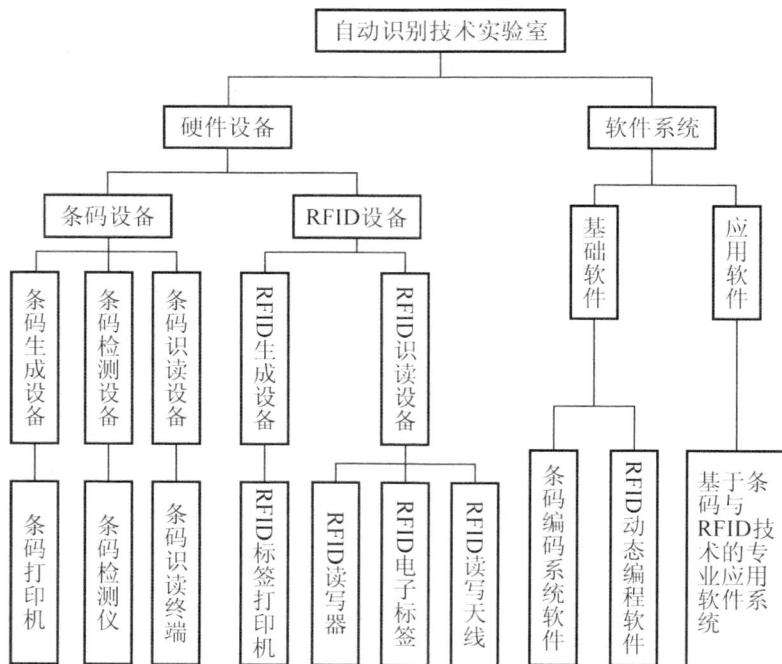

图 3.3　自动识别技术实验室的结构组成

实验室仪器设备的配置必须遵循标准化原则，选择符合国际主流标准或国家标准的硬件和软件产品，设备配置如表 3.2 所示。

表 3.2 实验系统设备配置表

序 号	设备名称	技术参数及要求
1	固定式条码打印机	打印方式：热敏/热转印；打印精度：300dpi；打印速度：51～152mm/s；打印宽度：106mm；打印介质：卷状或折叠式热敏和热转印纸及薄膜；内置自动切刀；条码支持：国际标准或国家标准的一维和二维条码码制
2	便携式条码打印机	打印速度：5.1cm/s；打印精度：203 dpi；接口：RS232 串行端口；条码种类：常见一维和二维条码码制；操作环境：-20～50℃；抗震性能：通过水泥地 122cm 落体测试；安全规范： FCC、CE
3	RFID智能标签打印机	可进行 RFID 标签编码及条码、文字、图形的打印，适用于各种应用环境。支持 RFID 标准：EPC Global UHF Gen2；860～-915 MHz ISO 18000 6-b；RFID 标签规格支持：EPC Classes；打印方式：热敏/热转印；打印精度：300dpi；打印速度：51～203mm/s；打印宽度：106mm(300dpi)；条码支持：所有标准一维及二维条码；标签定位：穿透式和黑标；工作环境：0～40℃；标准接口：RS232 和 USB1.1；EasyLAN 10/100BaseT 以太网
4	工业级批处理条码终端系统	包括便携式条码数据终端、通信座、充电电池、数据线和接口系统等。技术要求：识读常见一维和二维条码码制；开发环境：Windows 2000/XP 下 Microsoft C 应用开发，软件开发套件 MCL 快速开发工具套件；接口：RS-232、USB、蓝牙、GPRS 的移动电话、PS-232；微处理器 ：67MHz ARM 7 处理器
5	条码检测仪	双检测标准：支持分级检测标准和传统检测标准，提供两种检测标准下的检测数据
6	高频 RFID 读写系统	空中接口协议：EPC C1G2，支持多协议扩展；频率：902～928 MHz；数字接口：4TTL 输入， 4TTL 输出；数据数率：40 kbps；读写距离：≥3m；天线接口：最大支持 4 个 SMA 接口；通信接口：RS 232 & 10/100M Ethernet；工作温度：-20～+60℃；工作湿度：≤95%(非凝结状态)
7	低频 RFID 读写系统	工作频率：13.56MHz；识读距离：0～50mm；处理器：高速 32 位处理器；内存 RAM：8M SDRAM；Flash ROM：8M (NOR) + 128M (NAND)；工作温度-20～+50℃；工作湿度：≤95%(非凝结状态)
8	手持式 RFID 读写系统	能够对 RFID 标签和常用的一维、二维条码扫描，并进行相应的处理、存储和通信。(1)主要技术要求。支持多种通用国际标准接口协议：EPC C1G2、ISO 18000-6B、ISO18000-6C；频率：UHF；标签读写距离：1.5m；标签数据速率：每秒超过 6Tag；工作温度：0～+40℃；工作湿度：20%～95% 无冷凝。(2)无线实时条码数据终端要求。处理器：Intel 400 MHz XScale PXA255 CPU；操作系统：Microsoft Pocket PC 2003 操作系统；内存：64MB SDRAM，可扩充至 128MB；64MB Flash ROM，SD 卡可扩充至 512MB；显示器：320×240 全日光型彩色液晶；电源系统：4000mAh 可充电锂电池，带有智能电源管理系统；条码扫描器：一维、二维图像扫描器，一维、二维激光扫描器；通信接口：10BaseT 以太网，RS232，USB，IrDA 1.1；无线局域网特性：符合 IEEE 802.11 标准；无线个人网：2.4Ghz 蓝牙 Class 1.1；远程通信：V.90 外插式 Modem 或 V.92 机座式 Modem；工作温度：-25～50℃；工作湿度：≤95%(非凝结状态)；防尘防水：符合 IP64 标准；耐冲击：1.8 米 26 次水泥地面跌落无损

序　号	设备名称	技术参数及要求
9	无线车载终端及配套设备	中央处理器：Intel P-Ⅲ Ultra Low Power 800MHz embedded processor；内存储器：256MB SDRAM standard；显示器：高亮度 300NIT 12.1″彩色 TFT 800×600 SVGA；通信接口：USB、串口、PS/2、音频及麦克风接口；内置网卡：10BaseT/100BaseT 网卡；内置无线模块：802.11 b/g WLAN、蓝牙、通过 Wi-Fi 认证、支持 CCX v1 及 v2；无线网络安全性：WEP，WPA，WPA2，EAP-FAST，802.1x；工作温度：−20～50℃；工作湿度：5%～95%无冷凝；工业防护等级：IP65；抗跌落性能：符合 MIL-STD 810F 标准
10	工业级车载 RFID 读写器	RFID 协议标准：EPC UHF Gen 2，ISO 18000 6-b，EPC Class One；RFID 频率范围：865MHz，915MHz，950MHz；天线接口：四个 SMA 或反 SMA 接口，软件可控；通信接口：RS232；电源系统：12～60 全隔离直流电源，4.5A 最大，选择 UPS 后备电源系统；工作温度：−25～55℃；工作湿度：10%～90%无冷凝；防尘防水:符合 IP65 标准;耐冲击、震动:符合 MIL-STD 810F 标准
11	无线 AP	网络协议：802.11a、802.11b、802.11g、802.3；通信速率：1、2、5.5、6、9、11、12、18、24、36、48、54 Mbps；工作温度：−10～50℃；工作湿度：0%～85%无凝结；天线：802.1X 支持，包括 LEAP 和 EAP-TLS，以获得针对每个用户、每个会话的相互认证、动态认证 WEP2 密钥
12	企业级条码编辑软件系统	具有标签设计和打印功能，在标签设计过程中，支持拖放式对象生成，导入多种图形格式，支持行业符号字库；可以将条码导入其他程序中，支持密码保护，可以对不同的用户分配不同的使用权限；条码码制：支持标准的一维和二维条码码制；在数据库访问方面：支持 SAP 认证接口，支持 Commander 集成应用程序；支持自动选择打印机，通过电子邮件发送打印作业记录和错误通知及 ActiveX 自动控制等；允许任意多个网络用户同时使用，以打印机数为基础授予许可证
13	RFID动态编程平台	支持 Java、PB、VB 等语言，方便进行应用开发、研究以及创新性实验项目开发。能够提供入库备签、出库备签、调拨备签、派车备签等功能支持，以及出库、入库、派车、调拨等数据的自动采集和监测功能，与物流软件集成使用，可用于对物流系统进行二次开发

3. 基于 CA 和 EDI 的电子商务实验室

基于 CA 和 EDI 的电子商务机构组成及工作原理如图 3.4 所示。

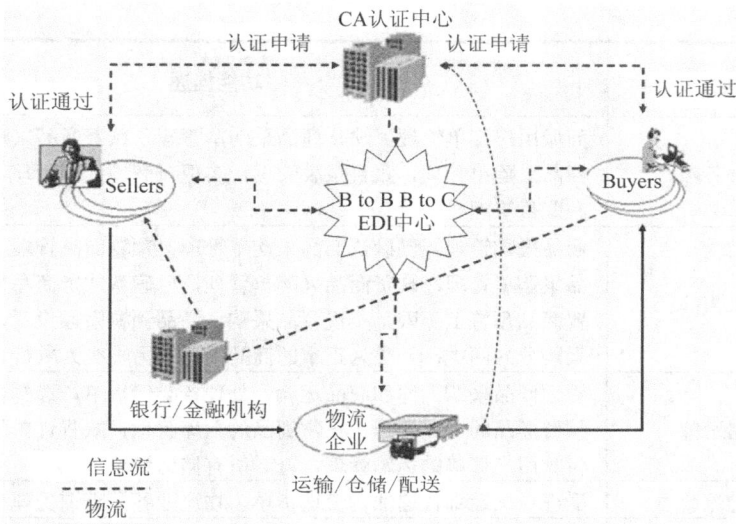

图 3.4 电子商务原理图

电子商务实验教学体系包括：电子商务教学实验系统和电子商务开发平台两大功能模块，可以满足本科院校开设基础性、综合性和创新性电子商务实验项目的要求。表 3.3 所示为博星卓越电子商务教学实验系统，表 3.4 所示为博星卓越电子商务开发平台。

表 3.3 电子商务教学实验系统

功能模块	功能项	功能描述
教学中心	管理员功能	管理员负责对班级、教师、教师与班级关系、评分标准的管理；管理银行和物流的用户账号和业务；进行学科类别创建与管理
教学管理子系统	教师功能	实现学生管理、教学管理、考核管理、远程教学管理、信息交互管理；随时查看当前上课班级学生实验情况、学生实验角色调换等，并可通过邮件与学生沟通
	学生功能	学生注册，学生身份确认，学生登录，在线练习，在线考试，考试查询，在线交流，个人信息
B to C 模式子系统	B to C 商城用户	电子商务网站结构功能，查询和选择购买商品，注册成为新会员，网上支付结算货款，查询订货状态，会员信息修改，购物信息反馈
	B to C 商城经理	实现商城商品的分类、管理，网站相关信息的更新以及对物流公司、供应商这一整体供应链的管理
	B to C 销售部	新订单处理，缺货订单管理，付款未确认订单管理，付款已确认订单管理，作废订单设置，已完成交易订单，受理退货申请，查看退货记录等，全面处理商城各种类型的购买订单与退货订单，对其实施管理

21世纪应用型精品规划教材·物流管理

功能模块	功能项	功能描述
B to C 模式子系统	B to C 财务部	商城用户订单管理，缺货商品采购单管理，预警商品采购单管理，正常商品采购单管理，账目报表管理，实现对商场订单管理，对内部采购单和账目管理
	B to C 采购部	商品采购管理，已确认商品采购单管理，预警商品管理，已确认预警商品采购单管理，缺货商品采购单管理，已确认缺货商品采购单管理，设置商品预警上下限，实现商品采购，商品预警限额设置，缺货的管理；采购分为两类：一类为正常的商品采购；另一类为缺货订单的采购
	B to C 储运部	管理商品采购入库和商品运输，处理各类储运单，选择物流公司送货。预警商品的入库管理，正常商品的入库管理，缺货订单的入库管理，已付款用户订单的运输管理，查看所有储运记录
	B to C 物流公司	受理由储运部传递的物流送货单、物流业务，查询受理记录
B to B 模式子系统	企业用户前台	用户注册，用户登录，供应商品购买，查看或购买商品，货场推荐，商品搜索，商城公告，最新消息；浏览各企业供求、合作信息，通过平台发现并抓住商业机会，寻找合作伙伴
	企业后台管理	产品管理，产品分配，增加货场库存，供求消息管理，维护企业信息，财务收支记录，添加公司产品并分配到合作货场，发布企业供求消息，管理交易，对交易订单的处理，完成交易，应对各类订单状况
	交易场管理员	行业分类管理，公告管理，交易场基本信息管理，供求消息管理，用户信息反馈管理，商城收入日志管理；对交易场的行业交易分区域设置和管理；对公告、基本信息、用户反馈及日志进行维护管理，处理企业发布的供应、求购信息，判断信息的真实性、合法性
	货场管理	对货场进行管理，进行货场订单处理
C to C 模式子系统	会员管理	会员注册登录，浏览目录，商品出售，管理档案内容，店铺中心管理，会员个人信息维护；开店，发布拍卖信息，选择发布信息的有效期限，竞拍过程管理
	C to C 管理员	对 C to C 商城的行业交易分区域设置和管理。对公告、基本信息、用户反馈及日志等进行维护管理，包括行业分类管理、公告管理、交易场基本信息管理、用户信息反馈管理
CA 子系统	证书的申请	申请个人数字证书，申请企业数字证书，申请 E-mail 证书；数字证书审批情况的查阅，数字证书的查看，数字证书的下载
	证书的使用	用证书登录，查看证书，查询证书，发送签名电子邮件，发送加密电子邮件
	证书的配置	根证书的导入，个人证书的导入，证书更新操作，证书的作废处理，在 Outlook Express 中设置数字证书
	证书的管理	用户申请情况的查阅，制作证书(根证书、个人证书)，数字证书的发放，数字证书的更改，数字证书的删除

功能模块	功能项		功能描述
EDI	知识基础		EDI 介绍，EDI 的应用，EDI 组成结构，EDI 标准，EDI 的影响
	实验应用	电子合同	模拟 EDI 在电子商务中的作用
		电子单据	模拟用户向银行等金融机构通过 EDI 形式进行数据交换
银行系统	用户客户端应用		银行用户申请注册，查询账号信息，用户存款，用户贷款，用户取现，用户转账，账号管理
	银行系统后台		后台对注册用户的账号进行管理，系统后台管理注册用户请求目标，输出用户账号以及财务信息

表 3.4　电子商务开发平台

功能组件及角色		角色流程	目标实现
开发平台权限分配	管理员	系统初始化	系统数据恢复到初始状态
		教师管理	对注册教师进行身份确认
	教师	教师注册	开发平台专业版教师模块主要针对电子商务专业的专业知识提供一个教学环境，本模块主要包括班级管理和学生权限分配两部分
		班级管理	包括对班级的添加和删除
		学生权限分配	给学生分配不同的角色，并进行身份确认
开发平台编辑功能	学生注册		注册账号以进入实验环境
	页面设计		利用平台提供的多功能编辑器和数十种商务组件设计应用程序 UI；选择动态商务组件，用灵活有趣的方式快速搭建出学生心目中的商务应用程序
	组件功能	购物车组件	购物车是电子商务交易系统的必备功能，本系统将购物车设计成可拖拉的模块有利于系统的设计和建设
		订单查询组件	在实现了购物车后，用户需要对其产生的订单进行管理，本系统设计了拖拉订单查询模块，便于学生设计全面的电子商务应用
		商城公告组件	用于商品打折、促销信息、公告通知等信息的发布和浏览
		友情链接组件	合作商城、友情链接信息
		网络调查组件	针对商品设计一些调查项目，了解客户需求
		信息发布组件	商务信息发布和浏览
		咨询反馈组件	客户的业务咨询、反馈功能
	部分编辑功能	超链接	超链接可以实现网页上的链接功能，包括对网页、图片、影音文件等的链接，学生可以选择不同的链接方式来实现此功能
		应用动态字幕	生成动态文字，增加网页的动态效果，可用于网页的新闻、公告等
		设计表单和卷标	表单的作用是能使访问者与网站或网站管理者交互。利用表单，可根据访问者输入的信息，自动生成页面反馈给访问者；利用表单，还可以为网站收集访问者输入的信息

功能组件及角色		角色流程	目标实现
开发平台编辑功能	部分编辑功能	使用按钮和功能框	根据网页制作的需要，可以插入不同作用的按钮，如提交、注册等
		域、容器和子页面	HTML 的多种表现形式
		文本编辑区	编辑文本
	编辑器模式	编辑模式	利用编辑器进行图形界面的设计、制作
		代码模式	学生在代码模式中可以查看和修改网页内容，使学生全面学习网页制作的过程以及内部机制
		预览模式	预览模式可以对所做网页的效果进行检查
开发平台页面	后台管理	生成后台	根据页面设计时选择的动态组件自动生成后台管理程序，每次页面修改后，请务必单击生成后台，进入后台管理
		用户管理	管理系统的注册用户账号
		导航管理	管理系统的导航条，提供导航的增加、删除和修改功能
		商品管理	提供商品信息的发布、修改、删除和商品自动议价管理
		订单管理	处理用户的交易订单
		广告管理	发布与管理广告信息
		网络管理	设计、管理网络调查内容
		咨询管理	处理用户业务咨询信息
		新闻管理	发布与管理新闻信息
		友情链接	发布与管理友情链接信息
		公告管理	对商城公告进行添加、修改等操作

二、物流规划仿真实验室建设方案

物流规划仿真实验室主要通过配置成熟的物流系统规划仿真软件，使学生掌握物流系统规划与优化的技术方法，培养和提高物流系统规划的综合专业技能。

物流规划仿真实验室主要由网络教室和仿真软件组成，如图 3.5 所示。

常见的物流规划仿真软件有 Automod、Witness、Flexsim、WirthLogistik、RaLC-Pro 等，各软件的功能与特点如表 3.5 所示。

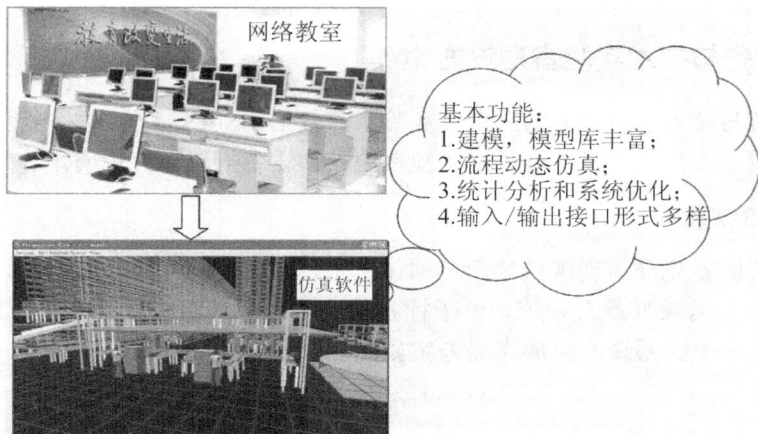

图 3.5　物流规划仿真实验室结构组成示意图

表 3.5　常见物流规划仿真软件的功能与特点

序号	软件名称	主要功能模块
1	Automod	①建模；②Automod Runtime，运行仿真模型；③AutoStat，提供统计分析工具；④AutoView，产生高质量的 AVI 格式的动画，提供动态的场景描述和灵活的显示方式；⑤Model Communication，通信模块
2	Witness	①建模，用户可以方便地使用丰富的模型元素建立复杂的物流系统模型；②方便地与其他系统集成，如直接读写 Excel 表，与 ODBC 数据库驱动连接等；③内置的仿真引擎，快速运行仿真；④业务流程的动态展示，展示业务流程的运行规律
3	Flexsim	①建模，将相应部件从部件库拖放到模型视图中，各个部件具有位置、速度、旋转角度和动态活动等属性；②层次结构，Flexsim 建模模型构造具有层次结构；③定制部件，软件的所有可视窗体都对用户公开，建模人员可以自由地操作部件、视窗、图形用户界面、菜单，选择列表和部件参数，也可以完全自定义一个新部件；④仿真，Flexsim 具有一个非常高效的仿真引擎，该引擎可同时运行仿真和模型视图，允许用户在仿真进行期间改变模型的部分属性；⑤输入和输出，可将结果输出到 Word、Excel 等应用软件，利用 ODBC 和 DDEC 可以直接对数据库进行读写操作
4	WirthLogistik	①建模，提供输送线，自动立库，高架堆垛机，传统叉车，单轨输送系统，穿梭车，吊运设备等；②提供和外部数据库的对接；③具有 3D 视听功能，能够对模型进行仿真测试，将计算机虚拟仿真和设备的仿效测试整合到一个解决方案中
5	RaLC-Pro	①模型元素丰富，物流中心常用的物流设备均有模型；②鼠标操作布局设计，只需简单地单击按钮就可以选、拖、拉、调用、添加设备；③提供各类数据接口；④模型结果输出，可以将模型文件转化成.exe 的可执行文件，以三维动态模型的形式实时地展示物流中心的运行状况

三、物流装备与技术实验室建设方案

物流装备与技术实验室分为三个子实验室，包括 AS/RS 实验室、物流设施实验室、物流装备仿真模型实验室，以下是各子实验室的具体设备配置情况说明。

1. AS/RS 实验室

AS/RS 实验室充分体现现代物流自动化技术，由自动化立体仓库系统、自动搬运系统、自动分拣系统、码垛机器人系统、电子标签辅助拣选系统组成。这些系统既可单独建设，也可以集成为一个大系统，集成布局方案如图 3.6 所示。

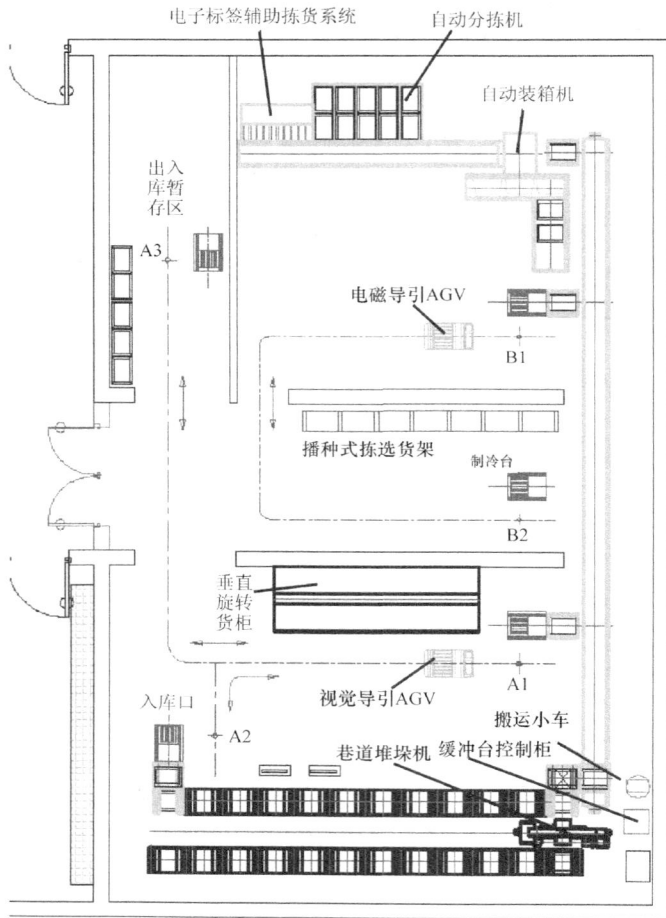

图 3.6　AS/RS 实验室的构成与布局图

AS/RS 实验室的仪器设备配置如表 3.6 所示。

表 3.6　AS/RS 实验室仪器设备配置表

序　号	设备名称	技术参数要求
1	堆垛机	双立柱有轨巷道堆垛机，主要技术参数：最大起升高度，按场地要求定制；垂直升降速度≥10m/min，水平运行速度≥30m/min，伸叉速度≥5M/Min，交流变频调速，光电认址，额定载重量 25kg
2	立体货架	单元货格式货架，总体尺寸及承载能力按要求定制
3	出入库站台	链式输送线，含顶升移栽机，速度≥10m/min，尺寸按要求定制；碳钢支架，静电喷塑，台湾产减速电机
4	工控机	IPC-610H，P4 2.8/1G/80G/CD-ROM/K+M，17 寸三星液晶显示器，含机柜，机柜颜色为白色
5	自动化仓储管理系统(WMS)	包括：收货管理、检验管理、入库管理、库存管理、盘库管理、出库管理、退货管理、编码管理、设备管理、货位可视化管理、报表管理、基础信息管理等功能模块
6	自动化仓储执行系统(WES)	包括任务调度控制、与下层所有设备执行接口等
7	自动化仓库控制系统	西门子 S7-300，对所有设备的 PLC 可编程控制器管理
8	垂直旋转式货柜	尺寸根据现场情况设计，支持自动控制和手动控制两种模式
9	自动穿梭搬运小车系统	穿梭车，运行速度 0～40m/min，移载速度 10m/min；控制系统用于站台管理、传输任务分解、任务下达、完成信息反馈、传输数据报表等，包括手动控制、自动控制两种模式
10	自动分拣机及管理控制系统	整体尺寸按要求定制，能够分拣不少于 10 个品种的货物，单通道效率为 100 件/min；输出转速 460r/min；分拣控制系统负责将分拣任务进行分解，并将分拣指令下发到各分拣设备的控制器上，同时负责分拣任务完成后的反馈和错误信息的处理，并实现订单拣选监控；分拣管理系统用于订单管理，包含提取订单数据、订单分析报表、分拣数量报表、订单下发、订单分配查询、完成订单管理、客户订单报表等
11	电子标签拣选系统	由若干个 3 位或 5 位数电子标签、控制器以及各种附件等组成；电子标签控制系统接受上层分拣指令，实时控制电子标签分拣信息显示、分拣任务完成并上传、分拣数据累计/盘库功能等
12	流利货架	尺寸按要求定制
13	分拣输送线	分拣皮带线尺寸按要求定制，输送速度≥50m/min，碳钢支架，静电喷塑
14	自动装箱设备	含自动拨杆机构、辊式输送机、反转机构等，碳钢支架，箱机参数：拨杆速度 60m/s，拨杆链轮转速 192r/min；拨动时间：1 次/秒；进时间：0.5s；装箱速度 5 件/次
15	RFID 系统	用于入库信息的自动采集与处理，由固定式 UHF RFID 读写器、915M 天线和 915M 电子标签组成。技术性能及参数满足现场识别距离要求
16	无线车载终端系统	由无线车载终端、无线管理软件及手推车组成。无线车载终端含长距离扫描枪，安装在手推车上，用于播种式分拣和收货入库流程；无线管理软件用于车载手推车的出入库、分拣管理和控制

21世纪应用型精品规划教材·物流管理

序　号	设备名称	技术参数要求
17	播种式分拣货架	尺寸定制,可同时分拣56个客户
18	AGV小车系统	采用电磁导引、光学导引或激光导引方式,多台AGV小车由控制系统统一调度。技术参数:车体尺寸和移载机构定制;额定载重量:80kg;最大速度:60 m/min(可在6~60 m/min任意设定高、中、低速);走行方式:驱动轮差动转向;前进、后退、原地回转;定位精度:±5mm;安全装置:障碍物接触保险杆,启动、停止、急停按钮,手动/自动切换开关,左转、右转指示灯,故障报警蜂鸣器;控制模式:手动、自动、联机运行三种模式;通信方式:无线通信
19	码垛机器人系统	要求是一个开放性、创新性的工业级实验研究平台,能够进行教学研究和综合应用开发等。主要技术参数:载荷重量≥5kg;6自由度;运行速度1.5m/s;重复定位精度:±0.08 mm;配置定制化的码垛搬运夹具;控制软件提供良好的动态函数库,具有二次开发功能;提供二次开发环境;具有操纵杆和键盘,彩色触摸式显示屏

2. 物流设施实验室

物流设施指物流功能性设施,包括物流园区、物流中心和配送中心等,采用仿真沙盘形式建设。

物流园区仿真沙盘总体尺寸根据场地定制,由九大功能区域组成,各区域的相对位置设计符合供应链管理理念和业务流程,具体布局如图3.7所示。

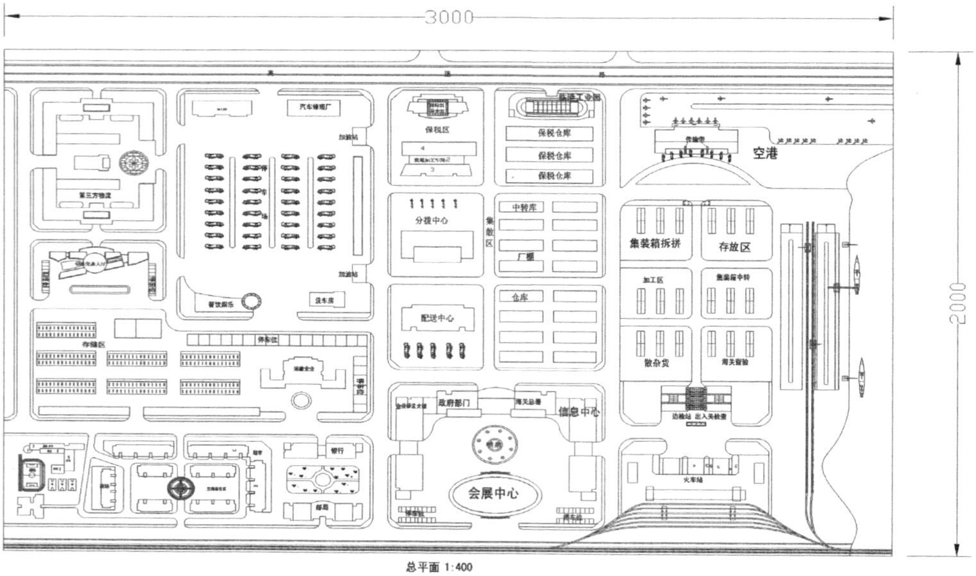

总平面 1:400

图3.7　物流园区仿真沙盘的总体布局

配送中心仿真沙盘总体尺寸按要求定制，功能区域包括：管理区、理货区、储存区、进货暂存区、出货暂存区、流通加工区、包装区、拣货区、退货处理区、废弃物处理区、设备存放及简易维护区等，总体平面布局如图 3.8 所示。主要设备包括 AS/RS 系统、电子标签辅助拣货系统、自动输送系统、AGV 小车搬运系统、条码与 RFID 自动识别系统、多种类型叉车、运输配送车辆等。

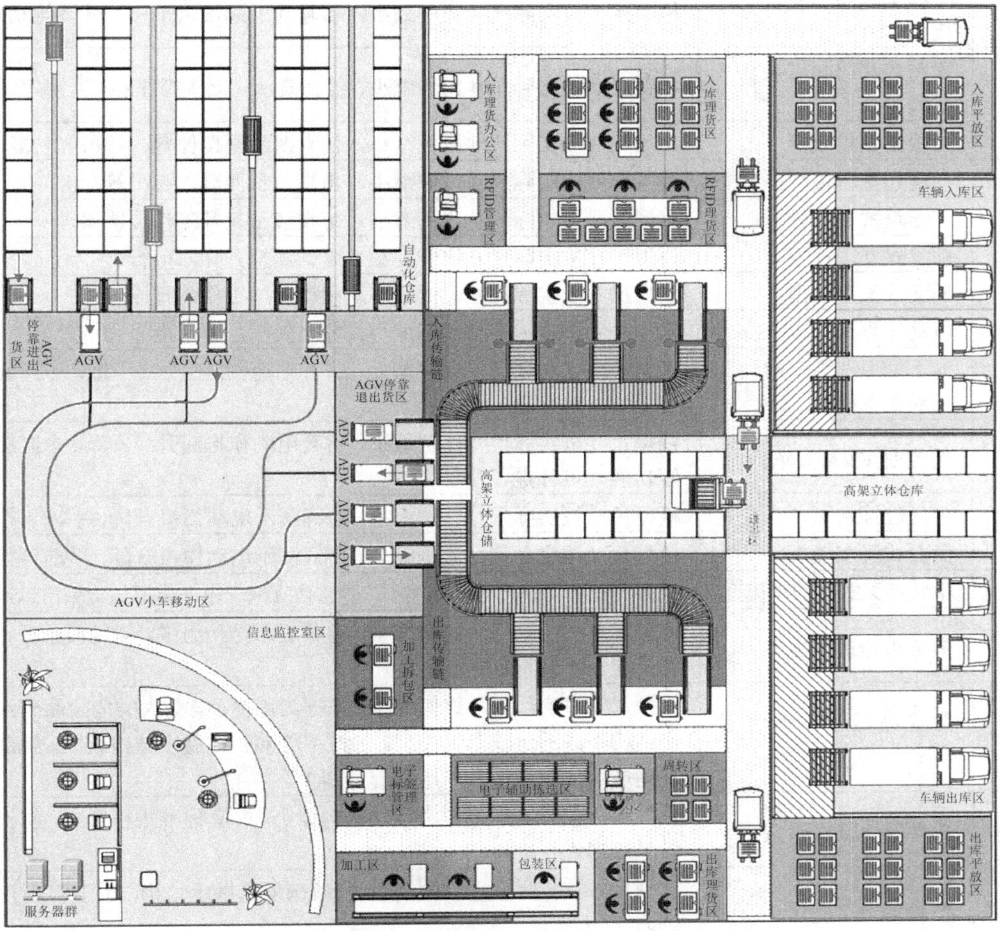

图 3.8　配送中心仿真沙盘总体布局图

3. 物流装备仿真模型实验室

物流装备仿真模型实验室为各专业课程提供仿真教具，便于学生理解和掌握物流装备的类型、用途及有关技术要求。物流装备仿真模型的配置如表 3.7 所示。

表 3.7　物流装备仿真模型配置清单表

序号	设备名称	技术参数及功能要求
1	汽车起重机模型	模型尺寸按实际尺寸比例缩小，仿真演示伸臂、起吊等功能
2	桥式起重机模型	模型尺寸按实际尺寸比例缩小，仿真演示伸臂、起吊等功能
3	岸边集装箱装卸桥模型	模型尺寸按实际尺寸比例缩小，仿真演示起吊、平移、升降等功能
4	轮胎式龙门起重机模型	模型尺寸按实际尺寸比例缩小，仿真演示电动模拟平移、升降等功能
5	轮胎起重机模型	模型尺寸按实际尺寸比例缩小，仿真演示模拟伸臂、起吊等功能
6	门座起重机模型	模型尺寸按实际尺寸比例缩小，仿真演示伸臂、起吊等功能
7	平衡重式叉车模型	模型尺寸按实际尺寸比例缩小，仿真演示起升工作装置原理
8	前移式叉车模型	模型尺寸按实际尺寸比例缩小，电动模拟升降，可行走
9	插腿式叉车模型	模型尺寸按实际尺寸比例缩小，电动模拟工作装置原理
10	电动托盘搬运车	模型尺寸按实际尺寸比例缩小，静态展示，可行走
11	人下型窄巷道三向堆垛叉车模型	模型尺寸按实际尺寸比例缩小，仿真电动模拟起升、下降，多向旋转等功能，可行走
12	人上型 VNA 叉车	模型尺寸按实际尺寸比例缩小，仿真电动模拟起升、下降，多向旋转等功能，可行走
13	中高位拣选叉车	模型尺寸按实际尺寸比例缩小，仿真演示电动模拟升降，手动可行走
14	侧面式叉车模型	模型尺寸按实际尺寸比例缩小，仿真演示电动模拟升降，手动可行走
15	集装箱叉式装卸车模型	模型尺寸按实际尺寸比例缩小，能够仿真演示电动模拟集装箱吊运过程
16	集装箱跨运车模型	模型尺寸按实际尺寸比例缩小，整体展示结构组成，电动模拟升、降等功能，手动可行走
17	危险品运输车辆解剖模型	模型尺寸按实际尺寸比例缩小，根据国家标准，九大类危险品分别制作结构不同的运输车辆模型。各模型能够整体展示结构组成，解剖并手动展示内部结构和专用配套设施
18	托盘堆垛方式模型	模型尺寸按国家标准规格尺寸比例缩小，配套标准规格货物，能根据常见垛形进行堆垛
19	集装箱模型	模型尺寸按实际尺寸比例缩小，能解剖静态展示结构，箱门可以打开、关闭
20	驶入(出)式货架模型	模型尺寸按实际尺寸比例缩小，静态结构展示
21	阁楼式货架模型	模型尺寸按实际尺寸比例缩小，静态结构展示
22	自动分拣机模型	模型尺寸按实际尺寸比例缩小，静态展示整体结构组成
23	螺旋卸船机模型	模型尺寸按实际尺寸比例缩小，静态展示整体结构组成
24	链斗卸船机模型	模型尺寸按实际尺寸比例缩小，静态展示整体结构组成

续表

序号	设备名称	技术参数及功能要求
25	集装箱船体解剖模型	模型尺寸按实际尺寸比例缩小，静态展示整体结构，能解剖展示船舱内结构和特点
26	散货船体解剖模型	模型尺寸按实际尺寸比例缩小，静态展示整体结构，能解剖展示船舱内结构和特点
27	滚装船体解剖模型	模型尺寸按实际尺寸比例缩小，静态展示整体结构，能解剖展示船舱内结构和特点
28	杂货船体解剖模型	模型尺寸按实际尺寸比例缩小，静态展示整体结构，能解剖展示船舱内结构和特点
29	油船船体解剖模型	模型尺寸按实际尺寸比例缩小，静态展示整体结构，能解剖展示船舱内结构和特点
30	驳船船体解剖模型	模型尺寸按实际尺寸比例缩小，静态展示整体结构，能解剖展示船舱内结构和特点
31	装船机模型	模型尺寸按实际尺寸比例缩小，能仿真电动模拟起吊、平移、升降等功能
32	柱塞式充填机模型	模型尺寸按实际尺寸比例缩小，外形逼真，静态展示整体结构
33	连续式称重充填机模型	模型尺寸按实际尺寸比例缩小，外形逼真，静态展示整体结构
34	计量泵式充填机模型	模型尺寸按实际尺寸比例缩小，外形逼真，静态展示整体结构
35	半自动打包机	结构简单，方便操作，自动加温，开机 20 秒即可使用，配置 15 秒马达自动停止装置，降低机械磨耗，实现省电功能。捆包速度 1.5sec/strap；紧度 20~65kg；最小捆包尺寸 60mm；最大捆包尺寸 ANG SIZE
36	包装抗压试验机	能够试验各种包装体、堆垛方式的抗压力
37	包装跌落试验台	测试产品包装后坠落时的受损情况，评估部件在搬运过程中遭受落下时的耐冲击强度

四、物流管理实验室建设方案

物流管理实验室主要配置能够满足物流管理需求的各种专业软件系统，详见表 3.8。

表 3.8　物流管理信息系统配置表

序号	软件名称	功能与技术要求
1	仓储管理信息系统	包括基础数据维护、采购管理、储位优化管理、入库管理、出库管理、盘点管理、统计查询、绩效评价、辅助决策、客户管理等； 保税仓储管理系统应分区内和区外两种系统，区内系统应具有联网监管、国内物资调拨、区间物资调拨、区内物资调拨 ASN，报关报检，移库，费用审核、开票、销账、海关报表等输出打印等功能；区外系统包括入、出库业务管理，报关报检管理，运输与配送管理，库存管理(盘点、移库、流通加工、安全库存、货权转移)，账务管理(合同、费用、发票)，仓库管理，客户管理，商品管理等功能模块

21世纪应用型精品规划教材·物流管理

序号	软件名称	功能与技术要求
2	运输管理信息系统	包括涵盖集装箱整箱运输、集卡运输和零担货运输业务模式等功能，能够实现车辆调度、运输过程监控、业务预警、统计报表、成本核算等
3	配送中心管理软件	包括基本数据、订单计划、仓库管理、配送计划、线路优化、车辆调度、车辆监控、财务结算、统计查询、数据备份等
4	第三方物流综合业务系统	包括基础资料管理、订单管理、仓储管理、配送管理、运输管理、商务管理、客户管理、货品管理、决策分析、统计查询等功能模块，含电子商务支持平台系统
5	生产管理软件	包括计划管理、生产计划、采购管理、生产管理、仓储管理、零售商管理、销售管理、账务管理、统计查询、客户管理等
6	口岸物流仿真实验系统	主要包括国际物流运作涉及的进口商、出口商、生产制造企业、货代、报关、运输、仓储、堆场、港口码头、承运人、船代、理货、海关、检验检疫、外经贸委、国税局、银行、保险、外管局、贸促会等 20 个贸易商、物流服务商、政府监管部门角色之间的业务协同操作
7	集装箱多式联运实验软件	主要包括发货人、货代、船东、港区、堆场、海关、收货人等业务角色，进行货运委托、订舱、提箱、装箱、报关、装船、换提单、十联单制作、设备交接单制作、提货等实务操作
8	港口散杂货生产管理系统	主要包括调度、商务、理货三个模块。 调度包括：调度计划、调度值班、调度统计。商务包括：货物计划、提单办理、商务统计查询、船舶、货物计费、财务收款等。理货包括：理货计划、理货、出入库管理、理货统计与查询、地磅称重等
9	国际货代管理软件	主要包括整箱业务管理、拼箱业务管理、货代计费管理。主要功能包括业务接单、订舱、派车、报关、单证(提单、订舱单、随船舱单)、结算管理
10	报关报检管理软件	主要包括进口报关、出口报关、空箱业务、检疫检验。包含国际物流的各报关流程和报表格式
11	国际船运系统	主要包括航运管理、单证管理、船员管理、机务管理、EDI 管理、结算管理、跟踪查询、报表
12	国际船代系统	主要包括船务管理、进口单证管理系统、出口单证管理系统、EDI 管理、结算管理
13	供应链管理与优化软件	主要包括教师后台管理平台、供应商管理平台、制造商管理平台、物流公司核心管理平台、零售商管理平台、终端客户管理等子系统。该软件必须提供标准化接口，方便地与条码和 RFID 信息采集设备有机集成，将采集的物流信息自动处理、自动分析，展示供应链的智能化、自动化信息管理的全过程。各软件子系统既能够独立使用，也可以根据教学需要灵活组合使用
14	考试管理系统	主要包括系统管理、用户管理、题库管理、智能出题、考试管理、成绩管理、监控过程、信息发布、考生前台等功能模块

第四章 物流实验项目体系

根据物流管理技术实验平台的建设，设计、开发科学的实验内容是保证专业能力有效提升的关键。通过实验内容的有效实施，帮助学生真正系统地、灵活地掌握物流领域的相关知识，不断提升学生的综合专业能力，从而为社会提供优秀的高水平物流人才。

实验项目主要包括以下类型：基础、认知性实验项目，设计性实验项目，综合性实验项目，开放性实验项目，物流管理技术实验平台提供了所有实验项目所需的硬件、软件以及制度保障，具体的实验项目如表 4.1 所示。

表 4.1 实验项目列表

实验项目类别	序　号	实验项目名称	实验课时(节)
基础、认知性实验	1	自动化立体仓库认知实验	2
	2	物流配送中心及物流园区规划实验	2
	3	物流信息管理系统的使用	2
	4	采购与供应管理系统的使用	2
	5	电子采购的流程模拟	2
	6	仓储管理软件基本操作演示	2
	7	预测模型实验	2
	8	集装箱码头进口业务实验	2
	9	公路运输设备实验	2
	10	货物信息识别技术	2
	11	货物信息管理系统	2
	12	船舶代理业务实验	2
	13	仓储管理实务	2
	14	堆码实验	2
	15	机械手码垛实验	2
	16	MATLAB 认识实验	2
	17	MATLAB 符号运算	2
	18	MATLAB 数值运算	2
	19	MATLAB 基本编程方法	2
	20	MapInfo 栅格图像的配准	2
	21	MapInfo 表的建立及地图对象的编辑	2
	22	MapInfo 屏幕跟踪矢量化	2

续表

实验项目类别	序　号	实验项目名称	实验课时(节)
基础、认知性实验	23	仓库管理系统操作实验	2
	24	栅格数据实验	2
	25	GIS 软件使用实验	2
	26	集装箱港口码头管理系统模拟实验	2
	27	机械手的运动方式	2
	28	机械手综合运动方案的设计	2
	29	Vensim 软件基础	2
	30	物联网技术认识与应用实验	2
	31	AutoCAD 实验	2
	32	叉车操作实验	4
设计性实验	1	运输组织优化	4
	2	IMHS 输送线模型创建仿真实验	2
	3	IMHS 自动化仓库创建与运作仿真实验	2
	4	IMHS 叉车系统创建与运作仿真演示	2
	5	WITNESS 库存系统仿真实验	2
	6	智能交通控制方案	4
	7	MATLAB 的复杂程序编制	2
	8	SIMULINK 仿真	2
	9	MapInfo 专题图制作	2
	10	MapInfo 布局的设计与制作	2
	11	多级供应链系统设计实验	2
	12	分拣中心设计仿真实验	4
	13	连锁型商业配送中心的规划设计	4
	14	供应链管理系统的设计与分析实验	2
	15	电子商务网站设计实验	4
	16	车辆集载优化实验	4
	17	机械手动作编程基础	2
	18	开发机械手自动作业程序	2
	19	供应链多级库存控制的动力学仿真	4
综合性实验	1	配送中心业务流程模拟实验	4
	2	基于物流信息系统的物流信息管理模拟实验	2
	3	MapInfo 空间数据的查询	4
	4	配送中心综合规划实验	4

续表

实验项目类别	序　号	实验项目名称	实验课时(节)
综合性实验	5	物流系统设施设备配置方案实验	2
	6	WITNESS 生产物流系统仿真实验	2
	7	GSM、GPS 车辆监控及运营控制	4
	8	啤酒游戏实验	2
	9	库存风险分担实验	2
	10	基于自动存储的档案存储系统的实验	4
	11	供应链综合管理系统的模拟仿真实验	2
开放性实验	1	第三方物流系统模拟实验	20
	2	物流成本管理系统模拟实验	10
	3	供应链管理系统模拟实验	16

21世纪应用型精品规划教材·物流管理

31

第五章　基础、认知性实验

实验 1　自动化立体仓库认知实验

自动化立体仓库(Automatic Storage & Retrieval System)是由高层货架、巷道堆垛起重机(有轨堆垛机)、出入库输送机系统、自动化控制系统、计算机仓库管理系统及周边设备组成，可对集装单元物品实现机械化自动存取和控制作业的仓库。

一、实验目的

通过自动化立体仓库实验平台的演示过程，了解现代物流自动化仓库设备及分拣系统设备的分类及功能，加深对自动化仓库及分拣系统各项流程的理解和认识。

二、实验设备与仪器

堆垛机、入库缓存站、出库缓存站、立体货架、搁板式货架、垂直升降式货柜、流利货架、自动穿梭车、分拣输送线及周转箱等。

三、实验原理和步骤

1. 实验原理

(1) 自动仓储控制系统。

技术先进，采用现场控制总线直接通信的方式，所有的决策、作业调度和现场信息等均由堆垛机、出入库输送机等现场设备通过相互间的通信来协调完成。

每个货位的托盘号分别记录在堆垛机和计算机的数据库里，管理员可利用对比功能来比较计算机中的记录和堆垛机里的记录，并进行修改，修改可自动完成，也可手动完成。

系统软、硬件功能齐全，用户界面清晰，便于操作维护。

堆垛机有自动返回原点的功能，即无论任何情况，只要货叉居中且水平运行正常时，均可按照下达的命令自动返回原点。这意味着操作人员和维护人员可以尽量不进入巷道。

智能的控制系统，可以实现真正的自动盘库功能，避免了以往繁重的人工盘库工作，减轻了仓库管理人员的工作强度，同时保证了出库作业的零出错率。

(2) 信息管理系统。

该系统包括数据管理、入库管理、出库管理、查询、报表与盘库等模块。

(3)　电子标签分拣系统。

电子标签分拣，也称电子标签拣货，是一种计算机辅助的无纸化拣货系统，其原理是在每一个货位安装一台数字显示器，利用计算机的控制将订单信息传输到数字显示器，拣货人员根据数字显示器显示的数字拣货，拣完货后按"确认"按钮即完成拣货工作。

2. 实验步骤

(1)　入库管理演示。
(2)　自动化仓储控制系统的操作演示。
(3)　立体仓库出库及输送系统演示。
(4)　电子标签分拣系统演示。

四、注意事项

(1)　自动化立体仓库流程较复杂，使用相对较难，不可能通过一堂课完全掌握，应注意适当降低难度，以演示为主。
(2)　设备价值较高，在学生使用、观看时应注意数量及质量的完好。

五、实验思考题

(1)　自动化立体仓库的流程及设备组成。
(2)　电子标签分拣系统的原理。

六、实验报告要求

(1)　写出自动仓储控制系统的各部分组成及功能原理。
(2)　完成实验思考题。

实验 2　物流配送中心及物流园区规划实验

配送中心及物流园区是物流系统中常见的大型物流设施，其功能区域的规划及物流设备的集成影响着整个集散系统的流通效率。一般认为，物流园区是指在几种运输方式衔接地形成的物流节点活动的空间集聚体，是在政府规划指导下多种现代物流设施设备和多家物流组织机构在空间上集中布局的大型场所，是具有一定规模和多种服务功能的新型物流业务载体。配送中心是进行物流配送活动的重要场所或载体，也是物流系统中的重要节点。在这里进行送货前的所有活动，包括订单的汇总、货物的分拣和拣选、货物的储存、货物的流通加工、配送包装、配送方案的制订等。

一、实验目的

配送中心仿真沙盘及物流园区仿真沙盘是物流系统模型种类中的实物模型。通过观看配送中心仿真沙盘及物流园区仿真沙盘，了解两大物流设施的作用，对配送中心及物流园区内部区域规划有一定的认识。

二、实验设备与仪器

配送中心仿真沙盘、物流园区仿真沙盘。

三、实验原理和步骤

1. 实验原理

(1) 配送中心的特性或规模不同，其营运涵盖的作业项目和作业流程也不完全相同，但其基本作业流程大致如图 5.1 所示。

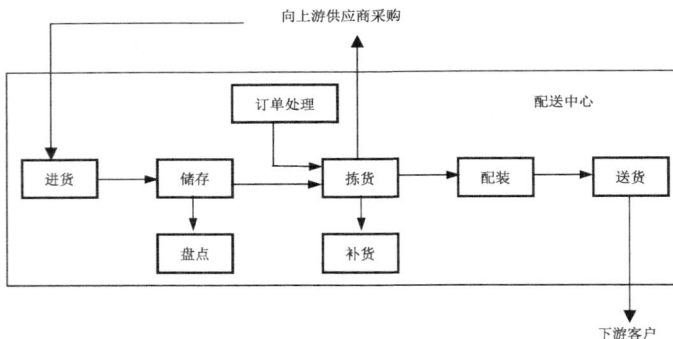

图 5.1　配送中心的基本流程

(2) 物流园区的规划设计取决于它所处的外部环境，因此各地物流园区的规划不尽相同。本实验所展示的物流园区仿真沙盘集各功能区域为一体，包括空港、海港、铁路及高速公路等大型设施，还有保税区及海关等场所。

2. 实验步骤

(1) 演示配送中心仿真沙盘。
(2) 演示物流园区仿真沙盘。

四、注意事项

实验时不准触摸仿真沙盘，以免被损坏。

五、实验思考题

(1) 配送中心的规划区域有哪些？

(2) 试述影响物流园区选址的因素及物流园区的功能区域。

六、实验报告要求

(1) 实验过程中的相关体会。

(2) 完成实验思考题。

实验3　物流信息管理系统的使用

一、实验目的

通过相关物流管理软件的操作过程，使学生掌握物流信息管理系统所涉及的主要企业经营活动、主要内容和主要目标，在此基础上能够理解并绘制物流信息管理系统关系图，掌握物流系统基本功能模块及其包含的二级模块。

二、实验设备与仪器

微机、投影仪、高频 RFID 一体机系统。

三、实验原理和步骤

1. 实验原理

(1) 仓储管理系统。

仓储管理系统(WMS)是一个实时的计算机软件系统，它能够按照运作的业务规则和运算法则，对信息、资源、行为、存货和分销运作进行更加完美的管理，使其最大限度地满足有效产出和精确性的要求。

(2) 运输管理系统。

运输管理软件的功能是在一些条件限制下，如车辆容量、托运货的详细信息、装卸货次序等，决定如何有效地管理车辆、司机、运输中的各项费用以及货物与车辆及司机的绑定关系等。

(3) 第三方物流管理系统。

第三方物流(Third-Party Logistics，3PL 或 TPL)是相对"第一方"发货人和"第二方"收货人而言的概念。第三方物流管理系统就是专门用于第三方物流管理的软件，主要用于实现客户关系管理、统计分析管理等功能。

(4) 基于自动识别技术的供应链管理系统。

该系统支持 ASP 模式、B/S 结构，包含基础资料管理、订单管理、仓储管理、配送管理、运输管理、商务管理、客户管理、货品管理、决策分析、统计查询等功能模块。物流电子信息支持平台系统，具有如下功能：作业流程(标准流程、个性化流程)可视化配置；入库作业辅助路径优化、出库拣货路径优化；联合拣货作业；可视化库存管理、库龄管理、库存监控；库存 ABC 分类管理及图示；3 种以上的储位分配原则；运输模块的路由功能；指令管理，实现供应链过程中传递的采购、销售、发货、运输等指令的查询和可视化跟踪；提供对各子系统的实操功能。

2. 实验步骤

(1) 演示物流管理信息软件，观看全过程。
(2) 正确阐述物流信息管理系统所涉及的主要企业经营活动。
(3) 正确描述物流信息管理系统基本功能模块。

四、注意事项

需要学生预先掌握相关基础知识。

五、实验思考题

不同的参数对物流信息处理的影响是什么？

六、实验报告要求

(1) 列出物流信息管理系统界面的构成、系统布局区的组成以及每一部分的功能。
(2) 分析物流信息管理系统完成物流信息管理所必需的参数。
(3) 将模型设置不同的参数，对比运行结果，分析对物流相关业务管理决策的影响。
(4) 完成实验思考题。
(5) 以 5 人为一组编写实验报告。

实验 4 采购与供应管理系统的使用

一、实验目的

熟悉采购与供应管理系统的安装与启动，熟悉采购与供应管理系统用户界面，熟悉采购与供应管理系统建模元素，熟悉采购与供应管理系统建模与逻辑运算过程。

二、实验设备与仪器

微机、采购与供应管理系统的相关软件。

三、实验步骤

(1) 了解采购与供应管理系统的硬件和软件环境。

(2) 启动采购与供应管理系统。

(3) 熟悉标量栏、菜单栏、工具栏、元素选择窗口、状态栏、用户元素窗口以及系统布局区。

(4) 学习建模元素：离散型元素、连续型元素、运输逻辑型元素、逻辑元素、图形元素。

(5) 学习建模与逻辑运算过程。

(6) 查看数据报告。

四、注意事项

(1) 复习电子采购知识；预习电子采购的采购流程。

(2) 提前掌握采购与供应管理系统的逻辑运算与流程。

五、实验思考题

观察数据报告，了解不同的参数对电子采购流程的影响。

六、实验报告要求

(1) 列出采购与供应管理系统界面的构成、系统布局区的组成以及每一部分的功能。

(2) 分析采购与供应管理系完成电子采购所必需的参数。

(3) 将模型设置不同的参数，对比运行结果，分析对采购决策的影响。

(4) 完成实验思考题。

实验 5 电子采购的流程模拟

一、实验目的

了解电子采购系统，熟悉电子采购的特点；掌握采购与供应管理系统的设计与操作；掌握采购与供应管理系统的基本功能；研究不同的选择参数对采购决策的影响；了解影响电子采购效率的因素。

二、实验设备与仪器

微机、采购与供应管理系统的相关软件。

三、实验步骤

(1) 打开计算机，进入采购与供应管理系统。
(2) 设置所建模型的属性及相应的参数，并进行电子采购模拟。
(3) 将网络搜索的实验数据导出并进行分析，决定最优的供应商。

四、注意事项

实验过程中，注意收集信息的准确性和完整性。

五、实验思考题

(1) 电子采购的主要特点是什么？
(2) 如何改善电子采购？

六、实验报告要求

(1) 将实验中不同参数的模型运行结果进行对比，找出影响电子采购效率的因素。
(2) 完成实验思考题。

实验6　仓储管理软件基本操作演示

一、实验目的

掌握仓储管理软件的基本功能；熟悉仓储管理软件的操作特点；掌握仓储管理软件的基本操作方法；重点掌握基础资料管理、业务统计查询、入库管理、出库管理、库存盘点管理、统计分析的操作步骤。

二、实验设备与仪器

微机、仓储管理软件。

三、实验步骤

(1) 了解仓储管理软件的硬件和软件环境。
(2) 启动仓储管理软件。

（3）仓库设置。对仓库进行设置，如设为原材料仓、半成品仓、成品仓、五金仓、包装材料仓。具体步骤：单击"基本设置"窗口中的"仓库设置"按钮，弹出"仓库设置"对话框，单击"新增"按钮进行新仓库的增加，单击"保存"按钮进行保存。

（4）物品设置。将物品的名称及规格放在一起作为物品全称，以便作为物品的唯一识别。具体步骤：在"基本设置"窗口中打开"物品设置"对话框，单击"新增"按钮进行新物品的增加，单击"保存"按钮进行保存。若保存后发觉资料错误，可单击"修改"按钮进行修改。单击选中某一物品后，再单击"新增"按钮，可复制添加物品资料。

（5）业务录入。

①　入库单：在"业务录入"窗口中打开"入库单"对话框，先选择时间，再双击选择交货单位、收料仓库，再双击表单，弹出"入库物品录入"对话框，双击选中某种物品(也可以通过模糊查询来查找某种物品)，然后输入物品单价、物品数量，系统会自动计算金额合计，保存后查看入库单，库存物品数量即时增加。

②　出库单：打开"业务录入"菜单，单击"出库单"按钮，弹出"出库单"对话框，先选择时间，再双击选择领用单位、出料仓库，再双击表单，弹出"出库物品录入"对话框，双击选中某种物品(也可以通过模糊查询来查找某种物品)，然后输入物品数量，系统会自动计算金额合计，保存后查看出库单，库存物品数量即时减少。

（6）业务查询。

①　入库单查询：可按日期段、单位、经办人查询、打印单据。单击"入库单查询"按钮，弹出"入库单查询"对话框，进行查询。

②　出库单查询：可按日期段、单位、经办人查询、打印单据。单击"出库单查询"按钮，弹出"出库单查询"对话框，进行查询。

③　盘损单查询：单击"盘损单查询"按钮，弹出"盘损单查询"对话框，进行查询。

④　按物品查单：可通过输入物品名称的模糊查询，查询在日期段内与之有关的物品出入库单据的情况。单击"按物品查单"按钮，弹出"按物品名称查询"对话框，进行查询。双击可显示单据的内容。

（7）统计分析。

①　账单统计：可用于统计某一供应商一个时间段内的供货情况或某一部门一个时间段内物料的消耗使用情况，也可用于统计某一工程项目、生产单号物料的使用情况。操作步骤：单击"统计分析"窗口中的"账单统计"按钮，弹出"账单统计"对话框，可按日期时间段、仓库名称、单位名称、摘要(生产项目单号)统计汇总各账单、物品的出入库情况，并打印账单分类汇总报表。

②　库存分析：单击"库存分析"按钮，弹出"库存数量分析"对话框，可按部门统计、物品统计并以图表方式显示物品的出入库情况。

(8) 盘点报表。

① 仓库盘点：单击"盘点报表"窗口中的"仓库盘点"按钮，弹出"仓库盘点"对话框，可按物品类别、仓库打印盘点表。

② 物品明细表：单击"物品明细表"按钮，弹出"物品明细表"对话框，分类显示各物品的库存情况。

③ 出入库流水账：单击"出入库流水账"按钮，弹出"出入库流水账"对话框，双击选择或输入选择物品编号，可按日期段查询某物品的出入库流水情况，双击可显示有关账单详情。

四、注意事项

实验过程中，注意输入参数的特征以及收集信息的准确性和完整性。

五、实验思考题

(1) 如何加强仓储管理效率？库存管理有什么改进的思路？

(2) 仓储管理软件的优势是什么？

六、实验报告要求

(1) 实验内容要求详细说明实验过程、实验数据录入情况及生成的相关表单。

(2) 完成实验思考题。

实验 7　预测模型实验

在物流决策支持系统中，预测模型是不可缺少的关键技术之一。物流专业学生应当掌握常用的预测方法和工具。

一、实验目的

(1) 结合具体事例，利用常用的预测模型进行预测。

(2) 熟悉、掌握常用的预测模型，通过 Excel 表格建立预测模型并进行预测，重点掌握数据是如何在各个环节和界面之间转换和传递的。

二、实验设备与仪器

微机、Excel 软件。

三、实验原理和步骤

1. 实验原理

根据给定 GDP 与客、货运量等数据，选择合适的预测模型，借助 Excel 软件，进行客、货运量预测。下面给出了 3 种常见的预测模型。

(1) 简单时间序列法

$$F(T+1)=(1/N)\times \sum X(I)$$

式中　$F(T+1)$——时间序列的预测值；

T——预测的年份；

N——取平均的个数；

$X(I)$——时间序列的第 I 期实际值。

(2) 指数平滑法

$$F(T+1)=(1-\alpha)\,F(T)+\alpha X(T)$$

式中　T——预测的年份；

α——平滑系数，范围是 0～1.0；

$F(T)$——时间序列的第 T 期预测值；

$X(T)$——时间序列的第 T 期实际值。

(3) 一元线性回归法

$$Y=A+BX$$

式中　X——预测时期的变量值；

Y——相应的预测值；

A、B——回归方程的系数。可先用最小二乘法拟和得到 A、B 的值，然后用 X 预测 Y。

2. 实验步骤

(1) 建立 Excel 工作表，将数据资料录入。

(2) 分别建立(或选择)简单时间序列法、指数平滑法和一元线性回归法预测模型。

(3) 根据选定的预测模型进行预测。

(4) 撰写实验报告。

四、注意事项

(1) 预测数据保留两位小数。

(2) 需要学生预先掌握 Excel 函数命令的操作。

五、实验思考题

将不同模型、不同参数的预测结果进行分析比较，分析各个模型之间的预测结果的差

21世纪应用型精品规划教材·物流管理

异性，并分析各种方法之间的联系。

六、实验报告要求

(1) 要求详细说明实验过程、结果及相关心得体会。
(2) 完成实验思考题。

实验 8　集装箱码头进口业务实验

一、实验目的

通过对码头进口卸船业务系统的模拟操作，使学生熟悉集装箱码头管理软件的使用，学习对港口码头管理的基本信息进行维护，熟悉并能熟练操作集装箱码头的进口业务与单证流转、集装箱码头箱务管理、中控作业等业务。

二、实验设备与仪器

集装箱码头进出口业务教学软件、微机。

三、实验原理和步骤

1. 实验原理

在集装箱海陆联运中，集装箱码头不仅是海上运输和陆上运输的连接点，同时与运输有关的货物、单证、信息以及集拼、分拨、转运存储等业务管理也在集装箱码头交叉、汇集。

在现有物流运输格局中，处于重要地位的大型国际集装箱码头成为不同区域的国际货物运转中心，通过集装箱码头的装卸转运，将干线与支线有机地结合起来，从而实现大型集装箱船的规模效益，实现货物从始发港到目的港的快速运输。

随着计算机技术和通信技术的快速发展，集装箱码头在生产作业管理中，大多已实现计算机管理。采用先进的生产管理系统，对集装箱码头各项生产作业进行有效地组织、计划、指挥、控制，大大提高了作业效率，避免了复杂和重复的人工作业。

2. 实验步骤

(1) 教师上机操作讲解。
(2) 学生模拟操作。

四、注意事项

集装箱软件操作流程非常复杂，使用相对较难，不可能通过一堂课就完全掌握，应注意适当降低难度，由浅入深，先学习几个模块。

五、实验思考题

成功实施港口软件的关键是什么？

六、实验报告要求

(1) 写出港口码头管理的基本信息。
(2) 分析进口卸船前的工作及流程。
(3) 分析进口卸船的工作及流程。
(4) 完成实验思考题。

实验 9　公路运输设备实验

一、实验目的

公路运输设备实验属于现场实验性实验。通过该实验可以使学生了解和掌握物流运输车辆的类型、总体结构组成、各组成部分的作用及工作原理。要求学生重点掌握物流运输车辆的使用性能和主要技术参数，为合理地选择和配备物流运输车辆奠定专业基础知识。

二、实验设备与仪器

相关公路运输整车及汽车组成部件、物流装备仿真教具。

三、实验步骤

(1) 整车实验区：指导教师讲解汽车的总体结构组成。
(2) 汽车发动机实验区：指导教师以某一典型的发动机为例，讲解汽车发动机的总体结构组成，阐述发动机性能的评价指标。
(3) 汽车底盘实验区：指导教师以某一典型的汽车底盘为例，讲解汽车底盘的总体结构组成，各组成部分的作用。
(4) 实验总结：由指导教师总结物流运输车辆的使用性能和主要技术参数。

四、注意事项

(1) 整车实验区和汽车组成部件实验区需注意安全。
(2) 物流仿真教具较精密，需轻拿轻放。

21世纪应用型精品规划教材·物流管理

五、实验思考题

如何提高公路运输装备的效率?

六、实验报告要求

(1) 写出实验过程中的心得体会。

(2) 完成实验思考题。

实验 10　货物信息识别技术

一、实验目的

熟悉物流过程中货物处理需要采集的信息,了解货物信息处理所用的设施设备,货物信息识别设备的主要功能和应用范围。

二、实验设备与仪器

车载工业终端及设备、无线 AP、批处理数据采集器、条码打印机、手持数据采集器、RFID 读写系统。

三、实验原理和步骤

1. 实验原理

(1) 条码技术。

条码技术是实现 POS 系统、EDI、电子商务、供应链管理的技术基础,是物流管理现代化的重要技术手段。条码技术包括条码的编码技术、条码标识符号的设计、快速识别技术和计算机管理技术,它是实现计算机管理和电子数据交换不可缺少的前端采集技术。

(2) 批处理条码数据采集器。

批处理条码数据采集器可离线工作,线下批量采集数据后,可通过 USB 线或串口数据线与计算机进行通信,将数据更新至本地应用软件数据库。

(3) 无线数据采集器。

无线数据采集器通过无线网络实时连接到本地应用软件数据库,数据进行实时更新。无线数据采集器内装有操作系统,内置无线通信模块。无线数据采集器带独立内置内存、显示屏及电源。相对于批处理条码数据采集器,成本虽然有所提高,但是数据的及时性得到了很好的保障。

(4)　RFID 技术。

RFID(Radio Frequency IDentification)是一种无线射频识别技术，通过手持式 RFID 读写器识别特定目标并读写相关数据，而无须识别系统与特定目标之间建立机械或光学接触。通常使用专用的 RFID 读写器及专门的可附着于目标物的 RFID 标签，利用频率信号将信息由 RFID 标签传送至 RFID 读写器。

(5)　固定式读写天线。

读写天线固定在某位置，货物从旁边移过时，天线自动检测货物信息。适合于在仓库门口使用。

(6)　手持终端。

内置读写天线，可以人工手拿终端，在仓库内边移动，边对货物信息进行处理，适用于识别较大型、不易移动的货物。

2. 实验步骤

(1)　了解各种不同实验设备的原理及操作。
(2)　使用各种不同实验设备进行数据采集。
(3)　完成数据的传输、汇总、分析、处理。

四、注意事项

实验装备较精密，需轻拿轻放。

五、实验思考题

(1)　如何提高信息采集的首读率？
(2)　各种不同信息采集装置的优缺点是什么？

六、实验报告要求

(1)　写出实验过程中的心得体会。
(2)　完成实验思考题。

实验 11　货物信息管理系统

一、实验目的

了解货物信息管理系统的组成，即运输管理系统、国际物流系统、仓储管理系统、采购与供应管理系统，学习其工作原理和简单的操作。

21世纪应用型精品规划教材·物流管理

二、实验设备与仪器

物流管理综合平台、微机。

三、实验步骤

(1) 了解运输管理系统的工作原理,模拟运输站场作业中的关键环节,包括取货入站、集货、发运出站、到达入站、派送出站等。

(2) 了解国际物流系统的作业环节和作业参与者,包括进出口商、报关、银行、保险、海关、检验检疫局、船代、货代等业务实体,模拟整个作业过程中各种业务流程的办理,如单据的填写、递交和传递等。

(3) 了解仓储管理系统的基本操作,通过角色分工实现多种作业岗位的模拟,包括入库理货岗、叉车司机岗(分别实现入库搬运上架、出库搬运下架、补货下架、补货搬运上架等子岗位)、电子拣选补货岗、电子拣选作业岗、出库理货岗。

(4) 完成采购与供应管理系统中的主要业务,包括基础管理、预测管理、作业管理、核算管理、控制管理、统计管理和绩效管理、采购申请、采购计划、采购审核、供应管理等。

四、注意事项

预先掌握各种信息管理系统的相关知识。

五、实验思考题

(1) 各信息系统之间如何集成?
(2) 各种信息管理系统的特点是什么?

六、实验报告要求

(1) 写出实验过程中的心得体会。
(2) 完成实验思考题。

实验 12　船舶代理业务实验

一、实验目的

通过船舶代理(简称船代)业务模拟实验,使学生熟悉船舶代理软件的使用,掌握船舶代理业务的基本概念和流程。

二、实验设备与仪器

船舶代理相关教学软件、微机。

三、实验原理和步骤

1. 实验原理

国际船舶代理经营者，是指依照法律设立的中国企业法人，接受船舶所有人或者船舶承租人、船舶经营人的委托，经营下列业务：办理船舶进出港口手续；联系安排引航、靠泊和装卸；代签提单、运输合同；代办接受订舱业务；办理船舶、集装箱以及货物的报关手续；承揽货物、组织货载，办理货物、集装箱的托运和中转；代收运费，代办结算；组织客源，办理有关海上旅客运输业务；其他相关业务。

随着现代国际航运业及 IT 技术的发展，掌握船代管理信息系统的使用成为船代业务人员的基本技能之一。本实验详细介绍了船代业务的基本流程，通过对船代系统的模拟操作，可以了解和熟悉船代工作原理，了解船代系统的设计实现，加深对船代基本概念、名词的认识和了解，如航次、预抵时间(ETA)、订舱、提单、舱单、提货单、设备交接单(EIR)等。

2. 实验步骤

(1) 完成船代管理基本信息维护。

① 国籍基本资料的维护。登录《国际船舶代理管理信息系统》的子系统《船务管理系统》，选择"数据字典"命令，打开"数据字典"对话框，选择"代码信息"组中的"国籍"。

② 港口基本资料的维护。在"数据字典"对话框中选择"代码信息"组中的"港口"。

③ 码头、作业区基本资料的维护。在"数据字典"对话框中选择"代码信息"组中的"作业区代码"。

④ 集装箱尺寸基本资料的维护。在"数据字典"对话框中选择"代码信息"组中的"集装箱尺寸代码"。

⑤ 航线和航线挂港基本资料的维护。在"数据字典"对话框中选择"代码信息"组中的"航线代码"。

⑥ 包括集装箱箱型在内的其他代码的录入。在"数据字典"对话框中选择"代码信息"组中的"其他代码"。

(2) 建立船代关系。

① 委托方资料录入。登记委托方的详细资料，包括中英文名称、中英文地址、电话、传真、E-mail、涉及的各种币种的银行开户行名称、账号等。登录《国际船舶代理管理信息系统》的子系统《船务管理系统》，选择"数据字典"命令，打开"数据字典"对话框，单击"基础资料"中的"客户"，进入客户维护界面，客户包括报关行、承运人(营运人)、口

21世纪应用型精品规划教材·物流管理

岸单位、车队、船东、货主、委托方。

② 船舶规范录入。登记委托的船舶规范资料，包括中英文船名、国籍、总吨、净吨、载重吨、每厘米吃水吨等。在"数据字典"对话框中单击"基础资料"中的"船舶规范"，进入船舶规范维护界面。

③ 船舶航次计划信息登记与维护。建立船舶航次信息，完善航次计划及调度等信息。进入维护界面，选择《船务管理系统》中的"调度日志"，打开"船舶计划调度"对话框，单击"新航次"按钮，进入航次计划调度维护界面(该界面分五个部分：船舶规范、计划调度信息、航次委托方、航次装卸货、航次装卸箱)。

四、注意事项

船代管理软件操作流程非常复杂，使用相对较难，不可能通过一堂课就完全掌握，应注意适当降低难度，由浅入深，先学习几个模块。

五、实验思考题

国际船舶代理的业务范围和服务对象是什么？

六、实验报告要求

(1) 依据实例完成船代管理基本信息维护和船代关系建立的操作。

(2) 写出实验过程中的心得体会。

(3) 完成实验思考题。

实验 13　仓储管理实务

一、实验目的

掌握仓储管理软件的基本功能；熟悉仓储管理软件的操作特点；掌握仓储管理软件基本的操作方法；重点掌握仓库的选择、最低库存与最高库存的设定、不同日期入库单与出库单输入、库存盘点、库存警报查看、库存统计分析的操作步骤。

二、实验设备与仪器

微机、仓储管理软件。

三、实验步骤

(1) 启动仓储管理软件。

(2) 系统数据基本设置。

单击"基本设置"界面的"物品设置"按钮，输入模拟数据，单击"新增"按钮进行新物品的增加，单击"保存"按钮进行保存。

轴承 6201：最高库存 200，最低库存 50，安全库存 20，单价 500 元。

轴承 7216：最高库存 400，最低库存 80，安全库存 50，单价 200 元。

(3) 出入库操作。

入库单：单击"业务录入"窗口的"入库单"按钮，弹出"入库单"对话框，先选择时间，再双击选择交货单位、收料仓库，再双击表单，弹出"入库物品录入"对话框，双击选中某种物品(也可以通过模糊查询来查找某种物品)，然后输入物品单价、物品数量，系统会自动计算金额合计，保存后查看入库单，库存物品数量即时增加。

出库单：单击"业务录入"窗口的"出库单"按钮，弹出"出库单"对话框，先选择时间，再双击选择领用单位、出料仓库，再双击表单，弹出"出库物品录入"对话框，双击选中某种物品(也可以通过模糊查询来查找某种物品)，然后输入物品数量，系统会自动计算金额合计，保存后查看出库单，库存物品数量即时减少。

8 月 7 日由正泰电器外购轴承 6201，200 件；轴承 7216，300 件。

9 月 1 日轴承 6201 出库 80 件，轴承 7216 出库 100 件。

10 月 11 日轴承 6201 出库 80 件，轴承 7216 出库 100 件。

11 月 2 日由正泰电器外购轴承 7216，350 件。

(4) 仓库盘点。

单击"盘点报表"窗口的"仓库盘点"按钮，弹出"仓库盘点"对话框，可按物品类别、仓库查看盘点表。

(5) 库存报警。

单击"业务录入"窗口的"库存报警"按钮，弹出"库存报警"对话框，查看全部库存出现问题的物品资料。

(6) 库存分析及物品统计

单击"统计分析"窗口的"库存分析"按钮，弹出"库存数量分析"对话框，可按部门统计、物品统计并以图表方式显示物品的出入库情况。单击"统计分析"窗口的"账单统计"按钮，弹出"账单统计"对话框，可按日期时间段、仓库名称、单位名称、摘要(生产项目单号)统计汇总账单、物品的出入库情况。

(7) 数据记录与处理。

将软件自动存储的实验数据导出进行分析。生成入库计划单、入库理货单、出库计划单、出库理货单、盘点表、盘点报表和盘点损益表。生成多种查询统计报表，根据统计报表对仓储业务进行分析。

21世纪应用型精品规划教材·物流管理

四、注意事项

(1) 系统中需要录入的信息，必须符合软件的规范要求。

(2) 注意录入信息的准确性和完整性。

五、实验思考题

(1) 库位分配原则有哪些？

(2) 目前有哪些常用的库存优化方法？

(3) 库存统计分析的意义有哪些？

六、实验报告要求

(1) 完整且详细地记录实验数据，实验报告的内容包括实验目的、实验地点、实验时间、实验仪器设备、实验内容、实验过程以及实验体会。

(2) 实验内容要详细说明实验过程，实验数据录入情况及生成的相关表单。

(3) 完成实验思考题。

实验 14　堆 码 实 验

一、实验目的

掌握包装堆码的方法原则、熟悉包装机械的操作特点、重点掌握水平平面和加载平板的操作步骤和堆码实验意义。

二、实验设备与仪器

水平平面、加载平板、包装件。

三、实验步骤

按照运输状态将包装件实验样品放在一个水平平面上，在上面试加负载，使之经受类似于堆码时的压力。

(1) 记录实验场所的温湿度。

(2) 将实验样品按照预定状态放置在水平平面上，加载平板置于实验样品的顶面中心位置，再将作为负载的重物在不造成冲击的情况下放在加载平板上，并使它均匀地与加载平板接触。重物和加载平板的总重量与预定值误差在±2%之内。

(3) 按照规定的持续时间施加负载或者直至包装件压坏为止。

(4) 去除负载，检查包装件。

四、注意事项

实验通常是按照运输包装件的实际储运情况来选择负载的，即根据储运过程中的堆码高度和堆码持续时间来确定相应的实验条件，有关资料需提前预习。

五、实验思考题

各种不同包装的堆码特点是什么？

六、实验报告要求

(1) 详细说明实验过程，实验数据录入情况及生成的相关表单。
(2) 完成实验思考题。

实验 15　机械手码垛实验

一、实验目的

掌握操作机械手码垛系统，在手动状态下进行码垛，设置自动状态下运行机械手自动码垛程序。

二、实验设备与仪器

六自由度机械手、标准尺寸包装箱。

三、实验步骤

(1) 教师介绍 ABB 六自由度机械手的结构与原理。
(2) 讲解机械手手动控制方法。
(3) 演示手动状态下操作机械手抓取货物、搬运货物、堆码。
(4) 设置自动状态下机械手自动进行货物码垛。
(5) 学生独立完成上述内容，并提交书面实验报告。

四、注意事项

相关机械手操作指南需提前发放，供学生预习。

五、实验思考题

不同规格货物的安全堆码方式是什么？

六、实验报告要求

(1) 详细说明实验过程，实验数据录入情况及生成的相关表单。
(2) 完成实验思考题。

实验 16　MATLAB 认识实验

一、实验目的

通过 MATLAB 认识实验，帮助学生了解和认识 MATLAB 软件的操作界面和基础编程操作。首先认识 MATLAB 的界面、特点，学会 MATLAB 的安装与启动；然后初步理解和熟悉 MATLAB 的基本命令与基本函数、简单图形操作、MATLAB 的数据表示、基本运算方法，掌握 MATLAB 语言命令的简单应用。

二、实验设备与仪器

微机、MATLAB 7.0 软件。

三、实验原理和步骤

1. 实验原理

MATLAB 环境是一种为数值计算、数据分析和图形显示服务的交互式的环境。MATLAB 有 3 种窗口，即命令窗口(The Command Window)、m-文件编辑窗口(The Edit Window)和图形窗口(The Figure Window)，而 Simulink 另外还有 Simulink 模型编辑窗口。

(1) 命令窗口(The Command Window)。

当 MATLAB 启动后，出现的最大窗口就是命令窗口。用户可以在提示符 ">>" 后面输入交互的命令，这些命令就被立即执行。

在 MATLAB 中，一连串命令可以放置在一个文件中，不必把它们直接在命令窗口内输入。在命令窗口中输入该文件名，这一连串命令就被执行了。因为这样的文件都是以 ".m" 为后缀，所以称为 m-文件。

(2) m-文件编辑窗口(The Edit Window)。

用 m-文件编辑窗口来产生新的 m-文件，或者编辑已经存在的 m-文件。在 MATLAB 主界面上选择 File→New→M-file 命令就打开了一个新的 m-文件编辑窗口；选择 File→Open

命令就可以打开一个已经存在的 m-文件，并且可以在该窗口中编辑这个 m-文件。

2. 实验步骤

(1) 安装 MATLAB。

(2) 启动 MATLAB。

(3) 退出 MATLAB。

(4) 卸载 MATLAB。

(5) MATLAB 的基础认识，MATLAB 的工作界面如图 5.2 所示。

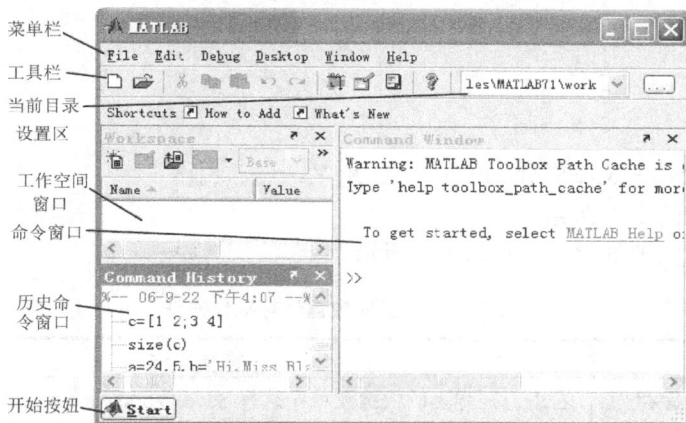

图 5.2 MATLAB 工作界面

(6) 在命令窗口中输入相关 MATLAB 命令。

① MATLAB 常用数学函数。

输入 x=[−4.85 −2.3 −0.2 1.3 4.56 6.75]，则：

```
ceil(x)= -4 -2 0 2 5 7
fix(x) = -4 -2 0 1 4 6
floor(x) = -5 -3 -1 1 4 6
round(x) = -5 -2 0 1 5 7
```

② help 命令。

当不知系统有何帮助内容时，可直接输入 help 以寻求帮助 "＞＞help(回车)"。

当想了解某一主题的内容时，如输入 "＞＞help syntax (了解 Matlab 的语法规定)"。

当想了解某一具体的函数或命令的帮助信息时，如输入 "＞＞help sqrt (了解函数 sqrt 的相关信息)"。

③ lookfor 命令。

当需要完成某一具体操作，不知有何命令或函数可以完成，如输入 "＞＞lookfor line (查找与直线、线性问题有关的函数)"。

④ 数值型向量(矩阵)的输入。

任何矩阵(向量),可以直接按行的方式输入每个元素:同一行中的元素用逗号或者用空格符来分隔;行与行之间用分号分隔;所有元素处于一个方括号内。

```
>> Time = [11 12 1 2 3 4 5 6 7 8 9 10]
>> X_Data = [2.32 3.43; 4.37 5.98]
```

输入特殊的矩阵:如 "meshgrid(x,y)"。

输入 "=[1 2 3 4]; y=[1 0 5]; [X,Y]=meshgrid(x, y)",则

```
X =              Y =
1 2 3 4            1 1 1 1
1 2 3 4            0 0 0 0
1 2 3 4            5 5 5 5
```

目的是将原始数据 x, y 转化为矩阵数据 X, Y。

⑤ MATLAB 的文件保存。

⑥ MATLAB 的数据保存,如表 5.1 所示。

表 5.1　MATLAB 数据保存操作方法

功　能	操作方法
全部工作空间变量保存为 MAT 文件	右击,在弹出的快捷菜单中选择 Save Workspace As…命令,可把当前工作空间中的全部变量保存为外存中的数据文件
部分工作空间变量保存为 MAT 文件	选中若干变量右击,在弹出的快捷菜单中选择 Save Workspace As…命令,可把所选变量保存为数据文件
删除部分工作空间变量	选中一个或多个变量右击,在弹出的快捷菜单中选择 Delete 命令,或选择 MATLAB 窗口的 Edit Delete 命令,在弹出的 Confirm Delete 对话框中单击"确定"按钮
删除全部工作空间变量	右击,在弹出的快捷菜单中选择 Clear Workspace 命令,或选择 MATLAB 窗口的 Edit Clear Workspace 命令

⑦ MATLAB 窗口操作命令,如表 5.2 和表 5.3 所示。

表 5.2　MATLAB 的工作空间命令

命　令	示　例	说　明
save	save lx01 或 save lx02 A B	将工作空间中的变量以数据文件格式保存在外存中
load	load lx01	从外存中将某个数据文件调入内存
who	who	查询当前工作空间中的数据变量名
whos	whos	查询当前工作空间中的变量名、大小、类型和字节数
clear	clear A	删除工作空间中的全部或部分变量

表 5.3　MATLAB 命令窗口相关的操作命令

命　令	示　例	说　明
format	format bank format compact	对命令窗口显示内存的格式进行设定，与表 5.2 所列命令结合使用
echo	echo on，echo off	用来控制是否显示正在执行的 MATLAB 语句，分别表示显示和不显示
more	more(10)	规定命令窗口中每个页面的显示行数
clc	clc	清除命令窗口显示的内容
clf	clf	清除图形窗口中的图形内容
cla	cla	清除当前坐标内容
close	close all	关闭当前图形窗口。如带参数 all 则关闭所有图形窗口

四、注意事项

(1) 及时保存指令及数据，防止丢失。

(2) MATLAB 语言是较为难学的课程，如果学生原来学习过 VB 语言，则请进行复习。

五、实验思考题

(1) MATLAB 语言平台有哪些特点？

(2) 练习使用 MATLAB 编程环境应注意哪些问题？

六、实验报告要求

(1) 完整记录实验数据，包括实验数据录入情况及生成的相关表单。

(2) 完成实验思考题。

实验 17　MATLAB 符号运算

一、实验目的

通过该实验，帮助学生进一步熟悉 MATLAB 环境的使用方法，学习 MATLAB 符号表达式的含义、符号矩阵运算、符号表达式运算、符号微积分。

二、实验设备与仪器

微机、MATLAB 7.0 软件。

三、实验步骤

(1) MATLAB 常量与变量(如表 5.4 所示)。

表 5.4 MATLAB 的常量与变量取值

特殊的变量、常量	取　值
ans	用于结果的默认变量名
pi	圆周率的近似值(3.1416)
eps	数学中无穷小(epsilon)的近似值(2.2204e-016)
inf	无穷大，如 1/0=inf (infinity)
NaN	非数，如 0/0=NaN (Not a Number), inf/inf=NaN
I , j	虚数单位

(2) MATLAB 算术运算(如表 5.5 所示)。

表 5.5 MATLAB 算术运算示例及使用说明

运算符	名　称	示　例	法则或使用说明
+	加	C=A+B	矩阵加法原则，即 C(i,j)= A(i,j)+B(i,j)
−	减	C=A−B	矩阵减法原则，即 C(i,j)= A(i,j)−B(i,j)
*	乘	C=A*B	矩阵乘法原则
/	右除	C=A/B	定义为线性方程组 X*B=A，即 $C=A/B=A*B^{-1}$
\	左除	C=A\B	定义为线性方程组 A*X=B，即 $C=A\backslash B=A^{-1}*B$
^	乘幂	C=A^B	A、B 其中一个为标量时有定义
'	共轭转置	C=A'B	B 是 A 的共轭转置矩阵

(3) MATLAB 关系运算(如表 5.6 所示)。

表 5.6 MATLAB 关系运算示例及使用说明

运算符	名　称	示　例	法则或使用说明
<	小于	A<B	A、B 都是标量，结果是或为 1(真)或为 0(假的标量);
<=	小于等于	A<=B	A、B 若一个为标量，另一个为数组，标量将与数组各元素逐一比
>	大于	A>B	较，结果为运算数组行列相同的数组，其中各元素取值或 1 或 0;
>=	大于等于	A>=B	A、B 均为数组时，必须行列数分别相同，A 与 B 各对应元素相比
==	恒等于	A==B	较，结果为与 A 或 B 行列相同的数组，其中各元素取值或 1 或 0;
~=	不等于	A~=B	==和~=运算对参与比较的量同时比较实部和虚部，其他运算只比较实部

(4) 向量运算。

① 直接输入法。

在命令提示符之后直接输入一个向量，其格式是：向量名=[a1,a2,a3,...]

>>A=[2,3,4,5,6],B=[1;2;3;4;5],C=[4 5 6 7 8 9]; %最后一个分号表示执行后不显示 C

其运行结果为

```
A =
2 3 4 5 6
B =
1
2
3
4
5
```

② 冒号表达式法。

利用冒号表达式 a1:step:an 也能生成向量，式中 a1 为向量的第一个元素，an 为向量最后一个元素的限定值，step 是变化步长，省略步长时系统默认为 1。

>>A=1:2:10,B=1:10,C=10:-1:1,D=10:2:4,E=2:-1:10

其运行结果为

```
A =1 3 5 7 9
B =1 2 3 4 5 6 7 8 9 10
C =10 9 8 7 6 5 4 3 2 1
D =Empty matrix: 1-by-0
E =Empty matrix: 1-by-0
```

试分析 D、E 不能生成的原因。

③ 函数法。

有两个函数可用来直接生成向量。一个实现线性等分——linspace( )；另一个实现对数等分——logspace( )。

线性等分的通用格式为 A=linspace(a1,an ,n)，其中 a1 是向量的首元素，an 是向量的尾元素，n 把 a1 至 an 之间的区间分成向量的首尾之外的其他 n-2 个元素。省略 n 则默认生成 100 个元素的向量。

④ 向量的加、减和数乘运算。

```
>>A=[1 2 3 4 5];B=3:7;C=linspace(2,4,3); AT=A';BT=B';
>>E1=A+B,E2=A-B,F=AT-BT,G1=3*A,G2=B/3,H=A+C
```

其运行结果为

```
E1 =4 6 8 10 12
E2 =-2 -2 -2 -2 -2
```

```
F =
-2
-2
-2
-2
-2
G1 =3 6 9 12 15
G2 =1.0000 1.3333 1.6667 2.0000 2.3333
??? Error using ==> +
Matrix dimensions must agree.
```

(5) 符号向量(矩阵)的输入。

① 用函数 sym 定义符号矩阵。

函数 sym 实际是在定义一个符号表达式，这时的符号矩阵中的元素可以是任何的符号或者是表达式，而且长度没有限制。只需将方括号置于单引号中。

例如：

```
>> sym_matrix = sym('[a b c; Jack Help_Me NO_WAY]')
sym_matrix =
[ a, b, c]
[Jack, Help_Me, NO_WAY]
```

② 用函数 syms 定义符号矩阵。

先定义矩阵中的每一个元素为一个符号变量，而后像普通矩阵一样输入符号矩阵。

例如：

```
>> syms a b c ;
>> M1 = sym('Classical');
>> M2 = sym(' Jazz');
>> M3 = sym('Blues');
>> A = [a b c; M1, M2, M3; sym([2 3 5])]
A =
[ a, b, c]
[Classical, Jazz, Blues]
[ 2, 3, 5]
```

四、注意事项

(1) 及时保存指令及数据，防止丢失。

(2) 学生应复习 MATLAB 的安装和使用方法，了解命令窗口、输出窗口的区别，熟悉常见数学函数，掌握命令、函数、表达式和语句的概念和实际应用内容。

五、实验思考题

矩阵的运算如何进行？

六、实验报告要求

(1) 完整记录实验数据，包括实验数据录入情况及生成的相关表单。
(2) 完成实验思考题。

实验 18　MATLAB 数值运算

一、实验目的

通过 MATLAB 数值运算实验，帮助学生熟悉和掌握矩阵运算、多项式运算的常用方法和操作命令，学会求解方程与方程组，并能进行基础的数理统计的操作。

二、实验设备与仪器

微机、MATLAB 7.0 软件。

三、实验原理和步骤

1. 实验原理

(1) 创建矩阵的方法。
① 直接输入法规则。
矩阵元素必须用[]括住；矩阵元素必须用逗号或空格分隔；在[]内矩阵的行与行之间必须用分号分隔。

逗号和分号的作用：逗号和分号可作为指令间的分隔符，MATLAB 允许多条语句在同一行出现。分号如果出现在指令后，屏幕上将不显示结果。

② 用 MATLAB 函数创建矩阵。
空阵 []——MATLAB 允许输入空阵，当一项操作无结果时，返回空阵；rand ——随机矩阵；eye ——单位矩阵；zeros ——全部元素都为 0 的矩阵；ones ——全部元素都为 1 的矩阵。

③ 矩阵的修改。
手动修改：可用↑键找到所要修改的矩阵，用←键移动到要修改的矩阵元素上即可修改。
指令修改：可以用 A(*,*)= * 来修改。
(2) 矩阵运算。
① 矩阵加、减(+,−)运算规则。
相加、减的两矩阵必须有相同的行和列，两矩阵对应元素相加减。
允许参与运算的两矩阵之一是标量，标量与矩阵的所有元素分别进行加减操作。

21世纪应用型精品规划教材·物流管理

② 矩阵乘(.*, ./, .\)运算规则。

A 矩阵的列数必须等于 B 矩阵的行数，标量可与任何矩阵相乘。

③ 矩阵乘方——a^n, a^p, p^a。

a^p: a 自乘 p 次幂。对于 p 的其他值，计算将涉及特征值和特征向量，如果 p 是矩阵，a 是标量，a^p 使用特征值和特征向量自乘到 p 次幂；如果 a,p 都是矩阵，a^p 则无意义。

④ 多项式运算。

matlab 语言把多项式表达成一个行向量，该向量中的元素是按多项式降幂排列的。

$$f(x) = a_n \times n + a_{n-1} \times (n-1) + \cdots + a_0 \times 0$$

可用行向量 $p = [a_n\ a_{n-1}\ \cdots\ a_1 + a_0]$ 表示；poly——产生特征多项式系数向量。

⑤ 代数方程组求解。

MATLAB 中有两种除运算，即左除和右除。

2. 实验步骤

(1) 分别用三种循环语句(while 语句、do-while 语句、for 语句)，实现求 1～100 的累加。

(2) 输入下列向量(矩阵)。

```
>> g = [1 2 3 4]; h = [4 3 2 1];
```

分别执行以下运算：

```
>> s1=g+h, s2=g*h, s3=g^h, s4=g^2, s5=2^h
```

(3) 输入下列特殊矩阵。

```
>> A=[ ]
>> A=eye(10)
>> A=ones(5,10)
>> A=rand(10,15)
>> A=randn(5,10)
>> A=zeros(5,10)
```

(4) 输入下列矩阵及矩阵函数。

$$p(x) = x^4 + 2x^3 - 5x + 6$$

```
>> A=[20 -1 1 3 2]; B=[17 -1 4 2 3 2 0 1];
>> M = A*B              % 矩阵 A 与 B 按矩阵运算相乘
>> det_B = det(B)       % 矩阵 A 的行列式
>> rank_A = rank(A)     % 矩阵 A 的秩
>> inv_B = inv(B)       % 矩阵 B 的逆矩阵
>> [V,D] = eig(B)       % 矩阵 B 的特征值矩阵 V 与特征向量构成的矩阵 D
>> X = A/B              % A/B = A*B⁻¹, 即 XB=A, 求 X
>> Y = B\A              % B\A = B⁻¹*A, 即 BY=A, 求 Y
```

(5) 多项式运算。

$$s(x) = x^2 + 2x + 3$$

```
>> p=[1 2 0 -5 6]              %  表示多项式
>> rr=roots(p)                 %  求多项式 p 的根
>> pp=poly(rr)                 %  由根的列向量求多项式系数
>> s=[0 0 1 2 3]               %  表示多项式
>> c=conv(p,s)                 %  多项式乘积
>> d=polyder(p)                %  多项式微分
>> x=-1:0.1:2;
>> y=polyval(p,x)              %  计算多项式的值
```

(6) 有理多项式。

$$G(s) = \frac{10(s+3)}{(s+1)(s^2 + s + 3)}$$

```
>> n=conv([10],[1 3])          %  定义分子多项式
>> d=conv([1 1],[1 1 3])       %  定义分母多项式
>> [r,p,k]=residue(n,d)        %  进行部分分式展开
>> p1=[1-p(1)],p2=[1-p2]       %  定义两个极点多项式
>> p1(s)=s-p(1), p2(s)=s-p(2)
>> den=conv(p1,p2)             %  求分母多项式 den=p1(s)*p2(s)
>> num=conv(r1,p2)+conv(r2,p1) %  求分子多项式
>> [num,den]=residue(r,p,k)    %  根据 r, p, k 的值求有理多项式
```

(7) 函数插值运算：线形样条插值。

```
>> x=0:10
>> y=sin(x)
>> x0=[ 3.4 4.7 6.5 8.2]
>> y0=interp1(x,y,x0)          %  线形插值
>> x1=0:0.1:10
>> y1=sin(x1)
>> plot(x1,y1,'r:',x,y,'b*',x0,y0,'g')  %  插值比较
```

四、注意事项

(1) 及时保存指令及数据，防止丢失。

(2) 学生应复习矩阵算法规则；熟悉常见数学函数；掌握命令、函数、表达式和语句的概念和实际应用。

五、实验思考题

(1) 矩阵建立有哪几种方法？

(2) 矩阵的加、减、乘、除运算规则是什么？

六、实验报告要求

(1) 完整记录实验数据，包括实验数据录入情况及生成的相关表单。
(2) 完成实验思考题。

实验 19　MATLAB 基本编程方法

一、实验目的

通过 MATLAB 基本编程方法实验，帮助学生掌握 MATLAB 中的变量与数据类型、熟悉 MATLAB 程序的控制语句，学会程序调试，掌握 MATLAB 软件使用的基本方法，熟悉 MATLAB 程序设计的基本方法。

二、实验设备与仪器

微机、MATLAB 7.0 软件。

三、实验原理和步骤

1. 实验原理

根据 MATLAB 基本数值计算、数据分析和图形函数的功能，按要求完成对象计算的 MATLAB 程序。

2. 实验步骤

(1) 无条件循环。
矩阵输入程序，生成 3×4 阶的 Hiltber 矩阵。

```
m=input('矩阵行数：m=');
for i=1 : 3 n= input('矩阵列数：n=');
for j=1 : 4 for i=1:m
H(i, j)=1/(i+j-1);  for j=1:n
end disp(['输入第',num2str(i), '行，第', num2str(j), '列元素'])
end A(i, j) = input (' ')
end end
```

(2) 条件循环。
用二分法计算多项式方程 $x^3-2x-5=0$ 在[0，3]内的一个根。

```
a = 0; fa = -inf;
b = 3; fb = inf;
while b-a > eps*b
x =(a+b)/2;
fx = x^3-2*x-5;
```

```
if sign(fx)== sign(fa)
a =x; fa = fx;
else
b = x; fb = fx;
end
end
x
```

运行结果为:

```
x = 2.0945515148154233
```

(3) 编写命令文件。

计算 1+2+⋯+n<2000 时的最大 n 值。

(4) 编写函数文件。

分别用 for 和 while 循环结构编写程序, 求 2 的 0 到 15 次幂的和。

(5) 自动赋值。

如果想对一个变量 x 自动赋值, 当从键盘输入 y 或 Y 时(表示是), x 自动赋为 1; 当从键盘输入 n 或 N 时(表示否), x 自动赋为 0; 输入其他字符时终止程序。

四、注意事项

(1) 及时保存指令及数据, 防止丢失。

(2) 学生应复习之前 MATLAB 实验内容。

五、实验思考题

(1) 用 For 和 While 语句有何要求?

(2) 用户数据的输入有哪几种函数?

六、实验报告要求

(1) 完整记录实验数据, 包括实验数据录入情况及生成的相关表单。

(2) 完成实验思考题。

实验 20 MapInfo 栅格图像的配准

一、实验目的

(1) 通过投影选择和控制点配准, 了解 GIS 中投影的概念、图形配准的概念。

(2) 将一幅栅格地形图图像在屏幕上实现投影选择、控制点配准。

(3) 掌握栅格图像的处理。

(4) 了解建立 GIS 的设计思路。

(5) 掌握地形图坐标单位的换算及栅格图像的配准。

二、实验设备与仪器

微机、MapInfo 软件。

三、实验步骤

(1) 正确设置地图的坐标系、投影、地图方向和单位。

用户栅格地图数字化时，首先要设定该地图使用的坐标系和投影。

MapInfo 支持多种地图投影方式。由于大多数地图在图例中已指出坐标系和投影，用户可选择 MapInfo 提供的坐标系(存放在文本文件 MAPINFOW.PRJ 中)，修改 MAPINFOW.PRJ 可得到新的坐标系。若要在 MapInfo 中显示栅格地图，必须配准该并为其设定投影。由于投影地图的过程通常不是完全可逆的，所以应该做好副本的备份工作；其次要根据选用的坐标系，设定使用的地图单位，例如经/纬度投影中的地图将以度显示地图坐标。

(2) 设置控制点坐标。

为了在跟踪地图时能正确判读数字化仪移动头的位置，必须在地图上设置控制点坐标参数。至少选择 4 个控制点，控制点越多，从数字化仪到地图的坐标变换越精确。选择的控制点离散性要好，如不能在一条直线上。可以在系统中增加、修改、删除控制点，并把控制点保存在工作空间中。

(3) 坐标的单位和换算。

在 MapInfo 中输入的坐标值必须是十进制数，也就是输入小数而不是度/分/秒，而林业上常用的 1∶10000 地形图的坐标是以度/分/秒的格式记录的，因此在配准前首先要进行坐标值的转换。其转换公式如下：

十进制坐标值=度值+(分值/60)+(秒值/3600)

(4) 配准栅格图像的操作步骤。

① 打开一幅未配准的栅格图像，如图 5.3 所示。

② 出现提示对话框，询问是简单地显示还是配准，如图 5.4 所示。

图 5.3　打开未配准的栅格图像

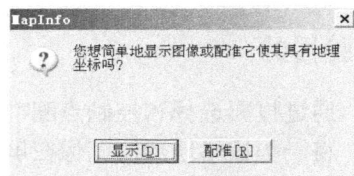

图 5.4　提示对话框

③ 单击"配准"按钮，弹出"图像配准"对话框，在该对话框中完成控制点的配准工作，如图 5.5 所示。

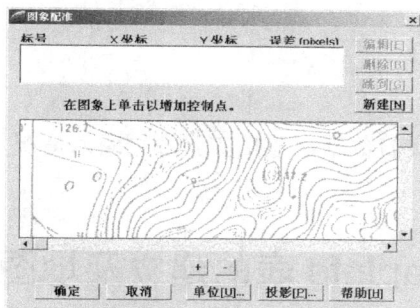

图 5.5　"图像配准"对话框

④ 通过 ➕(放大)按钮或 ➖(缩小)按钮及滚动条，在"在图像上单击以增加控制点"列表框中调节查找控制点，并将"+"字形鼠标指针准确地定位在控制点上(单击鼠标)。

⑤ 在弹出的 "增加控制点"对话框(如图 5.6 所示)中输入坐标值，在"地图[M]X："文本框中输入经度值，在"地图[A]Y："文本框中输入纬度值，其余可保持默认值。单击"确定"按钮完成第一个控制点的配准。

⑥ 其余控制点的配准工作，重复第④、第⑤步操作即可。

⑦ 配准完成 4 个控制点后的"图像配准"对话框如图 5.7 所示。

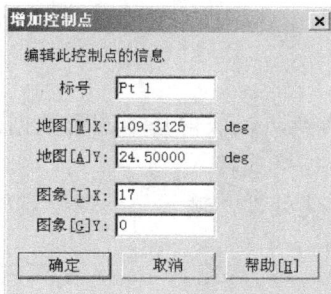

图 5.6　"增加控制点"对话框

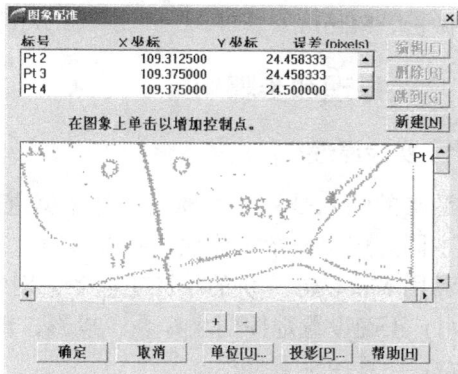

图 5.7　配准 4 个控制点的对话框

四、注意事项

(1) 及时保存指令及数据，防止丢失。

(2) 学生应提前预习 MapInfo 相关内容。

五、实验思考题

图像配准的意义是什么？

六、实验报告要求

(1) 完整及详细地记录实验数据，包括实验数据录入情况及生成的相关表单。
(2) 完成实验思考题。

实验 21　MapInfo 表的建立及地图对象的编辑

一、实验目的

(1) 使用 GIS 中图形输入功能，掌握图形数据输入、编辑的方法。
(2) 使用 GIS 中数据表功能，掌握建立、更新数据表的方法。
(3) 通过建立一个简单 GIS 应用系统，初步了解 GIS 应用概念。
(4) 掌握 MapInfo 创建新表的方法。
(5) 熟练掌握编辑地图对象的方法。

二、实验设备与仪器

微机、MapInfo 软件。

三、实验原理和步骤

1. 实验原理

图形的输入是将各种地图信息数据进行数字化或转换，以获得基本图形数据。随数据源的不同可用手扶数字化仪、扫描仪输入或其他标准数据格式转入。

利用 MapInfo 提供的绘图工具条，对地图进行数字化处理，输入与编辑要点如下。

(1) 正确设置地图的坐标系、投影、地图方向和单位。
(2) 设置控制点坐标。
(3) 图形的输入与编辑。

MapInfo 具有一整套完整的绘图和编辑工具，如图 5.8 所示。

对图层进行编辑时首先要从地图菜单中选择"图层控制"命令，或用"图层控制"工具按钮 ，使该图层处于可编辑的状态，用户通过菜单条上的命令或工具条上的按钮进行操作。

地图编辑方式可对地图图层上的区域、折线、直线、圆弧和点进行整形。这个过程是通过移动、增加、删除定义线段上的点来完成的，也可通过复制和粘贴选择点来创建新的点、直线和折线。编辑过程中还可以利用区域与折线的相互转换功能来查看区域对象的结点，或者利用合并、分割、擦除和叠压点等辅助编辑功能。

符号 直线 折线 圆弧 区域 椭圆 矩形 圆角矩形 文本 框架 整形 加节点 符号样式 线样式 区域样式 文本样式

图 5.8 MapInfo 的绘图工具条

对公共线段的输入，在 MapInfo 中可采用自动跟踪对象的功能，以自动跟踪获取重复边界，避免重复数字化。按 S 键打开对齐方式可激活半自动跟踪，进一步按 Ctrl 键作近距离跟踪，或按 Shift 键作远距离跟踪。自动跟踪不适用于跟踪由绘图工具制作的矩形、圆弧、椭圆等图形。

采用自动跟踪对象获取重复边界时，应注意重复边界的一致性，对形成的不一致重复边界应通过移动、增加和删除定义线段上的点，进行修改，直到重复边界一致为止。

2. 实验步骤

(1) 创建新表和图层。

创建新表和图层的具体步骤如下。

① 打开栅格图像，且装饰图层可编辑；

② 选择"文件"→"新建表"命令，弹出"新建表"对话框；

③ 选中"添加到当前地图窗口"复选框，如图 5.9 所示；

④ 单击"创建"按钮，弹出 "新表结构"对话框(如图 5.10 所示)，根据提示逐一输入字段；

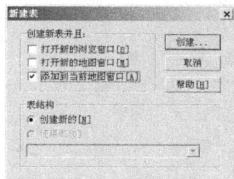

图 5.9 "新建表"对话框

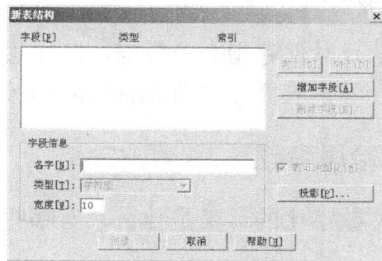

图 5.10 "新表结构"对话框

⑤ 当所有字段设置好后，单击"创建"按钮，在弹出的"创建新表"对话框中输入适当的新文件名(即图层名)并单击"保存"按钮，如图 5.11 所示。

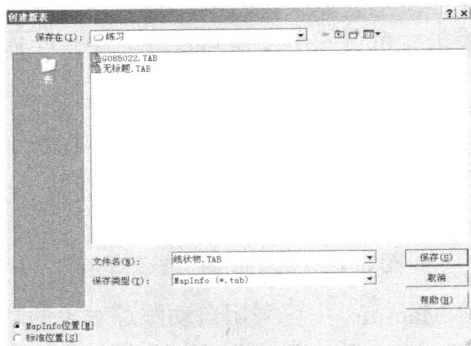

图 5.11 "创建新表"对话框

(2) 地图对象的编辑。

屏幕数字化是通过人工手动鼠标跟踪栅格图像上的对象创建矢量对象的过程。屏幕数字化利用绘图工具中的工具进行绘制。

绘制对象的步骤：

① 选择"文件"→"打开表"命令，打开已配准好的栅格图像和新建的图层表；

② 通过"图层控制"使装饰图层或新建的图层可编辑，绘图工具为可用状态；

③ 单击所需的绘图工具，鼠标形状变成"＋"字形，在起点处单击，然后沿基图上的走向移动鼠标，在折点处单击，以此顺序下去，完成该区域边界线的绘制；

④ 逐个区域按以上步骤绘制。每个区域均有独立的边界线，相邻区域要重复；

⑤ 如果绘制在装饰图层上，选择"地图/保存装饰对象"命令，将绘制的地图对象保存到指定的表；如果绘制在已建好的图层上，则单击"保存"按钮即可将绘制的对象保存。

四、注意事项

(1) 及时保存指令及数据，防止丢失。

(2) 学生应复习之前 MapInfo 相关实验的内容。

五、实验思考题

屏幕数字化的意义是什么，有哪些好处？

六、实验报告要求

(1) 完整且详细地记录实验数据，包括实验数据录入情况及生成的相关表单。

(2) 完成实验思考题。

实验 22 MapInfo 屏幕跟踪矢量化

一、实验目的

(1) 了解手工跟踪矢量化。

(2) 对矢量化的图作进一步操作处理，加深对数据获取中误差的理解。

(3) 掌握以栅格图像为基图进行手工跟踪矢量化。

(4) 熟悉在数据表中输入数据使之与地图对象建立关联。

二、实验设备与仪器

微机、MapInfo 软件。

三、实验原理和步骤

1. 实验原理

屏幕数字化(矢量化)是通过人工手动鼠标跟踪栅格图像上的对象创建矢量对象的过程。屏幕数字化利用绘图工具中的工具进行绘制。

在 MapInfo 中绘制对象很方便，一旦使图层可编辑，就可以在可编辑图层上绘制地图对象，然后将其保存；或使装饰图层可编辑，然后在装饰图层上绘制地图对象，再将其保存为另一图层或保存至新图。

2. 实验步骤

(1) 完成图像配准后，将配准信息保存在表(*.tab)文件中，并以此文件为基础实现矢量化。

(2) 将图层控制设置在可编辑状态，利用画图工具在屏幕上实现栅格图像手工矢量化。

(3) 通过跟踪显示在屏幕上的配准栅格图像，创建矢量对象形成新图层后，就该为它引入数据，实现图层上的地图对象与数据表相关联。具体步骤如下。

① 用主工具条上的"选择" ▶ 工具，选择图层上的某一个地图对象，单击对象后可明显看出选中的区域填充了图案，若选中线段则加上斜线；

② 单击主工具条上的"信息" ℹ 按钮，将"+"字形光标移到选中的对象上并单击，弹出 "信息工具"对话框，如图 5.12 所示；

③ "信息工具"对话框右下角出现表格名(即图层名)，用选择手柄单击欲选内容，出现已定义好的表格字段，按通常的编辑方法为字段输入相关的信息内容；

④ 重复上述操作，直至所有对象均处理完毕。

(4) 如果新建的图层是由装饰图层保存得到的，则需要先对数据表的结构进行修改，其具体步骤如下。

① 选择"表"→"维护"→"表结构"命令，弹出 "修改表结构"对话框，如图 5.13 所示；

图 5.12 "信息工具"对话框

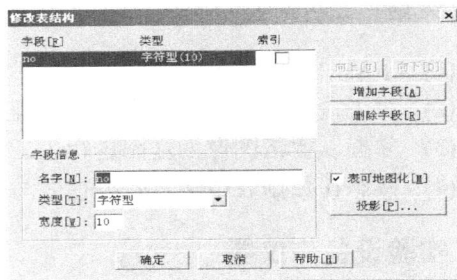

图 5.13 "修改表结构"对话框

② 在"修改表结构"对话框中，根据该图层需要储存的信息数据逐个输入字段的名字、类型和宽度；

③ 当所有字段都建好后，单击"确定"按钮，完成修改；

④ 该表结构被修改后会从当前的地图窗口中关闭掉，因此要打开"图层控制"，通过"增加..."按钮将该图层添加回当前地图窗口；

⑤ 使用"信息"工具按钮 **i**，按前述方法给地图对象附加属性数据。

四、注意事项

(1) 及时保存指令及数据，防止丢失。

(2) 学生应复习之前 MapInfo 相关实验的内容。

五、实验思考题

矢量化地图的特点是什么？

六、实验报告要求

(1) 完整且详细地记录实验数据，包括实验数据录入情况及生成的相关表单。

(2) 完成实验思考题。

实验 23　仓库管理系统操作实验

一、实验目的

熟悉物流管理软件中的仓库管理系统，了解物流企业业务操作的流程，了解物流信息系统初步开发技术。

二、实验设备与仪器

微机、e 路通物流管理软件、Access 软件。

三、实验步骤

针对一般库存管理的实际需求，建立库存管理信息系统，实现最基本的库存管理功能。

(1) 建立数据录入工作表，其具体栏目包括：日期、单位、数量、名称、类别 1(生产、销售)、类别 2(入库、出库)。

(2) 建立报表输出工作表，实现生产销售月表和月发存总表功能。

(3) 建立查询工作表，实现产品库存数据查询、出库入库查询等功能，将查询结果用表、图等多种表现形式呈现。

(4) 设计一个系统登录界面，用户输入登录用户名及密码，若输入正确，提示欢迎，进入系统主界面。若输入错误，提示用户名或者密码错误，要求重新输入。输错机会控制为三次，三次后，登录界面自动关闭。另外，还包括用户名或密码未输入的提示信息、长度不够的提示信息等。

具体操作步骤如下。

① 打开 e 路通物流管理软件，如图 5.14 所示。

② 在客户管理中进行相关内容的设计和录入，如图 5.15 和图 5.16 所示。

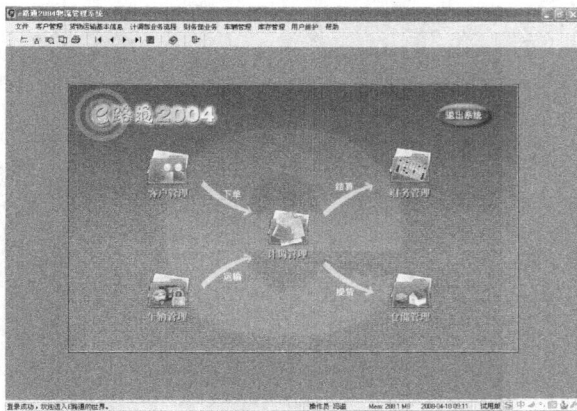

图 5.14　打开 e 路通物流管理软件

图 5.15　客户档案的修改

21世纪应用型精品规划教材·物流管理

71

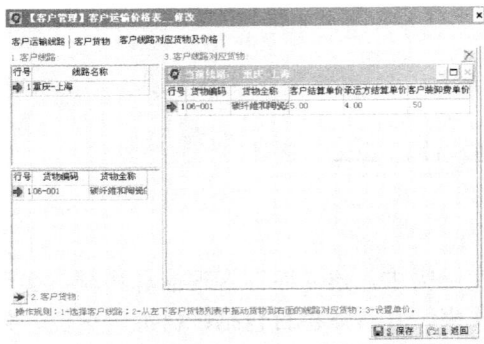

图 5.16　客户运输价格表的修改

③ 在车辆管理中进行相关内容的设计和录入，如图 5.17 和图 5.18 所示。

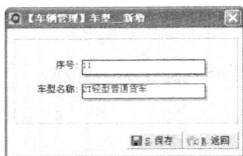

图 5.17　新增车型

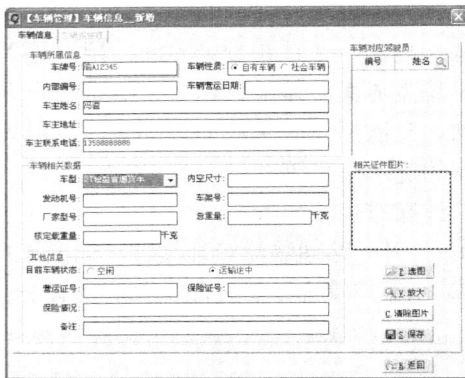

图 5.18　新增车辆信息

④ 在计调管理和安全管理中进行相关内容的设计和录入，如图 5.19 和图 5.20 所示。

图 5.19　修改计划单

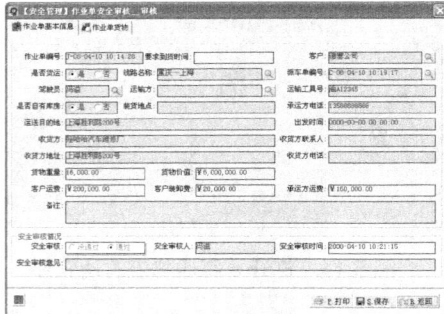

图 5.20　作业单审核

⑤ 利用 Access 构建该数据库，如图 5.21 和图 5.22 所示。

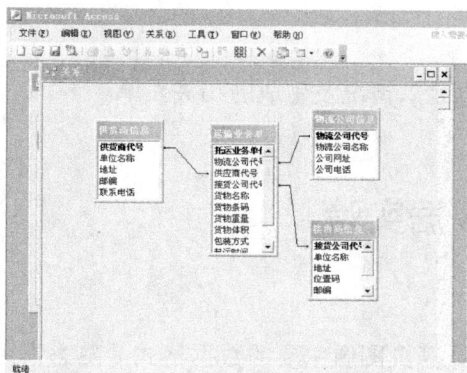

图 5.21　构建数据库

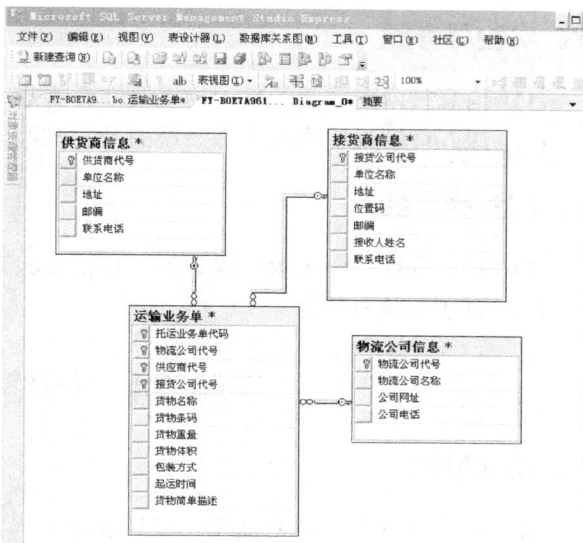

图 5.22　关联数据关系

⑥ 实验结果如图 5.23 所示。

图 5.23　维护数据结果

四、注意事项

(1) 及时保存指令及数据，防止丢失。

(2) 学生应提前掌握 Access 软件的使用方法。

五、实验思考题

(1) 信息技术在物流管理中的重要性有哪些?

(2) 深入理解说明物流管理系统的开发过程与数据流的传递过程。

六、实验报告要求

(1) 完整且详细地记录实验数据,包括实验数据录入情况及生成的相关表单。

(2) 完成实验思考题。

实验 24　栅格数据实验

一、实验目的

通过栅格数据实验,帮助学生了解和掌握当前计算机图像主要的数据格式,熟悉常用 BMP 图形格式的几种形式,掌握各种图形格式之间的转化方法,理解图像数据压缩的概念和简单压缩方法,学会使用简单作图工具模拟实现栅格图形的构成。

二、实验设备与仪器

微机、图像浏览软件 ACDSEE 等、画图软件。

三、实验步骤

(1) 选定一幅 BMP 格式的彩色图像,使用画图工具,将其转化为各种不同的格式(24位、256 色、16 色、单色)的 BMP 图像,保存转化结果,比较不同格式的文件大小和图像内容。

(2) 选定一幅 BMP 格式的彩色图像,使用画图工具修改其分辨率,比较修改前后两个文件的大小。

(3) 选定一幅 BMP 格式的彩色图像,使用画图工具将其转化为 JPG 格式,并保存为新文件,比较转化前后的文件大小;对前述 BMP 格式的图像文件,进行 RAR 压缩,保存为新文件,比较压缩前后的文件大小。

(4) 多次进行步骤(3)中压缩文件的操作,理解图像压缩的意义。

(5) 栅格图像模拟:使用 Excel、画图等工具绘制图像背景色,在背景色中通过描点的形式画出某一汉字或图形,尽量形象逼真。

四、注意事项

(1) 及时保存指令及数据,防止丢失。

(2) 要求生成的文字尽量接近中文楷体，图形图像生动、形象。

(3) 学生应该提前了解一些图像浏览软件，准备一些图形图像作为实验素材。

五、实验思考题

分析图像压缩的意义和方法。

六、实验报告要求

(1) 完整且详细地记录实验数据，包括实验数据录入情况及生成的相关文件。

(2) 完成实验思考题。

实验 25　GIS 软件使用实验

一、实验目的

通过 GIS 软件使用实验，帮助学生认识和理解矢量地图的基础数据结构形式，熟悉基本的 GIS 软件平台的操作步骤和方法，掌握使用 MapInfo 软件工具进行地图绘制和地图数字化的方法，能够单人或多人合作完成某个区域的电子地图简单绘制工作。

二、实验设备与仪器

微机、MapInfo 软件。

三、实验步骤

(1) 认识和练习使用 MapInfo 软件，熟悉该软件的主要功能、操作方式等；学会使用 MapInfo 软件进行地图浏览、漫游、放缩、选取等操作。

(2) 掌握绘制点、线、面的方法。

点的操作：单击符号按钮，在相应位置单击，然后双击出现的符号，弹出"点对象"对话框(如图 5.24 所示)，单击样式右侧的按钮，在弹出的窗口中，设置字体、颜色、字号等内容。

线的操作：选择线对象，在编辑界面单击，一直按住鼠标左键拖动，到线路结尾处放开鼠标，将出现一条直线。折线可多次使用该操作。注意在线路连接的地方要使用键盘上的 Shift 键保证界面上出现十字符号，以实现线路的连接。在线路上双击，弹出"线对象"对话框(如图 5.25 所示)，单击样式右侧的按钮，设置样式、颜色、宽度、像素等内容。

21世纪应用型精品规划教材·物流管理

图 5.24　"点对象"对话框

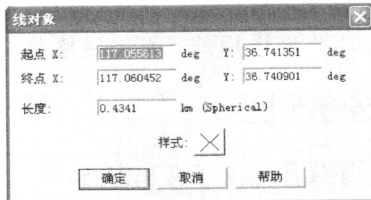

图 5.25　"线对象"对话框

面的操作：选择面对象，左键连续单击确定面的轮廓边缘，终点与起点重合即可作为封闭面。双击面对象，对面对象进行设置。

对点、线、面对象都可设置标注，标注可以显示或隐藏，可以修改标注内容以及与对象之间的距离和相对位置。

（3）掌握地图分层的概念；熟悉增加、删除和修改图层的操作；地图图层操作如图 5.26和图 5.27 所示。

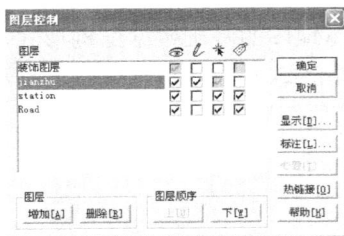

图 5.26　设置图层控制

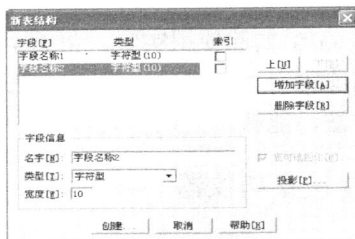

图 5.27　设置字段名称

使用菜单增加新的图层：选择"文件"→"新建表"命令，弹出界面，去掉打开新的地图窗口，选中添加到当前地图窗口，单击"创建"按钮，弹出新界面。设置新表的字段及各个字段数据类型等，最后确定表的名称，即为字段名称。

（4）使用 MapInfo 软件，绘制所在城市或某一地区的大致交通图；可多人合作完成较大地域的电子地图，具体步骤如下。

①　导入底图：打开 MapInfo 软件，导入一幅栅格地图图像，作为建立的电子矢量地图的底图；

②　新建图层：在底图上新建一个图层，如道路层，设定该层的表字段名称、数据类型等；

③　绘制地理对象：在新建的图层上使用 MapInfo 的画图工具临摹底图，绘制相应的道路对象(线)，建筑物对象(点或面)，场站对象(点或面)等，并给予命名；

④　重复步骤②、步骤③若干次，绘制一定数量的图层；

⑤　将各个图层适当地叠加在一起，按照一定的比例放缩显示，如图 5.28 所示。

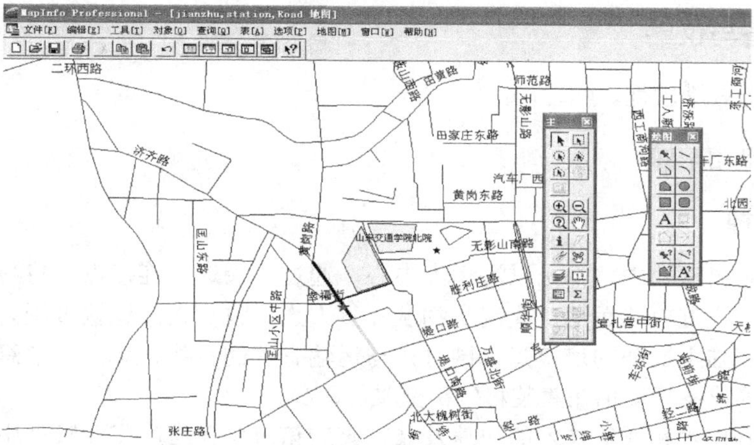

图 5.28　绘制地理对象显示图

四、注意事项

(1)　及时保存指令及数据，防止丢失。

(2)　实验过程中需要有正常的网络环境。

(3)　学生应提前准备纸质地图，了解一般纸面地图的特点和使用局限性。

五、实验思考题

思考电子地图的生成过程，描述未来电子地图的发展趋势。

六、实验报告要求

(1)　完整且详细地记录实验数据，数据标识准确，使用不同的颜色显示不同的地物，增强地图的可读性。

(2)　完成实验思考题。

实验 26　集装箱港口码头管理系统模拟实验

一、实验目的

通过码头作业模拟实验，使学生熟悉码头作业软件的使用，掌握码头业务的基本内容和流程。实验内容包括：对港口码头管理的基本信息进行维护，模拟操作码头进口卸船业务；熟悉并能熟练操作集装箱码头的进口业务与单证流转、集装箱码头箱务管理、中控作业等业务。

二、实验设备与仪器

微机、胜运教学软件。

三、实验原理和步骤

1. 实验原理

在国际集装箱运输中，都是以海运为中心，通过码头这一连接点，将海运与大陆的陆运连接起来，并通过内陆运输，实现货物从发货人直至收货人的运输过程。集装箱码头不仅是海上运输和陆上运输的连接点，同时，与运输有关的货物、单证、信息以及集拼、分拨、转运存储等业务管理也在集装箱码头交叉、汇集。

随着计算机技术和通信技术的快速发展，集装箱码头在生产作业管理中，大多已实现计算机管理，采用先进的生产管理系统，对集装箱码头各项生产作业进行有效的组织、计划、指挥、控制，大大提高了作业效率，避免了复杂和重复的人工作业。

2. 实验步骤

(1) 港口码头管理基本信息维护。

包括客户资料信息维护，集装箱尺寸种类，集装箱箱型种类，集装箱箱型尺寸对应的EDI代码，港口代码编制，港口所需的基本代码维护，堆场堆放规则以及操作方法，运用堆场定义规则对堆场进行定义，登记船公司或船代委托的船舶信息。

(2) 进口卸船前的工作及流程模拟操作。

① 登记船舶总箱位数、总贝位数、甲板最大层数和排数、舱内最大层数和排数、舱口数、舱盖数、冷藏箱插座数以及贝、排、层的详细定义；

② 学习船舶预抵计划的建立、修改、删除、保存等操作；

③ 船公司在收到船舶从最后装运港寄来的集装箱货运资料后，应预计船舶到港时间，并将预计到港时间通知码头，码头根据委托方提供的资料，建立预抵计划；

④ 进口舱单报文(IFCSUM)导入；

⑤ 进口舱单相关知识，以及增加、修改、删除等操作方法；

⑥ 船图EDI相关概念，熟悉交通部船图、EDIFACT 1.5报文格式；

⑦ 制作进口船舶计划；

⑧ 制作进口集装箱堆存计划。

(3) 进口卸船工作及流程模拟操作。

① 制作集装箱船卸船顺序表以及发送指令；

② 场桥无线终端作业的原理，对中控室发出的卸船指令进行确认操作。

四、注意事项

集装箱软件操作流程非常复杂，使用相对较难，不可能通过一堂课就完全掌握，应注意适当降低难度，由浅入深，先学习几个模块。

五、实验思考题

成功实施港口软件的关键是什么？

六、实验报告要求

(1) 完整、详细地记录实验数据，包括：港口码头管理基本信息，进口卸船前的工作及流程，进口卸船工作及流程。
(2) 写出实验心得。
(3) 完成实验思考题。

实验 27　机械手的运动方式

一、实验目的

(1) 了解机械手的动作模式种类和动作原理，掌握在单轴运动模式下机械手的操作方法。
(2) 了解机械手的线性动作模式概念和动作原理，掌握在线性运动模式下机械手的操作方法。
(3) 了解机械手的重定位运动概念，掌握机械手的重定位运动操作方法。

二、实验设备与仪器

ABB 公司 IRB1410 机械手。

三、实验步骤

(1) 打开 flexpendant 示教器上的 ABB 菜单，选择"手动操纵"命令，更改动作模式至"1-3 轴"。
(2) 调整坐标系为"大地坐标"，设定要求的各轴角度为 1°-70°，2°-45°，3°-30°，4°-60°，5°-30° 和 6°-35°。
(3) 利用 flexpendant 分别调整机械手的 1～6 轴，使之达到设定的各轴角度位置。
(4) 了解线性运动坐标系，了解 X 轴、Y 轴、Z 轴方向。
(5) 打开 flexpendant 示教器上的 ABB 菜单，选择"手动操纵"，更改动作模式至"线

21世纪应用型精品规划教材·物流管理

性运动"。

(6) 调整坐标系为"基坐标",工具坐标为 tVacuum,工件坐标为 wobj0,设定机械手末端中心点到达位置坐标为(765.5mm,−14.8mm,975.5mm)。

(7) 利用 flexpendant 控制机械手的动作,使之达到设定的坐标位置。

(8) 了解重定位运动的概念。

(9) 打开 flexpendant 示教器上的 ABB 菜单,选择"手动操纵"命令,更改动作模式至"重定位运动"。

(10) 调整坐标系为"工具坐标"。

(11) 在工具坐标中调整为该机械手定义的夹具 tVacuum。

(12) 利用 flexpendant 调整机械手,观察机械手围绕工具的 TCP 点调整姿态的过程。

四、注意事项

(1) 调整各轴角度时,调整顺序要保持 1—2—3—4—5—6 轴的顺序。

(2) 调整时拨动操纵杆用力要适当,以免速度过高引起系统报警。

(3) 在手动控制机械手时,注意始终按下 Enable 键。

(4) 注意速度的调整,必要时可用增量模式调整。

五、实验思考题

在调整过程中,使用的坐标为"大地坐标",若使用其他坐标,各轴角度是否有所变化?

六、实验报告要求

(1) 完整且详细地记录实验数据,记录实验过程,总结实验心得。

(2) 完成实验思考题。

实验 28 机械手综合运动方案的设计

一、实验目的

指定空间某点为机械手末端夹具到达点,要求学生综合运用前面掌握的运动方法,操纵机械手到达该点,并描述运动路径与坐标。

二、实验设备与仪器

ABB 公司 IRB1410 机械手。

三、实验步骤

(1) 指定空间某点为机械手末端夹具到达点，给出坐标。

(2) 要求学生分别用"线性运动模式"、"单轴运动模式"操作机械手，使其末端夹具到达指定点。

(3) 描述机械手的运动路径。

四、注意事项

(1) 在"单轴运动模式"下，当调整各轴角度时，调整顺序要保持 1—2—3—4—5—6 轴的顺序。

(2) 调整时的速度可设定为"普通模式"或"增量模式"。

五、实验思考题

使用"普通模式"或"增量模式"对机械手的运动方式分别有何影响？

六、实验报告要求

(1) 完整且详细地记录实验数据，记录实验过程，总结实验心得。

(2) 完成实验思考题。

实验 29　Vensim 软件基础

一、实验目的

掌握 Vensim 软件的基本功能、界面、基本函数和操作技巧。

二、实验设备与仪器

微机、Vensim 软件。

三、实验步骤

(1) 打开 Vensim 软件，了解其基本功能、工作界面，如图 5.29 所示。

(2) 因果循环图练习。

运用 Vensim 软件建立因果循环图的功能，完成如图 5.30 所示积流图，具体操作步骤如下。

① 启动 Vensim，单击功能列的 New Model 按钮，显示 Time Bounds for Model 对话窗

21世纪应用型精品规划教材·物流管理

口。将 TIME STEP 设定为 0.25，将 Units for Time 设定为 Year，然后单击 OK 按钮，就可以开始绘制因果关系图。

图 5.29　Vensim 软件工作界面

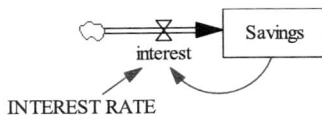

图 5.30　积流图

② 在绘图列内，单击 Box Variable–Level 工具按钮，在工作窗口内单击一空白点，弹出编辑框，输入 Savings，再按 Enter 键即显示"Savings"。

③ 在绘图列内，单击 Variable/Auxiliary/Constant 工具按钮，在工作窗口内单击一空白点，弹出编辑框，输入 INTEREST RATE，再按 Enter 键即显示"INTEREST RATE"。

④ 在绘图列内，单击 Rate 工具按钮，在工作窗口内 Savings 的左方，单击一点则显示云图，将鼠标移至 Savings 单击它，弹出编辑框，输入 interest，再按 Enter 键即显示"interest"，位于水管漏斗的下方，同时一条水管由云图指向 Savings。

⑤ 在绘图列内，单击 Arrow 工具按钮，单击 INTEREST RATE 并放开鼠标，移至 interest 再单击它，则显示有直线箭头指针从 INTEREST RATE 到 interest。

然后，单击变量 Savings 并放开鼠标，移至变量 interest 再单击它，则显示有直线箭头指针从 Savings 到 interest；在单击 Move/Size Words and Arrowst 工具按钮下，拖曳直线箭头指针的手把(小圆圈)可以形成如图 5.30 所示的圆滑曲线。

至此，就完成了图 5.30 所示的积流图。

四、注意事项

(1) 注意及时保存模型。
(2) 提前预习 Vensim 软件使用方法。

五、实验思考题

怎样建立一个双漏斗的 rate 变量？

六、实验报告要求

(1) 完整及详细记录实验数据，记录实验过程，总结实验心得。

(2) 完成实验思考题。

实验 30　物联网技术认识与应用实验

一、实验目的

本实验的目的在于帮助学生理解物联网技术的基本原理，熟悉物联网相关行业，学习、认识物联网技术的相关设备和开发工具，熟悉物联网技术的应用方式，初步掌握利用单片机、PLC、传感器等技术设备进行开发设计的能力。

二、实验设备与仪器

微机、XT100 学习板、XT101 学习板、M200PLC、Keil uVision2 开发环境；物联网技术学习板 TQ2440、UP-Magic 2410 魔法师实验平台。

三、实验原理和步骤

1. 实验原理

物联网技术是指通过光电传感器、射频识别(RFID)、红外感应器、激光扫描器等信息传感设备，按约定的协议，将任何物品与互联网相连接，进行信息交换和通信，以实现智能化识别、定位、追踪、监控和管理的一种网络技术。

物联网传感层是从自然信源获取信息，并对之进行处理(变换)和识别的一门多学科交叉的现代科学与工程技术，因此物联网技术的基础是以单片机为基础操作设备的嵌入式开发平台。

本实验项目主要说明和讲述单片机的基础设备和设施，演示物联网技术的基本原理，讲述物联网技术的相关设备和开发工具，帮助学生初步掌握利用单片机、PLC、传感器等技术设备进行开发设计的能力。

2. 实验步骤

(1) 电子器件的认识。

向学生展示电阻、电容、二极管、三极管、单片机芯片、AD 模块、DA 模块、LED、数码管、点阵、晶振等。

(2) 物联网技术相关器件的认识。

展示温湿度传感器、热释红外传感器、光谱气体传感器、光敏声响开关、直流电机模块、LED 蜂鸣器模块、点阵 LCD 模块、双数码管模块等。

(3) XT100 单片机学习板的认识。

包括：XT100 学习板资源的介绍，学习板各模块的连接方法，学习板驱动程序、KEIL 集成开发环境、STC-ISP 程序下载软件的安装。

(4) YZ200/XT101 开发板的认识。

(5) 物联网实验箱 TQ2440 的认识。

包括 TQ2440 开发板功能展示，TQ2440 硬件介绍，TQ2440 软件开发。

(6) 综合物联网实验平台 UP-Magic 2410 的认识。

四、注意事项

(1) 各种电子器件、单片机、传感网、PLC 都属于小型设备，比较贵重，带电操作容易造成电路损坏，学生在进行实验过程中应尽量不要在通电状态下接触器件，避免损坏。

(2) 单片机编程与一般高级语言编程有相同点也有不同点，但参与实验的学生最好有过编程基础经验，方便理解实验内容。

(3) 个人自行操作时应注意实验步骤，无法确定时多看多问，不要盲目操作。

五、实验思考题

(1) 物联网技术在物流中有哪些应用？
(2) 底层传感器技术在物联网中的作用？

六、实验报告要求

(1) 以 Word 格式撰写，重点突出，抓住关键。
(2) 各个组或个人完成实验项目，提交一份报告，主要内容应包括物联网技术原理、物联网设备资料、项目设计思路、物联网应用项目说明。
(3) 完成相关开发应用的小组或个人提交打包后的程序和源代码。

实验 31　AutoCAD 实验

一、实验目的

培养学生结合专业特点熟练掌握和运用 AutoCAD 进行辅助设计和创新的能力，为毕业设计和毕业后的工作奠定基础。

（1）了解 AutoCAD 的基本功能，熟练掌握 AutoCAD 对各种二维图形的绘制与编辑、文字与尺寸标注、图形块及对象的使用以及数据交换与格式转换等方法。

（2）结合物流专业的特点与工程实际，灵活运用 AutoCAD 绘制、编辑和设计物流相关的物流园区、物流中心、配送中心设计图等。

（3）初步认识和了解 AutoCAD 的二次开发技术与方法。

二、实验设备与仪器

微机、AutoCAD 软件。

三、实验步骤

（1）认识 AutoCAD，熟悉其基本绘图与精确绘图方法。

认识 AutoCAD 用户界面的基本组成、主要工具栏和菜单；熟悉文件管理与操作、绘图环境的设置以及图层、线型、线宽和颜色的设置；熟练掌握二维图形的绘制与编辑、视图缩放与视窗以及精确定位方法等。

（2）图形标注、图块使用以及数据交换与格式转换。

熟练掌握文字标注与尺寸标注方法；熟练掌握图形块与对象编组的使用；熟练掌握数据交换与格式转换。

（3）物流园区、物流中心、配送中心设计图的绘制与设计。

熟练运用所掌握的 AutoCAD 技术与方法绘制和设计各种物流设施及设备。

（4）CAD 二次开发技术的应用。

初步了解 AutoCAD 的二次开发技术，认识并熟悉 AutoLISP 语言和 Visual LISP、VBA 开发环境与编程基础等；熟悉 AutoCAD 与物流专业软件之间的数据交换技术与方法。

四、注意事项

（1）及时保存数据，避免丢失。

（2）复习相关编程语言及物流相关软件。

五、实验思考题

AutoCAD 有哪些特点？

六、实验报告要求

（1）以 Word 格式撰写，重点突出，抓住关键。

（2）完成实验思考题。

实验 32　叉车操作实验

一、实验目的

(1) 熟悉轮式工程机械总体结构、布局。

(2) 熟悉轮式工程机械行走、转向、制动的工作原理及操作方法。

(3) 熟悉工程机械液压工作装置的工作原理及操作方法。

二、实验设备与仪器

CPQ-1、CPQ-5 内燃叉车各一辆，5m 卷尺及 50m 卷尺各一个，量角器一个。

三、实验步骤

(1) 叉车结构认知。

观察叉车的底盘、内燃机、工作装置等组成，认识其结构特点，记录其主要参数，画出其结构示意图。

观察叉车转向桥工作，了解转向桥工作的原理。

(2) 叉车行驶实验。

以 20m 为一个区间，驾驶叉车来回行驶，了解叉车行驶的性能。

按指导教师要求，进行制动、转向操作，了解叉车走行控制特点。

(3) 工作装置操作实验。

操作液压换向阀，按指导教师的要求进行工作装置的空载操作实验。先操作门架摆动油缸，使门架作前摆和后摆动作，测出其最大前摆角和最大后摆角；再操作顶升油缸，使货叉上升至最高端，测出其最大举高，再使货叉降至正常位置；画出液压装置工作原理图。

在教师指导下，驾驶叉车进行实物举升操作，了解叉车实际操作中走行系统和举升系统配合操作的动作要领。

四、注意事项

(1) 需要有开阔的实验场地，50m×50m 内无障碍物。

(2) 学生以 4 人为一组进行实验，其中一人操作，一人测量，两人观察。行驶实习时须有教师在驾驶台上，5m 之内无人。液压系统操作时须拉上手制动。

五、实验思考题

(1) 叉车转向系统与卡车转向系统在结构和性能上有何不同？

(2) 如何提高叉车工作中驾驶员的视野？

(3) 叉车如何保证工作时的平衡性？

六、实验报告要求

(1) 以 Word 格式撰写，重点突出，抓住关键。

(2) 完成实验思考题。

第六章　设计性实验

实验 1　运输组织优化

一、实验目的

以最小成本为目标，合理配置运输流量，建立优化的运输网络。要求根据给定的信息，利用 Lingo 数学软件，建立运输网络优化模型。通过不同方法，根据不同优化解，比较运输网络与流量配置的差异。

二、实验设备与仪器

微机、Lingo 软件。

三、实验步骤

(1) 根据表 6.1 提供的货运任务信息以及表 6.2 中的收发货点之间的距离信息，求解最优运输调配方案(空车行驶行程最短)。

表 6.1　货运任务表

发货点 (空车收点)	收货点 (空车发点)	运量(辆)	货　名
A	E	8	水泥
B	A	11	煤
C	F	18	炉渣
D	G	15	化肥

表 6.2　车场及各货运点间的里程表　　　　　　　　　　单位: km

发货点 (空车收点)	F	G	E	A	K
A	5	9	6	0	5
B	2	6	9	3	8
C	5	7	9	3	2
D	6	10	2	8	13
K	7	5	11	5	100

(2)　程序编写。

```
model:
!5 发点 5 收点运输问题;
sets:
!E A F G K;
  supply/sp1…sp5/: svnum;
!A B C D K;
  demand/d1…d5/: dvnum;
  links(supply,demand): distance, vnum;
endsets
!目标函数;
  min=@sum(links: distance*vnum);
!需求约束;
  @for(demand(J):
    @sum(supply(I): vnum(I,J))=dvnum(J));
!供应约束;
  @for(supply(I):
    @sum(demand(J): vnum(I,J))=svnum(I));
 @sum(supply(I):svnum)=@sum(demand(J):dvnum);

 !这里是数据;
data:
  svnum=8 11 18 15 7;
  dvnum=8 11 18 15 7;
  distance=5 2 5 6 7
           9 6 7 10 5
           6 9 9 2 11
           0 3 3 8 5
           5 8 2 13 100;
enddata
end
```

(3)　最优解：168.00km；最小元素法：194.00km。

四、注意事项

(1)　提前复习表上作业法的解题思路。

(2)　预习 Lingo 软件的使用方法。

(3)　及时保存数据。

五、实验思考题

(1)　Lingo 软件的特点是什么？

(2)　如何借助先进的技术与方法解决运输网络设计中的问题？

21世纪应用型精品规划教材·物流管理

六、实验报告要求

(1) 各个组或个人完成实验项目，提交一份报告，完成相关开发应用的小组或个人提交打包后的程序和源码。

(2) 完成实验思考题。

实验 2 IMHS 输送线模型创建仿真实验

一、实验目的

掌握 IMHS 仿真软件的基本功能；熟悉 IMHS 的操作特点；掌握 IMHS 基本的操作方法。设置几段输送机并建立关联，定义入口与出口并进行模拟运行；记录相应的运行参数；改变模型的参数或增加模型的部件再运行，并记录相应参数。

二、实验设备与仪器

微机、IMHS 仿真软件。

三、实验步骤

(1) 了解 IMHS 的硬件和软件必备环境。

(2) 启动 IMHS。

(3) 新建合适的厂房。选择"规划"→"厂房"命令，系统会弹出提示信息框，询问是否要清除所有的设备，单击"是"按钮；系统弹出对话框要求用户按照自己的要求输入参数值，厂房的尺寸：长度、宽度、高度，以及厂房的楼层数；输入准备新建厂房的参数，单击"确定"按钮，新建厂房。

(4) 新建输送机。

选择"规划"→"输送机"命令，也可以在规划工具栏上直接选择"输送机"，信息提示栏中显示"输送机"，在仿真显示主界面中按住鼠标左键拖动一段距离后，放开鼠标左键，弹出"新建输送机"对话框；在对话框中输入将要新建的输送机的位置参数，输送机自身外表参数：长度，宽度，高度。

(5) 建立设备之间的连接关系。选择"编译"→"自动添加"命令，系统自动添加设备之间的关系，通过"视图"下的"关系线"显示设备与设备之间的关系。选择"编译"→"手动添加"命令，用鼠标单击第一个设备，按住鼠标左键拖动到第二个设备，在弹出的提示信息框中单击"确定"按钮。

(6) 设定入口。选择"定义"→"入库点"命令，用鼠标单击准备要定义为入库口的设备(几段轨道的简单模型开始点即是入库点)，系统弹出对话框。在对话框中输入和选择参数，单击"添加"按钮，最后单击"确定"按钮，完成对入口的定义。

(7) 选择"仿真"→"运行仿真"命令，查看仿真的运行情况，也可以查看设备的利用情况。

四、注意事项

(1) 注意及时保存模型。

(2) 提前复习 IMHS 仿真软件、随机分布知识。

(3) 预习离散事件系统仿真知识。

五、实验思考题

(1) IMHS 建模与仿真过程的特点是什么？

(2) 举例说明建模与仿真过程的应用。

六、实验报告要求

(1) 要求写出 IMHS 系统界面的各个构成，系统布局区的组成，以及每一部分的功能。并对仿真过程进行详细描述。

(2) 完成实验思考题。

实验 3　IMHS 自动化仓库创建与运作仿真实验

一、实验目的

通过仿真程序，掌握 IMHS 仿真软件的基本功能；熟悉自动化立体仓库的创建方法，深入研究输送机与仓库关联的设定，定义进货口与出货口的参数，并进行仿真运作。查看设备运作报告，找出仓库物流运作的瓶颈环节。

二、实验设备与仪器

微机、IMHS 仿真软件。

三、实验步骤

(1) 进入 IMHS 仿真系统。

(2) 新建立体仓库。选择"规划"→"立体仓库"命令，在主仿真显示区域内按住鼠

21世纪应用型精品规划教材·物流管理

标左键拖动一段距离后，放开鼠标左键，弹出新建立体仓库向导：第一步，仓库的几何参数，输入和选择基本参数后单击"下一步"按钮；第二步，输入货架的尺寸参数，以及货架的属性，巷道宽度，确认信息后单击"下一步"按钮；第三步，确定出入库站台的基本参数，长度、宽度、排列。

(3) 新建输送线与移载机。选择"规划"→"移载机"命令，也可以在规划工具栏上直接选择"移载机"，信息提示栏中显示"移载机"，在仿真显示主界面中按住鼠标左键拖动一段距离后，放开鼠标左键，弹出"新建输送机"对话框，在对话框中输入将要新建的移载机的位置参数，移载机自身外表参数：长度、宽度、高度。至此已经新建了立体仓库和基本输送线。

(4) 设备对齐与建立设备之间的连接关系。

(5) 设定入口。选择"定义"→"入库点"命令，用鼠标单击准备要定义为入库口的设备，放开鼠标后系统弹出对话框，在对话框中输入和选择参数，单击"添加"按钮，最后单击"确定"按钮，完成对入口的定义。

(6) 设定出口。选择"定义"→"出库点"命令，用鼠标单击准备要定义为出库口的设备，放开鼠标后系统弹出对话框，在对话框中输入和选择参数，单击"添加"按钮，最后单击"确定"按钮，完成对出口的定义。

(7) 选择"仿真"→"运行仿真"命令，查看仿真的运行情况，也可以查看设备的利用情况。

四、注意事项

(1) 注意及时保存模型。
(2) 提前复习 IMHS 仿真软件。

五、实验思考题

(1) 自动化立体仓库运作的主要特点是什么？
(2) 自动化立体仓库在设备规划与选型时应注意哪些问题？

六、实验报告要求

(1) 对仿真过程进行详细描述，找出物流运作的瓶颈环节；写出查看物流设备运作效率报告。
(2) 完成实验思考题。

实验 4　IMHS 叉车系统创建与运作仿真演示

一、实验目的

通过仿真程序，熟悉叉车系统的创建方法，深入研究输送机与叉车系统关联的设定，定义进货口与出货口的参数，并进行仿真运作。查看设备运作报告，找出叉车系统物流运作的瓶颈环节。

二、实验设备与仪器

微机、IMHS 仿真软件。

三、实验步骤

(1) 进入 IMHS 仿真系统。

(2) 选择"规划"菜单下的"AGV 系统"命令，在客户区内的网格中单击鼠标，新建AGV 车站。

(3) 新建直轨道。选择 AGV 车站，使其被选中，选择规划工具栏的直轨道，并选择轨道类型为开始段、中间段或封闭段，在主仿真显示视图中按住鼠标左键拖动一段距离，在弹出的对话框内查看参数是否正确，并选择是否为双向轨道，确认无误单击 OK 按钮，新建一段轨道。

(4) 新建圆弧轨道。选择工具栏的圆弧轨道，按右边的下拉按钮，选择中间段或封闭段，鼠标变为拾取状，在要连接的轨道的末端单击已经建立的一段轨道，在系统弹出的对话框中输入和选择参数。

(5) 添加小车。选中 AGV 车站，选择工具栏的添加小车，单击要添加小车所在的轨道，即在选择的轨道上添加了一辆小车。

(6) 新建输送机。

(7) 建立设备之间的连接关系。

① 输送机与 AGV 车站轨道关系的建立。选择"编译"→"手动添加"命令，单击输送机，按住鼠标左键拖动到要连接的 AGV 车站的轨道上，当轨道有颜色变化时，放开鼠标，信息显示的首设备是鼠标开始选择的设备——输送机，末设备是 AGV 车站，而不是车站的某一条轨道，如果确认无误就单击"确定"按钮，完成对输送机与 AGV 车站关系的建立。

② AGV 车站轨道与输送线关系的建立。选择"编译"→"手动添加"命令，用鼠标单击要连接输送线的轨道，当轨道有颜色变化时拖动鼠标到要连接的输送线设备，放开鼠标

后，弹出信息提示，信息显示的首设备是鼠标开始选择的轨道所在的 AGV 车站，而不是选择的轨道，末设备是鼠标最后选择的设备——输送机，如果确认无误就单击"确定"按钮，完成对 AGV 车站与输送线机关系的建立。

(8) 设定入口：在"新建一个只有几段轨道的输送线仿真模型"下的"设定入口"部分实现。

(9) 选择"仿真"→"运行仿真"命令，查看仿真的运行情况，也可以查看设备的利用情况。

四、注意事项

(1) 注意及时保存模型。

(2) 提前复习 IMHS 仿真软件。

五、实验思考题

(1) 物流中心叉车系统配置的原则是什么？

(2) 物流仿真中稳态问题的设定原则是什么？

六、实验报告要求

(1) 完整、详细地记录实验数据，记录实验过程，总结实验心得。并对仿真过程进行详细描述，找出物流运作的瓶颈环节；写出物流设备运作效率报告。

(2) 完成实验思考题。

实验 5　WITNESS 库存系统仿真实验

一、实验目的

库存控制的作用主要是在保证企业生产、经营需求的前提下，使库存量保持在合理的水平上；掌握库存量动态，适时、适量提出订货，避免超储或缺货；减少库存空间占用，降低库存总费用；控制库存资金占用，加速资金周转。

单品种随机库存系统在保持库存系统连续工作的条件下，来仿真一段时间的工作，从众多库存方案中选出最优方案。

(1) 熟悉系统元素 Track、Vehicle 的用法。

(2) 深入研究系统元素 Part 的用法。

(3) 了解库存系统的设计。

(4) 寻找最佳库存策略。

二、实验设备与仪器

微机、Witness 仿真软件。

三、实验步骤

(1) 元素定义，如表 6.3 所示。

表 6.3 元素定义表

元素名称	类 型	数 量	说 明
P	Part	1	产品
Kucun	Part	1	费用统计
Kcunl	Buffer	1	库存系统
Xuqiu	Machine	1	顾客
Load1	Track	1	货物装运
Unload1	Track	1	货物卸载
Car	Vehicle	1	货物运输车辆
C1	Variable(Type:Real)	1	订货费用统计
C2	Variable(Type:Real)	1	保管费用统计
C3	Variable(Type:Real)	1	缺货损失统计
C	Variable(Type:Real)	1	总费用统计
Ra	Distribution	1	随机数生成器
Kucunliang	Timeseries	1	库存量显示

(2) 元素可视化(Dispaly)的设置：在元素窗口选择 P 元素，单击 Display，弹出 Display 对话框，设置它的 Text、Style。

(3) 元素细节(Detail)设计。

(4) 模型运行和数据分析。

模型仿真系统中默认为 1 的时间单位为 1month，运行 100 仿真时间单位，根据动态表格得到统计报表，如表 6.4 所示。

表 6.4 统计报表

订货费用 C1	10721.00
保管费用 C2	3162.72
缺货损失 C3	524.70
总费用 C	14408.42

21世纪应用型精品规划教材·物流管理

(5) 其他方案的运行及分析。

在第一个方案的基础上运行第二个方案，只需要做如下更改：

对 Track 元素 Loaded 细节进行设计：

Loading 页里面的定义：

```
Quantity To:160 -NPARTS(Kucun1)     ! S=60
```

(6) 判断最优方案。

四、注意事项

(1) 注意及时保存模型。

(2) 提前预习 Witness 仿真软件。

五、实验思考题

(1) 库存控制的目的是什么？

(2) Witness 仿真软件中的终止原则是什么？

六、实验报告要求

(1) 完整且详细地记录实验数据，记录实验过程，总结实验心得。并将模型使用不同参数运行得出的结果进行对比，找出最优的库存策略。

(2) 完成实验思考题。

实验 6　智能交通控制方案

一、实验目的

在现代交通控制系统中，运用计算机控制技术来自动调节信号灯的绿灯时间，已经是重要的发展趋势。通过实践经验，本实验阐述交通流量的采集、数据处理，以及交通控制方案生成的关系，同时在路口控制级设置通信控制机、交通控制机、操作台等；在区域控制级设置联网型智能交通信号控制机。

该实验主要为设计型实验，要求学生验证自己设计的实验方案，以增加对交通控制方案设计的感性认识。

二、实验设备与仪器

交通信号控制开发平台；智能交通信号控制机(ASC 宜控)；交通流量检测器。

三、实验原理和步骤

1. 实验原理

(1) 系统构成。

本系统由路口信号机、控制中心服务器和用户终端三部分组成，路口信号机采用专业硬件开发平台，控制中心服务器和用户终端的硬件平台都为普通 PC。当系统运行控制请求程序时，可通过网络访问控制中心服务器，控制平台系统结构如图 6.1 所示。

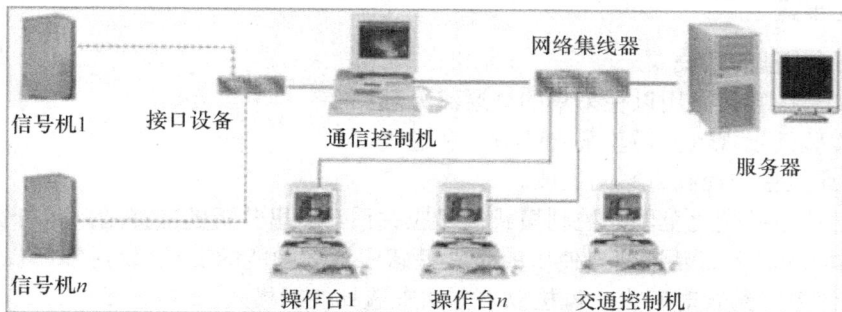

图 6.1　控制平台系统结构图

① 路口信号机。

路口信号机的作用：一是通过线圈检测器得到交通流数据，包括车流量、车速和占有率等，并将这些数据通过通信网络传给控制中心服务器；二是在路口信号机与控制中心服务器联网的情况下，路口信号机接收控制中心服务器的方案，控制路口信号灯的运行。

② 控制中心服务器。

控制中心服务器的作用：一是接收来自路口信号机的数据并生成相应的控制方案，协调控制各个路口信号机的运行；二是提供用户终端对路口信号机的工作状态和参数进行查询和修改，一个控制中心服务器可以协调控制多台路口信号机工作，也可以同时供多个用户终端进行查询和修改。

③ 用户终端。

用户终端是用户访问服务器的窗口。根据拥有的权限不同，将用户分为管理员、业务主任和操作员三类，其中管理员的级别最高，可以对系统管理、维护和参数修改；业务主任次之；操作员的级别最低，仅能浏览各种状态，进行有限的操作和参数修改。将用户终端的 PC、控制中心的服务器和路口信号机通过网络组成一个局域网，用户在普通 PC 上的 IE 浏览器中输入控制中心服务器的 IP 地址，回车后即进入交通信号控制系统图形用户界面，提示用户输入用户名和密码，待输入正确的用户名和密码，单击"确定"按钮，登录画面消失，出现系统的主画面，此时就可以查询信号机的工作状态和对参数进行修改。

21世纪应用型精品规划教材·物流管理

(2) 系统功能实现。

路口信号机采用 32 位嵌入式微处理器，包含一个 66MHz、单周期精简指令处理器，其内建 8K 高速缓存器，2 通道通用 DMA2 通道 UART 带有握手协议，1 通道 SIO，1 通道多主 IIC-BUS 控制器，5 个 PWM 定时器，71 个通用 I/O 口，并且能够与常用的外围设备实现无缝连接，串口控制芯片采用常见的 MAX232，网口控制芯片采用 RTL8019 扩展 1 个 I0/100M 的网卡设备在对路口信号机编程调试完成后可以进行移植和路口信号机程序下载两个过程。

2. 实验步骤

(1) 交通流量的采集。

① 本实验中直接采用以往采集的交通流量数据。

② 本实验演示视频交通流采集的方法和过程。

(2) 交通流量与控制方案的生成。

① 交通流量的变化范围与控制模式的对应关系。这里分析的前提是，路口安装了一定数量的车辆检测器，而且该路口使用的是具备感应控制功能的交通信号控制机。根据计算出来的交通流量，结合时间表，可按以下方法来选择控制模式。

Ⅰ. 深夜 23:00 至凌晨 6:00 车辆很少。

a. 感应控制。

b. 短周期的多时段多方案控制。

c. 黄闪。

Ⅱ. 正常工作时间——车流比较平稳，宜采用感应控制。

Ⅲ. 上下班高峰，早高峰：7:30～9:00；中高峰:11:30～12:30 及 13:00-14:30；晚高峰:16:30～18:00 车辆拥挤或者过饱和状态。

a. 长周期的多时段多方案控制。

b. 定周期控制。

② 配时方案中，绿灯时间与流量的关系。自动生成配时方案，通常可以采用两种方法。

Ⅰ. 平滑平均法。

以感应控制实际采用的时间长度为依据，以 5 分钟为计算长度，把在 5 分钟内每个相位的实际绿灯时间平均长度记录在案，形成最初的数据 L_1，L_2，L_3，…，L_i，…，然后，把两个数据相减，可得到相差的值 ΔL_1，ΔL_2，ΔL_3，…，ΔL_i，…。

这样一来，根据 ΔL_i 的大小，可把 ΔL_i 波动比较小的设为一个时段，把 ΔL_i 比较大而且随后的 L_i 连续比较平稳的或随后的 ΔL_i 波动比较小的设为另一个时段。依次类推，即可得到一天当中的时段数。有了时段划分后，我们就可以把每个时段内的绿灯时长取平均，这样就得到了绿灯时间长度，进而得到该时段的配时方案。

Ⅱ. 公式法。

先设置原始数据：每相位所含车道的饱和交通总流量：W_1，W_2，…，W_i，…

那么，现在某相位所含车道的交通总流量为 Q_i，则每相位的绿灯时长 T_i：

$$T_i = T_{imax} \times Q_i / W_i$$

式中，T_{imax} 为该相位的最大绿灯时间。

上述的两种方法都是"自学习法"，以历史交通流量得出的绿灯时长，推算出准备执行的配时方案绿灯时长。

③ 感应控制的基本策略。

Ⅰ. 半感应控制。

半感应控制主要应用于主次分明的两相位交叉路口，其主相位的车流，由行驶于主干道的车辆形成，特点是主相位车流量比次相位的车流量多 4～5 倍。在这种情况下，只要在次相位的车道上安装车辆检测器即可。一般来说，此车辆检测器安装在车道 3、4 上，离路口停车线的上游距离为 10～20m。控制时，主相位的绿灯时间 x_1，次相位的最小绿灯时间 y_0、最大绿灯时间 y_1 及延时步长 Δ，可以设定。

情况一：在运行主相位的绿灯时间 x_1，当还剩余 3 秒时，读次相位的被阻车辆数，如果次相位上没有车辆，那么，主相位的绿灯时间就会自动再运行 20 秒，如此循环，直至主相位的绿灯时间累计连续运行已达到 x_0+80 秒时，才会不管次相位有没有车辆，也要给次相位一个最小的绿灯起步时间，即 y_0 秒。

情况二：在执行起步时间 x_1 秒阶段，当还有绿灯剩余 3 秒时，读次相位的被阻车辆数，如果次相位上有车辆，那么，主相位在运行完本次绿灯后，就转到次相位，给次相位一个最小的绿灯起步时间，即 y_0 秒。

情况三：主相位已经执行了起步 x_1 秒，当执行增加的 20 秒时，读次相位的被阻车辆数，如果次相位上有车辆，那么，主相位就马上结束，转到次相位，给次相位一个最小的绿灯起步时间，即 y_0 秒。在次相位的绿灯剩余时间小于 3 秒时，看车辆检测器是否检测到还有车辆进入，如果没有，那么，在运行完剩余的绿灯时间后，就转到执行主相位的绿灯。如果还有车辆进入，那么，在此基础上，次相位的绿灯时间再以步长 Δ 秒的时间延长，如此循环，直到次相位的绿灯总时间达到最大绿灯时间 y_1 秒，这时，即使还有车辆进入，也要转到执行主相位的绿灯。

Ⅱ. 全感应控制。

全感应控制，主要用于交通饱和度小于 80% 的路口。其特点是，主次相位交叉，相差并不是很明显。这样一来，需要在每个车道上，安装车辆检测器，用于检测车辆通行情况。此车辆检测器，安装于离路口停车线的上游距离为 30m。

控制时，各相位的基本绿灯时间根据其所含各车道上的被阻车辆数字和，先定一个起步时间 X_0：0～5 辆时，X_0 为 5 秒；6～10 辆时，X_0 为 10 秒；11～15 辆时，X_0 为 15 秒；

21世纪应用型精品规划教材·物流管理

$16 \sim 20$ 辆时，X_0 为 20 秒；大于 20 辆时，X_0 为 25 秒。在本相位运行到绿灯剩余时间小于 3 秒时，再看本相位所含的车道上，有没有新的车辆进入。如果没有，那么，在运行完本相位剩余的绿灯时间后，就转到执行下一个相位的绿灯。如果还有车辆进入，那么，在此基础上，本相位的绿灯时间就再以步长 Δ 秒的时间延长，如此循环，直到本相位的绿灯总时间达到最大绿灯时间，这时，即使还有车辆进入，也要转到执行下一相位的绿灯。

(3) 交通控制方案的实施。

① 信号控制功能：集中自适应控制、集中感应控制、集中时间段控制、VIP 路线绿波控制、强制灯色控制、黄闪控制、离线控制(周期、时间段、感应控制)。

② 路口控制方案的设置和校验：在控制中心操作台上可查看或设置所有路口信号机中的相位方案、配时方案、时间段方案、日期方案等参数，并可下载到路口信号机中，以备离线时使用。

③ 人工控制计划表：在操作台上除可实时对路口信号机进行控制之外，还可编制控制计划表，将一系列控制命令事先编制好存入数据库。当到达设定的执行时间，系统会自动执行该控制命令。

④ 图形化信息显示：路口图上用图形符号显示各信号灯灯色、车辆检测器的状态；对交通参数进行统计查询的结果，采用直观的统计图表的形式进行显示。

(4) 数据记录。

① 交通流量的描述。

衡量交通流量，通常有以下几个参数。

Ⅰ. 5 分钟流量：以 5 分钟为单位，统计出的通过道路某一截面的车辆或行人数量。

Ⅱ. 饱和流量及其计算：车辆在取得通行权的情况下，以相对恒定的速度连续不断地通过道路停车线所对应的流量。由于车辆大小不一，为了表述一致，通常采用小客车为计算车流量的对象，即小客车当量的 pcu 值。饱和流量受路段的坡度，车道的宽度，雨雪天气等诸多因素影响。一般来讲，对于 3m 的车道宽度，其饱和流量在 1900pcu/h 左右。

Ⅲ. 时间占有率：在一段时间内，车辆通过某一截面的时间之和与总时间之比。该参数可以反映路段的交通流量。如果占有率大，表示路段比较拥挤。对于在车速很小的路口，该参数不能反映交通流量的拥挤度。

Ⅳ. 空间占有率：在某个时间，某个路段内车辆的长度之和与路段总长度之比。该参数可以反映路段的拥挤度。该参数目前用电子仪器的办法不容易检测。

Ⅴ. 区间平均车速：道路的区间距离除以通过该路段的时间。一般以在距离路口 $200 \sim 500$ 米以上的地方所测量的车辆速度来表示。如果车速高，表示交通拥挤度低。

② 交通流量的采集。

Ⅰ. 车辆检测器。

目前在用的车辆检测器，主要有地埋环形线圈、多普勒效应雷达、超声波、视频式车辆检测器等。但是从使用的数量来看，主要还是地埋环形线圈和视频式车辆检测器。由于受环境影响，各种车辆检测器都有其自身的局限性，因此，应该针对不同的环境，使用相应的车辆检测器。比如说，在路段检测车流速度及车流量，最好使用多普勒效应雷达。在沙石和沥青路面，在路口距离停车线100m以内，最好选用视频式车辆检测器。对于水泥路面，考虑到前期投入费用，可以使用地埋环形线圈。

Ⅱ. 采集位置。

从车辆检测器的作用来看，其主要目的应该是提供实时的交通流量及交通状态，以便信号机的感应控制，或用于控制方案生成。考虑到信号灯绿灯结束后黄灯过渡时间一般为2～5s，因此，按车速20～40km/h计算，车辆检测器的安装位置，应该是在停车线上游10～30m比较合适。当然，考虑到路段平均速度的测量，车辆检测器应该在距离路口200m以上的测量车速，这样一来才更具备可信性。

Ⅲ. 原始数据。

考虑到现场施工的实际情况，交通控制系统中的车辆检测器，一般安装于停车线附近，离信号机距离很短。这样一来，可以测出两类数据。

在本相位的绿灯结束时，得到该相位所含的各车道所通过的车辆数。

在本相位的红灯结束时，得到该相位所含的各车道通过车辆检测点到停车线之间的车辆数。

有了这两组数据，相加之和即为一个周期内该相位所含各车道所通过的车辆数。

Ⅳ. 交通流量数据包的发送格式。

路口机向上发送上一相位所含车道在绿灯时的车辆检测器计数值B1～B16，以及在红灯时，介于停车线与车辆检测器之间的计数值B17～B32，和上一相位号及上一周期的时间，共34个字节。此数据可用于计算某车道的交通流量。

由于实际路口的机动车辆大小不一，车辆检测器无法识别车型，因此，时间占有率的数据没有交通流量数据更能反映路口的拥挤程度，所以，在做数据处理时，我们主要参考的是交通流量数据。时间占有率数据只做参考。

(5) 数据的处理。

① 视频交通流采集的过程及数据的处理。

Ⅰ. 视频的处理及导入。

Ⅱ. 视频交通流采集的设定。包括方向设定、车道数设定、高度设定、速度设定、标定虚拟线圈、数据开始采集。

Ⅲ. 视频交通流数据的导出。

② 将采集到的交通流数据计算并转换成所需数据(注：本实验将直接采用以往的历史数据)。

③ 控制中心上机实例操作，包括连接下位机、灯色设定、时间设定、步伐设定、特殊日期设定、手动步伐演示。

21世纪应用型精品规划教材·物流管理

四、注意事项

(1) 注意交通数据的采集和处理方法。
(2) 交通控制方案实施的具体过程和步骤。

五、实验思考题

(1) 交通控制方案实施的过程特点是什么？
(2) 信号控制功能有哪些？

六、实验报告要求

(1) 完整且详细地记录实验数据，记录实验过程，总结实验心得。
(2) 完成实验思考题。

实验 7　MATLAB 的复杂程序编制

一、实验目的

通过函数使用实验，使学生进一步认识和深入理解函数的定义和调用方法，熟悉函数在 MATLAB 软件使用的基础上，掌握在 MATLAB 中通过运用条件、循环等语句来编写 M 文件，从而培养 MATLAB 的复杂程序编写能力。

二、实验设备与仪器

微机、TC2.0 或 VC++6.0 软件。

三、实验步骤

该实验首先让学生复习和强化函数的定义和调用方法，学习使用设置断点的方法调试程序，编写程序，运行程序并记录运行结果，然后将源程序、目标文件、可执行文件和实验报告存在 U 盘上。

要求学生对下列题目独立进行思考，先自行写出源码，然后上机调试，查找出现错误的地方。

(1) 写一递归函数，并进行计算：

$$C_m^n = \begin{cases} 1 & \text{当 n=0 或 m=n} \\ m & \text{当 n=1} \\ C_{m-1}^{n-1} + C_{m-1}^n & \text{当 m>n>1} \end{cases}$$

(2) 写一递归函数，将读入的整数按位分开后以相反顺序输出。

(3) 写一函数 digh(m,k)，它将回送整数 m 从右边开始的第 k 个数字的值。

例如：digh(8542,3)=5，digh(12,4)=0。

(4) 定义一个宏 swap(x,y)，完成对两个整数 x，y 的交换。

四、注意事项

(1) 注意及时保存程序。

(2) 提前复习 TC2.0 或 VC++6.0 软件使用方法。

五、实验思考题

MATLAB 如何加载宏？

六、实验报告要求

(1) 完整且详细地记录实验数据，记录实验过程，总结实验心得。

(2) 完成实验思考题。

实验 8　SIMULINK 仿真

一、实验目的

通过 C 语言指针的实验，帮助学生认识、理解和掌握使用 SIMULINK 进行系统仿真的方法。

二、实验设备与仪器

微机、TC 2.0 或 VC++6.0 软件。

三、实验步骤

该实验主要训练学生对指针的理解和使用。指针是相对比较难以理解和正确使用的工具，通过多次实验强化学生对指针的认识。要求学生上机前认真预习本次上机实验的内容，按上机指导书的要求，需编写的程序，应书写整齐。上机输入和调试程序，调试通过后，打印(或手写)出程序清单并把运行结果记录下来。上机结束后，按照上机指导书的具体要求，整理出上机报告(字迹工整)，下次上机交给指导教师。

按照下述文字要求，编写程序，并上机运行。

有三个整数 x，y，z，设置三个指针变量 p_1，p_2，p_3，分别指向 x，y，z。然后通过指

21世纪应用型精品规划教材·物流管理

针变量使 x，y，z 三个变量交换顺序，即原来 x 的值给 y，y 的值给 z，z 的值给 x。x，y，z 的原值由键盘输入，要求输出 x，y，z 的原值和新值。

四、注意事项

(1) 注意及时保存模型。

(2) 提前复习 TC2.0 或 VC++6.0 软件使用方法。

五、实验思考题

(1) 任意输入一个 4 位自然数，调用函数输出该自然数的各位数字组成的最大数。

(2) 某人购买的体育彩票猜中了 4 个号码，这 4 个号码按照从大到小的顺序组成一个数字可被 11 整除，将其颠倒过来也可被 11 整除，编写函数求符合这样条件的 4 个号码。

六、实验报告要求

(1) 完整且详细地记录实验数据，记录实验过程，总结实验心得。

(2) 完成实验思考题。

实验 9　MapInfo 专题图制作

一、实验目的

掌握独立值专题图、范围专题图、点密度专题图、直方图专题图、饼图专题图、等级符号专题图和格网专题图的设计制作方法。熟悉独立值专题图的建立及编辑制作方法。

二、实验设备与仪器

微机、MapInfo 软件。

三、实验步骤

(1) 专题地图的类型，MapInfo 专题地图分为以下 7 种类型。

① 范围专题图：按所设定的范围显示数据，这些范围用颜色或图案加以渲染。

② 直方图专题图：将表中各记录的专题变量以直方图显示。

③ 饼图专题图：将表中各记录的专题变量以饼图显示。

④ 等级符号专题图：为表中每条记录显示一个符号，符号大小与数据值成比例。

⑤ 点密度专题图：将数据值以点的方式显示在地图中，每个点代表一定的数值，各个区域内的点数目与该区域的数据值成比例。

⑥ 独立值专题图：按独立数值渲染地图。

⑦ 格网专题图：由点数据内插产生的栅格格网。

(2) 创建专题图，各类型专题图的创建步骤大同小异，以下以独立值专题图为例说明专题图的创建过程。

① 选择"文件"→"打开表"菜单。

② 在"打开表"对话框中选择要使用的地图表并打开。

③ 选择"地图"→"创建专题地图"命令，弹出"创建专题地图-步骤1/3"对话框，如图6.2所示。

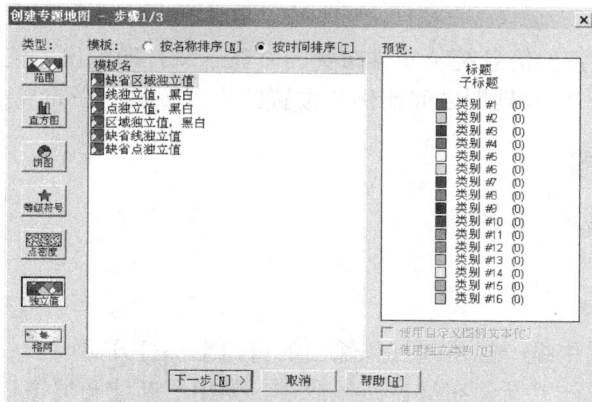

图6.2 "创建专题地图-步骤1/3"对话框

④ 在"类型"中单击"独立值"按钮，然后单击"下一步"按钮，弹出"创建专题地图-步骤2/3"对话框。

⑤ 选择要根据其进行渲染的表，并选择含有数据值的字段或表达式。

⑥ 单击"下一步"按钮，出现"创建专题地图-步骤3/3"对话框。使用该对话框来自定义地图或图例。

⑦ 单击"确定"按钮，完成操作。

四、注意事项

(1) 注意及时保存模型。

(2) 提前复习MapInfo软件使用方法。

五、实验思考题

各种专题图的特点是什么？

六、实验报告要求

(1) 完整且详细地记录实验数据，记录实验过程，总结实验心得。

(2) 完成实验思考题。

实验 10　MapInfo 布局的设计与制作

一、实验目的

将 MapInfo 中的各种信息统一安排布置同时显示或打印输出，使这些信息结合成一个统一的整体。并掌握布局与地图之间比例与位置的设置。学会在布局中增加对象的方法。

二、实验设备与仪器

微机、MapInfo 软件。

三、实验步骤

(1) 将需要在布局中统一显示或打印输出的窗口全部打开。

(2) 选择"窗口"→"新建布局窗口"命令，弹出"新建布局窗口"对话框，如图 6.3 所示。

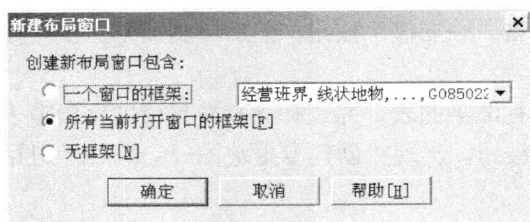

图 6.3　"新建布局窗口"对话框

(3) 在对话框中选择"所有当前打开窗口的框架"选项，然后单击"确定"按钮，弹出"布局"窗口，如图 6.4 所示。

(4) 对"布局"中的每一个窗口(或对象)进行适当调整，包括位置、显示比例等。

位置的调整可用鼠标拖动方法将对象移动到所需位置，再将鼠标移动到对象的边框线上调节其大小。

显示比例的调整可在需调整的对象上双击，弹出"框架对象"对话框(如图 6.5 所示)，在对话框中的"纸上比例"文本框中输入适当的比例数据。

(5) 最后单击"确定"按钮，得到如图 6.6 所示的效果图。

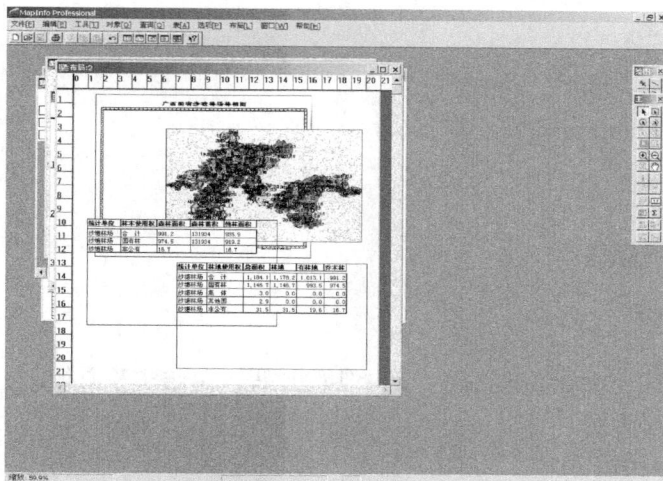

图 6.4　布局窗口界面

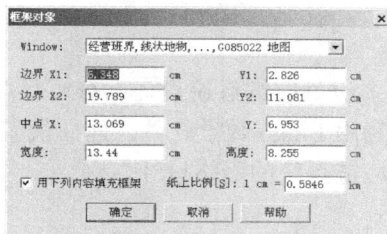

图 6.5　"框架对象"对话框

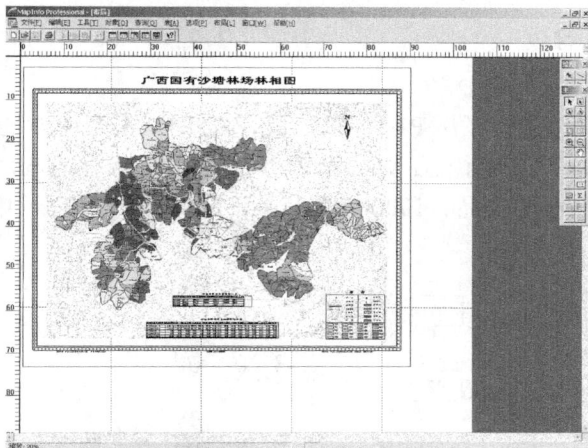

图 6.6　创建效果图

四、注意事项

(1) 注意及时保存模型。

(2) 提前复习 MapInfo 软件使用方法。

五、实验思考题

矢量图的优点有哪些?

六、实验报告要求

(1) 完整且详细地记录实验数据,记录实验过程,总结实验心得。

(2) 完成实验思考题。

实验 11 多级供应链系统设计实验

一、实验目的

以最小成本为目标,进行多级供应链系统设计,分析供应链空间节点布局对系统成本的影响。要求根据给定信息,利用 Lingo 数学软件,建立供应链网络模型。通过不同方法,根据不同优化解,比较多级供应链系统的网络设计。

二、实验设备与仪器

微机、Lingo 软件。

三、实验步骤

假设某个产品,两个生产工厂 P1 和 P2,工厂 P2 的年生产能力是 60000 个产品,两个工厂的生产成本相同,两个分销中心 W1、W2,具有相同的库存成本,有三个市场 C1、C2、C3,需求量分别为 50000 个产品、100000 个产品、50000 个产品,如图 6.7 所示。

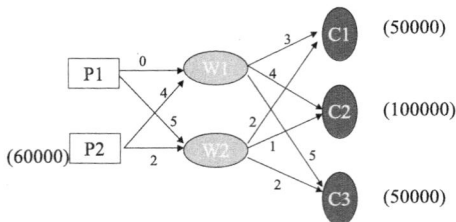

图 6.7 实验案例基本情况示意图

(1)　针对每一个市场，选择从分销中心到需求地成本最低的方案。即 C1、C2 和 C3 由 W2 供应。

(2)　针对每一个市场，选择不同的分销中心，从而使产品的总成本最低。

(3)　建立数学模型，利用 Lingo 数学软件，进行优化求解。

四、注意事项

(1)　注意及时保存模型。

(2)　提前复习 Lingo 数学软件使用方法。

五、实验思考题

(1)　对比方法三与方法一、方法二，说明为什么供应链系统的设计是非常重要的。

(2)　如何借助先进的技术与方法解决供应链设计中的问题。

六、实验报告要求

(1)　完整且详细地记录实验数据，记录实验过程，总结实验心得。

(2)　完成实验思考题。

实验 12　分拣中心设计仿真实验

一、实验目的

通过分拣中心的实例，学习利用部件生成器、传送带(直线、分流、弯曲)、部件消灭器、作业员、笼车等构筑仿真模型的方法，进一步理解仿真技术在物流配送中心设计中的作用。

二、实验设备与仪器

微机、投影机、乐龙系统仿真软件。

三、实验步骤

构筑 4 种商品的从投放口开始在传送带上流动，在分流点根据商品的种类使其按不同分流口流出后，作业员把商品装入笼车的模型并运行。

(1)　单击 Windows 的"开始"按钮，选择"开始"→"程序"→RaLC-Pro 命令，启动 RaLC-Pro。在 RaLC-Pro 的启动画面中，单击菜单栏里的"文件"→"新建"或者工具栏中的"新建"按钮，启动模型作成画面。

(2)　单击设备栏的"直线传送带"按钮，使直线传送带突出显示。单击直线传送带后其颜色变为白色，通常把这种状态称为"选择状态"。

在选择状态下，通过 Ctrl+C、Ctrl+V 快捷键的操作可再增加直线传送带。

连接 2 条直线传送带。传送带互相接近到一定程度后可自动地连接起来。将第 2 条直线传送带的入口向第 1 条直线传送带的出口移近。这时像磁铁那样，第 2 条直线传送带的入口和第 1 条直线传送带的出口就会连接起来。通过这种操作可以使得各种设备连接在一起并决定了物体的流动方向。重复上述操作，使 3 条直线传送带自动连接起来。

如果使第 2 条传送带处于选择状态，第 1 条传送带(上一个连接着的设备)显示为淡蓝色，第 3 条传送带(下一个连接着的设备)显示为黄色，那么这表示设备已连接成功。

(3) 单击设备栏的"右分流传送带"按钮，则突出显示出右分流传送带。使用分流传送带可使传送过来的物体分成两个方向流动。若使右分流传送带处于选择状态时，右击鼠标会弹出 "属性"菜单。

(4) 单击菜单中的"属性"菜单项。在对话框中可对设备的速度、大小、颜色、形状等进行设定。单击"尺寸"按钮，将长度设为 3000，将角度设为 30。长度的单位为 mm。单击 OK 按钮即完成设定。

(5) 将右分流传送带向第 3 条直线传送带的出口附近移动，使右分流传送带的入口和第 3 条直线传送带的出口自动连接在一起。

① 单击设备栏的"右曲传送带"按钮，则可创建出右曲传送带。

要将右分流传送带分流部的出口和右曲传送带的入口连接上，但因为传送带的朝向对不上，所以要使右曲传送带沿 Z 轴旋转 240°。

打开"属性"对话框，将"概要"属性里的设备旋转 Z 轴的角度改成 240；然后单击"尺寸"属性，将角度改成 60，半径改成 1900 后，单击 OK 按钮。

此时连接部分的方向变为一致，右分流传送带的分流部出口和右曲传送带入口连接上。

② 单击设备栏的"直线传送带"按钮，创建直线传送带。

为了使右曲传送带的出口和直线传送带的入口连接上，要将直线传送带顺时针旋转 90°。使直线传送带处于选择状态，单击"旋转"菜单的"顺时针旋转 90°"。

打开直线传送带的属性对话框，单击"尺寸"属性，将长度改成 4000 后，单击 OK 按钮。使右曲传送带的出口和直线传送带的入口自动连接起来。

(6) 将直线传送带和作业员连接起来。

单击设备栏的"作业员"按钮，创建作业员。

右击"作业员"按钮，在弹出菜单中选择"顺时针旋转 90°"菜单项，使其面向传送带的方向。将作业员设置在便于从直线传送带的出口拿取货物的位置上。

右击直线传送带，在弹出菜单中选择"与下一个设备相连"菜单项，则会出现一条红线。单击设备栏的"笼车"按钮，创建笼车。

使笼车处于选择状态，单击弹出菜单中的"180°旋转"，使其面向作业员。将笼车设置在作业员的后方。调节作业员和笼车间的距离使其相当于作业员行走的距离。因初始值为1.3m，所以此处将其设置在相隔1.3m的位置上。一个网格为边长1m的四方形。可根据这个来调整距离。

通过弹出菜单的"与下一个设备相连"，使作业员与笼车连接在一起。利用 Ctrl+C、Ctrl+V 可以复制粘贴出多个相同的设备。并用和上面同样的方法连接起来。

(7) 单击设备栏的"直线传送带"按钮，创建直线传送带，将第 3 条右分流传送带的出口和直线传送带的入口连接起来。

单击设备栏的"部件消灭器"按钮，创建部件消灭器。部件消灭器用于从某处起不再需要显示物体的流程，设置部件消灭器使流过来的物体消失。将部件消灭器设置于直线传送带的出口附近。通过弹出菜单中的"与下一个设备相连"，使直线传送带与部件消灭器连接在一起。

单击设备栏的"部件生成器"按钮，创建部件生成器。部件生成器的功能是可使部件自动地生成。将其设置在第 1 条直线传送带的投入口附近。利用弹出菜单的"与下一个设备相连"完成部件生成器与直线传送带的连接操作。

打开部件生成器的属性对话框，将"概要"属性里的时间间隔改成 5 秒。其意为每隔 5 秒生成一个部件。

选择部件生成器，用 Ctrl+C、Ctrl+V 再增加 3 个部件生成器。打开新增加的部件生成器中任意一个的弹出菜单，打开属性窗口，将"概要"属性里的条码栏改成 barcode002。可根据条码设定不同物品的搬运路线和存放场所。在本例中假设有 4 种不同物品，根据不同种类设定 4 个存放位置。

为了利于分辨，可进一步改变物体的颜色。单击"色/形"属性，单击颜色部分(初始值是金黄色)。在弹出的"颜色"对话框中，选择一种颜色(例如红色)，单击 OK 按钮。单击属性窗口的 OK 按钮。同样地，打开剩下的部件生成器的属性窗口，将"概要"属性里的条码栏改成 barcode003，"色/形"属性里的颜色改成任意一种颜色(例如粉红色)，将另一个部件生成器的条码栏改成 barcode004，颜色改成任意颜色(例如橘红色)后，单击 OK 按钮。

用弹出菜单的"与下一个设备相连"，使新增加的部件生成器分别与第 1 条直线传送带连接在一起。

(8) 为了使传送过来的 4 种物品依据其种类不同而流向不同，需对有两个分流口的 3 条分流传送带的条形码进行设定。首先选中组合化的设备，然后在右键菜单中选择解除组合菜单，取消设备的组合。

下面进行具体设定，使设定为 barcode001 的金黄色的物品流向第 1 条分流传送带的分支，其他的物品流向第 2 条分流传送带。将属性对话框的"分流"属性里的分流条码设定为 barcode001。初始值即为 barcode001，所以本例中不用重新设定。

第 2 条分流传送带的设定则要使条码为 barcode002 的红色物品流向第 2 条分流传送带

的分支，其他的物品流向第 3 条分流传送带。打开第 2 条分流传送带的属性窗口，将"分流"属性里的分流条码变更为 barcode002。这样可使条码为 barcode002 的物品流向分流传送带的分流口。单击 OK 按钮。

同样地，第 3 条分流传送带的设定，要使条码为 barcode003 的粉红色物品流向第 3 条分流传送带的分支，其他的物品(橘红色物品)流向部件消灭器。打开第 3 条分流传送带的属性窗口，将"概要"属性里的分流条码变更为 barcode003。单击 OK 按钮。

橘红色的物品被设定为 barcode004，所以不会被第 3 条分流传送带分流，将流向部件消灭器的方向。

(9) 单击菜单栏里面的"模拟"→"开始"或者时间栏里的"开始"按钮，可以看到货物被投放到传送带后，从金黄色部件生成器出来的货物流向最靠前的笼车方向，从红色部件生成器出来的货物流向正中央的笼车方向，从粉红色部件生成器出来的货物流向最远的笼车方向，从橘红色部件生成器出来的货物流向部件消灭器的方向，如图 6.8 所示。

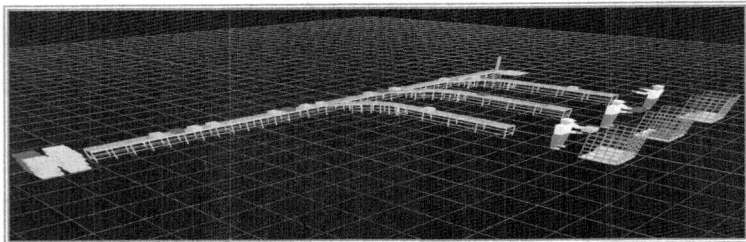

图 6.8   仿真效果图

四、注意事项

(1) 注意及时保存模型。
(2) 提前复习乐龙仿真软件使用方法。

五、实验思考题

(1) 物流系统优化的方法有哪些？
(2) 物流系统仿真的思路和步骤分别是什么？

六、实验报告要求

(1) 完整且详细地记录实验数据，记录实验过程，总结实验心得。
(2) 完成实验思考题。

实验 13 连锁型商业配送中心的规划设计

一、实验目的

本实验的目的在于帮助学生理解配送中心规划的基本方法，信息系统构筑的基本思路；掌握平面规划软件和三维仿真软件的使用方法；能够通过实际案例，完成一个连锁型商业配送中心的规划方案，以及配套的信息系统的建设，画出平面效果图和信息流程图，通过计算机实现三维仿真模拟，并根据模拟结果优化规划方案，实现全局较优。目前，商业连锁配送中心的作用日益扩大，但现有配送中心设计简单，管理松散，达不到预期目的，随着对物流认识的不断增加，配送中心必然会蓬勃发展。这个开发性实验项目的目的就在于加深这方面的知识理解，增强学生的动手能力，培养学生积极主动的实践能力。

二、实验设备与仪器

微机、CAD 平面规划软件、Photoshop 图形处理软件、Automod 物流仿真软件。

三、实验原理和步骤

1. 实验原理

根据教师提供的数据，结合专业知识完成配送中心的宏观规划，确定中心位置、大小、主要设施规划；完成 CAD 平面效果图，并进行微观规划，确定构成配送中心的所有设施面积、设备数量和类型；使用三维物流仿真软件 Automod 实现三维仿真，并仿真运行，生成设施设备运行效率报表，并根据运行结果，调整设施设备，之后再次仿真运行，直到配送中心整体效率及各设施设备效率均达到一定要求后终止，确定最后的规划结果；根据上述功能区域及设施设备数量，建立配套信息平台。

2. 实验步骤

(1) 学习配送中心规划及信息系统构建等的基本知识。
(2) 学习和实践平面规划软件，完成配送中心的初步宏观规划。
(3) 学习物流仿真软件，利用宏观规划结果建立仿真系统。
(4) 利用仿真系统进行模拟运行，根据仿真报告调整规划方案，直到达到要求；构建配套的信息系统。
(5) 利用仿真规划结果，展开团队合作，相互协调，完成一个配送中心的细节规划。

21世纪应用型精品规划教材·物流管理

四、注意事项

(1) 规划设计过程中需要应用计算机软件，因此需要具备一定的计算机和外语能力，但有些学生这方面能力缺乏，因此仿真系统的优化不做严格要求。

(2) 实验室设备比较贵重，实验中应提醒学生注意正确操作，保证设备正常使用；实验数据需要经常备份。

五、实验思考题

(1) 当前连锁商业配送中心规划时有哪些注意要点？
(2) 仿真软件的终止目标有什么要求？

六、实验报告要求

(1) 以 Word 格式撰写，重点突出，抓住关键。
(2) 每 5 人一组，组成开发团队，每个团队提交一份报告，主要内容应包括团队组成及分工，商业连锁配送中心规划的背景分析，功能区域划分及规划，设施设备配备方案，组织结构，信息平台流程，考核评价分析。
(3) 完成最后的平面规划效果图，三维仿真模拟视频。

实验 14 供应链管理系统的设计与分析实验

一、实验目的

本实验的目的在于帮助学生了解物流规划的基本方法。能够通过实际案例，完成一个供应链物流系统的规划，通过计算机实现仿真模拟，并根据模拟结果优化规划方案。这个开发性实验项目的目的在于让学生了解学科发展的新技术，增强学生的动手能力，培养学生积极主动实践的能力。

二、实验设备与仪器

微机、witness 物流仿真软件、物流系统规划实验沙盘。

三、实验原理和步骤

1. 实验原理

根据教师提供的数据，结合专业知识完成供应链系统的规划，合理配置设施设备。建立仿真模型，使用物流仿真模拟软件，仿真运行，生成设施设备运行效率报表，并根据运行结果调整设施设备，之后再次仿真运行，直到整体效率及各环节效率均达到一定要求后终止，确定最后的规划结果。

2. 实验步骤

(1) 学习基础知识，了解国内外发展的最新技术。
(2) 根据学习的基础知识，收集相关企业的工作供应链管理模式和管理经验。
(3) 学习物流仿真软件，建立仿真模型。
(4) 通过实际调研，提出配套的设计方法，并给出相关分析，运用软件仿真设计结果。
(5) 优化设计，完成实验报告。

四、注意事项

(1) 注意及时保存模型。
(2) 提前预习 witness 软件使用方法。

五、实验思考题

设计供应链管理系统时需要注意的问题有哪些？

六、实验报告要求

(1) 完整且详细地记录实验数据，记录实验过程，总结实验心得。
(2) 完成实验思考题。

实验 15　电子商务网站设计实验

一、实验目的

目前，网络技术已经进入到实际应用阶段，现代大学生应该掌握一定的网站开发技术。本实验的目的在于帮助学生理解和掌握网站设计的基本技术，电子商务网站的基本设计技能。实验要求学生掌握相关网页设计语言，熟练利用相关软件工具进行网站总体布局和网页功能设计，充分理解和分析现有电子商务网站的开发技术，设计相应的网站。

二、实验设备与仪器

微机、网站设计开发工具 Visio、Front Page、Dreamweaver。

三、实验原理和步骤

1. 实验原理

本实验项目的主要原理是网站建设原理，主要有网络协议、HTML 开发语言环境、动态网页技术等。

网络协议即网络中传递、管理信息的一些规范。如同人与人之间相互交流是需要遵循一定的规矩一样，计算机之间的相互通信需要共同遵守一定的规则，这些规则就称为网络协议。

HTML(Hyper Text Mark-up Language)即超文本标记语言或超文本链接标示语言，是目前网络上应用最为广泛的语言，也是构成网页文档的主要语言。

ASP(动态服务器页面)是一种常用的动态网页技术，可以轻松地实现对页面内容的动态控制，根据不同的浏览者，显示不同的页面内容。

2. 实验步骤

(1) 网站基本原理及上网知识系统总结。

(2) 练习网站建设的基本操作，学会 HTML 基础原理。

(3) 使用计算机设计最简单的网站。

(4) 分析现有电子商务网站的特点，对自己建立的网站进行总体规划。

(5) 使用网页设计软件进行相关网页详细开发。

四、注意事项

(1) 网站开发中使用到相关开发语言，但有些工科专业没有学习过相关语言，因此对网页设计的高级功能不做严格要求。

(2) 网站设计侧重主题功能和创新功能的设计，突出学生个性特征。

(3) 学生根据自己的情况可分别使用 Front Page 或 Dreamweaver 等完成开发。

(4) 学生之间可分工合作，分组完成一定的功能。

五、实验思考题

(1) 当前网络技术已发展到一定阶段，电子商务网站也有了一定规模，随着社会发展，电子商务网站发展方向是什么？

(2) 未来可能需要哪些新技术？

六、实验报告要求

(1) 以 Word 格式撰写，重点突出，抓住关键。

（2）各个团队的开发项目，提交一份报告，主要内容应包括网站设计原理，项目开发背景，项目设计思路，网页设计的详细内容，网站最终设计结果。

（3）完成最后二次开发的团队提交打包后的程序和源码。

实验 16　车辆集载优化实验

一、实验目的

本实验的目的在于帮助学生理解货物集载优化的基本方法，物流装备标准化的优势及思路；掌握 Autoload 货物集载优化软件的使用方法；能够通过实际案例，完成一个模拟集载过程的规划方案，及集载成本的计算方法，给出合理容器选择，通过计算机实现三维仿真模拟，并根据模拟结果优化规划方案，实现全局较优。

目前车辆集载相对随意，但实际意义重大。虽然现有运输利润率低，装载设计简单，管理松散，达不到预期目的，但是随着对物流认识的不断增大，集载优化研究必然会蓬勃发展。这个开发性实验项目的目的在于加深这方面的知识理解，增强学生的动手能力，培养学生积极主动的实践能力。

二、实验设备与仪器

微机、Autoload 货物集载优化软件、3D 仿真软件。

三、实验原理和步骤

1. 实验原理

首先根据教师提供的数据，结合专业知识完成车辆选择、根据目标选择容器并建立车辆集载模型，根据运送货物的批量确定集载质量优化。利用 Autoload 货物集载优化软件，根据要求设定容器，设定货物信息，对系统环境进行设定，生成转载设备运行效率报表，并根据运行结果，调整装载设备，之后再次仿真运行，直到车辆配载整体效率及各容器设备效率均达到一定要求后终止，确定最后的规划结果。

2. 实验步骤

（1）学习车辆集载的方法和思路等基本知识。

（2）学习和实践 Autoload 货物集载优化软件。

（3）学习软件设定，并初步设置集载优化软件。

（4）利用优化软件系统进行模拟运行，根据仿真报告调整优化方案，直到达到要求。

（5）利用优化结果，展开讨论，相互协调，完成一个集载优化方案的细节规划。

四、注意事项

(1) 注意及时保存模型。

(2) 学生之间可分工合作，分组完成。

五、实验思考题

(1) 当前物流装备标准化的作用和特点？

(2) 集载优化的终止目标如何设定，有何作用？

六、实验报告要求

(1) 以 Word 格式撰写，重点突出，抓住关键。

(2) 每 1 人一组，每个人提交一份报告，主要内容应包括优化的目标和目的，所给案例的背景分析，容器及车辆的选择及规划，系统的设定方案，优化终止目标，优化结果评价分析。

(3) 完成最后的集载优化结果，三维仿真模拟视频。

实验 17   机械手动作编程基础

一、实验目的

在示教器上了解机械手的动作开发环境、IO 信号、程序数据与各种程序指令，通过逐条指令的运行调试，使学生对指令集有深刻的认识。

二、实验设备与仪器

ABB 公司 IRB1410 机械手。

三、实验步骤

(1) 打开机械手控制柜，介绍控制柜内各组成部分，介绍机械手用于 IO 通信的标准 IO 板。

(2) 介绍系统输入输出与 IO 信号的关联。

(3) 介绍示教器上可编程按钮的使用方法。

(4) 介绍程序数据的概念、类型与分类，并示范创建一个数字型程序数据。

(5) 重点介绍三个重要的程序数据：TOOLDATA、WOBJDATA、LOADDATA，并示范这三个程序数据的设定方法。

(6) 介绍各种常用程序指令，如赋值指令、复位指令、关节运动指令、线性运动指令、

IO 控制指令、程序逻辑控制指令等。

(7) 指导学生在示教器上输入指令并运行，体会指令执行效果。

四、注意事项

(1) 当输入指令完毕，调试运行中，为防止电机抱死，示教器的使能键必须始终按下，严禁运动过程中突然抬起。

(2) 复习机械手的使用方法。

五、实验思考题

在执行线性运动指令过程中，控制机械手从原点到目的点作直线运动。如果在直线轨迹中出现死点，那么编程时应该如何处理？

六、实验报告要求

(1) 完整且详细地记录实验数据，记录实验过程，总结实验心得。

(2) 完成实验思考题。

实验 18　开发机械手自动作业程序

一、实验目的

设计一套机械手作业动作，并运用实验 17 中掌握的程序指令编程开发、调试完成这套动作，并演示实验结果。

二、实验设备与仪器

ABB 公司 IRB1410 机械手。

三、实验步骤

(1) 学生自己设计一套简单的机械手的作业动作。

(2) 在示教器上设定其工具坐标、工件坐标以及载荷多少。

(3) 创建新的程序模块，学生可自行命名。

(4) 在新的程序模块下创建新的子程序，至少包括 main、rInitiall、rHome 三个子程序。

(5) 在子程序中编写一系列指令，并要求几个子程序互相调用，以实现完整的设计动作。

(6) 进行程序调试，并完成实验报告。

21世纪应用型精品规划教材·物流管理

四、注意事项

(1) 当输入指令完毕，调试运行中，为防止电机抱死，示教器的使能键必须始终按下，严禁运动过程中突然抬起。

(2) 复习机械手的使用方法。

五、实验思考题

程序执行完毕后，如何让程序指针自动回到初始位置？

六、实验报告要求

(1) 完整且详细地记录实验数据，记录实验过程，总结实验心得。

(2) 完成实验思考题。

实验 19   供应链多级库存控制的动力学仿真

一、实验目的

基于系统动力学原理，利用 vensim 软件，建立三级供应链库存控制模型，分析库存变异现象产生的原理，提出改善供应链多级库存控制的策略与方法。通过本实验能够加深学生对供应链多级库存控制的理解，掌握基本工具方法，有助于培养学生用多学科视野解决实际问题的能力。

二、实验设备与仪器

微机、vensim 软件。

三、实验步骤

(1) 供应链基本情景建立。

① 模型中只存在 1 个制造商、1 个批发商、1 个零售商，安全库存量和库存量初始值都是 12 箱。

② 假设由于运输延时，各节点企业收到上游企业 2 周前发来的货物(由于生产延时，制造商将 2 周前计划产量的货物变为库存)；由于订单延时，各节点企业收到下游企业 2 周前下的订单(零售商不存在订单延时，直接获得的是本周市场需求率)。

③ 各节点企业根据接收的订单、上周的缺货量(若有)、本周刚收到的货物量和期初的库存量，发出货物，不足部分成为本周的缺货量。各节点企业采用的是安全库存订货模式，

根据本企业库存调节情况、下游企业需求情况向上游企业发出本周的订单。

(2)　建立供应链基本模型。

供应链多级库存控制模型如图 6.9 所示。

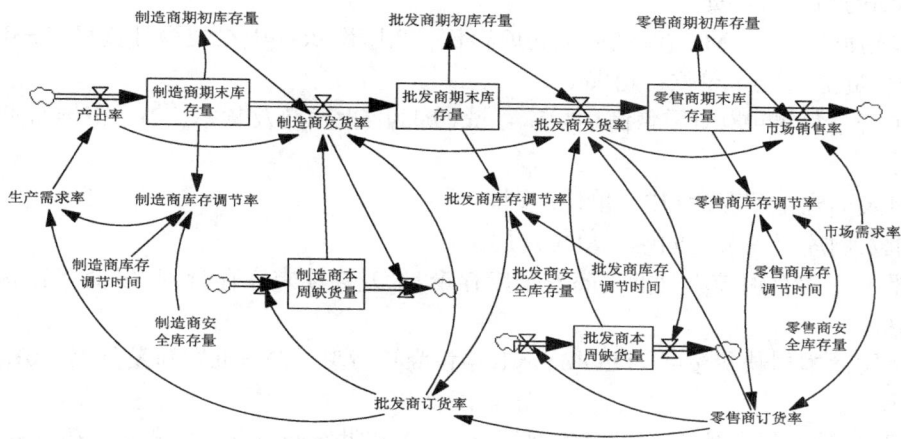

图 6.9　供应链多级库存控制模型

(3)　设定参数。

① 制造商期末库存量=INTEG(产出率-制造商发货率，12)，单位：箱。它是一个水平变量，表示它是产出率和制造商发货率的积分，初值是 12 箱。

② 批发商期末库存量=INTEG(delay1(制造商发货率,2)-批发商发货率，12)，单位：箱。

③ 零售商期末库存量=INTEG(delay1(批发商发货率,2)-市场销售率，12)，单位：箱。零售商期末库存量是 delay1(批发商发货率，2)和市场销售率的积分，初值是 12 箱。因为有运输延时存在，零售商本周收到的货是批发商 2 周前发出的货，所以用一阶延迟方程 delay1(批发商发货率，2)表示。

④ 零售商期初库存量=delay1(零售商期末库存量，1)，单位：箱。零售商期初库存量和零售商期末库存量相差 1 周时间。

⑤ 批发商期初库存量=delay1(批发商期末库存量，1)，单位：箱。

⑥ 制造商期初库存量=delay1(制造商期末库存量，1)，单位：箱。

⑦ 产出率=delay1(生产需求率，2)，单位：箱/周。因为存在生产延时，所以当制造商决定生产到产出要经过 2 周的时间，本周的产出率是 2 周前的生产需求率(没有产能限制)，用一阶延迟方程 delay1(生产需求率，2)表示。

⑧ 批发商发货率=MIN(批发商期初库存量+delay1(制造商发货率，2)，delay1(零售商订货率，2)+delay1(批发商本周缺货量，1))，单位：箱/周。

表示当"批发商期初库存量+delay1(制造商发货率，2)"大于等于"delay1(零售商订货率，2)+delay1(批发商本周缺货量，1)"时，批发商发货率为"delay1(零售商订货率，2)+delay1(批发商本周缺货量，1)"，即可满足本周收到的零售商订单和上周的欠货。若小于，则批发商发货率为"批发商期初库存量+delay1(制造商发货率，2)"，即等于期初库存量和本周刚接受到的制造商发货。

⑨ 制造商发货率=MIN(制造商期初库存量+产出率，delay1(批发商订货率，2)+delay1(制造商本周缺货率，1))，单位：箱/周。

⑩ 市场销售率=MIN(零售商期初库存量+delay1(批发商发货率，2)，市场需求率)，单位：箱/周。

⑪ 批发商安全库存量=12，单位：箱。

⑫ 批发商库存调节时间=4，单位：周。

⑬ 批发商库存调节率=(批发商安全库存量−批发商期末库存量)/批发商库存调节时间，单位：箱/周。

⑭ 批发商本周缺货量=INTEG(delay1(零售商订货率，2)−批发商发货率，0)，单位：箱/周。

批发商本周缺货量是 delay1(零售商订货率，2)和批发商发货率的积分，初值为 0。因为存在订单延时，批发商本周的发货率是根据刚收到的零售商 2 周前发出的订单确定，所以用 delay1(零售商订货率，2)表示。

⑮ 批发商订货率=delay1(零售商订货率，2)+批发商库存调节率，单位：箱/周。

⑯ 生产需求率=delay1(批发商订货率，2)+制造商库存调节率，单位：箱/周。

⑰ 制造商本周缺货量=INTEG(delay1(批发商订货率，2)−制造商发货率，0)，单位：箱/周。

⑱ 市场需求率=4+step(4，20)，单位：箱/周。市场的需求变化用一个阶跃方程表示，20 周以前的市场需求率都是 4 箱/周，从第 20 周开始突然上升到 8 箱/周，以后维持不变。

⑲ 零售商安全库存量=12，单位：箱。

⑳ 零售商库存调节时间=4，单位：周。

㉑ 零售商库存调节率=(零售商安全库存量−零售商期末库存量)/零售商库存调节时间，单位：箱/周。

㉒ 制造商安全库存量=12，单位：箱。

㉓ 制造商库存调节时间=4，单位：周。

㉔ 制造商库存调节率=(制造商安全库存量−制造商期末库存量)/制造商库存调节时间，单位：箱/周。

㉕ 零售商订货率=零售商库存调节率+市场需求率，单位：箱/周。

本仿真的时间范围是 0～300 周，步长为 0.125。

(4)　仿真结果讨论与分析。

解释库存变异现象原理，建立改善供应链库存控制的策略与方法。

四、注意事项

(1)　及时保存模型，防止数据丢失。

(2)　复习 vensim 软件的使用方法。

五、实验思考题

多级库存控制的注意要点是什么？

六、实验报告要求

(1)　完整且详细地记录实验数据，记录实验过程，总结实验心得。

(2)　完成实验思考题。

第七章 综合性实验

实验1 配送中心业务流程模拟实验

一、实验目的

(1) 通过角色扮演，使同学们了解企业的采购、销售、库存、财务管理等业务流程。

(2) 通过实验了解配送分拣的方法。

二、实验设备与仪器

微机、扑克若干副代表货物。

三、实验原理和步骤

1. 实验原理

本实验设有若干商场、若干配送中心、1个供货商(兼银行)。

本实验模拟商场向配送中心订货，配送中心完成分拣并进行配送，双方必须确定自己的业务流程。模拟时必须填写相关的业务单据，必须各自记财务账。供货商负责向配送中心供货(同时负责贷款)。

通过此实验，使同学们了解配送中心的业务流程，各部门之间的业务关系，对配送中心的物流、信息流、资金流的运作方式有感性认识。

(1) 实验模拟背景。

模拟业务为商业企业的零售配送业务。模拟商场可以向任何一个模拟配送中心发订单，配送中心要在模拟的时间里完成配送任务。模拟商场在收到货物后，立即付款，双方不存在赊欠业务。

配送中心的货物按成本价购进和存放，按批发价配送给商场，商场得到货物后，认为商品全部可以按零售价售出(商品价格可自行确定)。配送中心只需考虑库存成本，不考虑人员费用、工资等。

实验时，考虑缺货损失和交货延迟损失，具体计算方法参见实验规则。

(2) 实验规则。

模拟时，30分钟或60分钟为一个模拟期间，在一个模拟期间内，每个小组处理2笔订单(教师可以视情况自行确定模拟速度)。

配送中心若不能准时交货，商场可以从每笔订单中扣减1%的货款。配送中心开始时，无任何资金，仅有货物(2 副扑克)。配送中心若出现缺货，可以向银行贷款，再向供货商采购(以成本价计)，但实验完成时，需要在资产负债表中体现。也可以不采购，商场可从付款中扣减 2%/件的货款。

2. 实验步骤

(1) 供货商组准备 3 副扑克。配送中心每组准备 2 副扑克(模拟的商品)，每组实验时，由本组负责库存管理的同学按照一定的方法将扑克牌整理摆好(库存的货位管理)。

(2) 由计算机随机生成 20 项需求，将需求发给模拟商场，每个商场有 5 项需求(可根据情况由教师调整需求数量)。

(3) 商场组根据需求，负责销售的同学填写销售订单，并把订单交给负责库存的同学，负责库存的同学向采购部门请购，采购部门的同学做采购订单，发给配送中心。

(4) 配送中心接到订单后，由销售部门将该订单交给本组的库存部门。

(5) 配送组分拣部门按订单要求，对扑克牌花色、大小进行分拣，分拣完成后送货，本组销售部门开发票，财务部门填写出库凭证，记出库明细账。

(6) 商场组收到货物，完成验货、入库，然后付款。

(7) 双方需做财务账，并报告各自的营业收入。

(8) 双方必须确定内部的业务流程和单据，实验时，必须填写必要的单据。

(9) 实验完成后，进行自我评估，听取反馈意见，写出实验报告。

3. 实验分组

根据学生的人数，教师确定分组的大小，原则上每组 4～5 人为宜，每组分为销售、采购、库存、财务 4 个部门(配送组还应有分拣组)，商场组和配送组的组数比按 1∶4 至 1∶5 比较适合，每个组需要编号。

(1) 商场组 4～5 人。

商场组由采购、库存、销售、财务 4 个部门组成，每个部门 1～2 人。商场组可以向任何一个配送中心发出采购订单，由于配送中心有缺货的可能，发出订单时，需要考虑缺货的风险。

商场组进行采购时，可以用普通的方式进行采购，也可以采用招标的方式进行采购。建议教师指定一个商场采用招标的方式采购，另一个商场采用普通的方式采购。

① 采购部门。向配送中心发送订单。

订单编码规则：XYYYYMMDDSS。

其中，X 为配送中心代号，本实验中以英文字母 A～Z 表示；YYYY 为年；MM 为月；DD 为日；SS 为流水号。

采购价格：可以参照批发价，也可以双方协商确定。采购时，可以考虑批量折扣问题，优惠折扣幅度由双方协商。

采购策略：可以向任何一个配送中心发出采购订单。由于配送中心有缺货的可能，发出订单时，需要考虑缺货的风险。

要求：采购部门必须做出采购清单，已收货和未收货。

② 库存部门。在收到配送中心的货物后，库存部门要验货入库，填写入库单、出库单。若出现缺货，需要向采购部门填写请购单。

要求：库存部门填写出入库清单，建库存账。

③ 财务部门。要求：做应付账，计出入库成本。

④ 考虑的问题。商场组如何确定供货方(如何选择配送中心)；如何确定自己的业务流程；各个部门之间的单据如何传递，包括单据的种类和内容。

(2) 配送中心组 5 人。

配送中心组分为销售、分拣、库存、财务、采购 5 个部门，每个部门 1～2 人。配送中心若预计自己会出现缺货，可以向供应商采购，也可以向另外一个配送中心采购。若某些货物量比较大，则可以委托其他组进行销售，也可以同其他组进行以货易货。但不论采用哪种交易方式，双方必须填写必要的单据，作为财务凭证。

① 销售部门。负责处理客户订单，向客户催付款。

考虑的问题：销售部门需要填写客户订单、发货单(提货单)、销售发票。

② 分拣。负责对订单进行分拣。

考虑的问题：合理的分拣方式，即按单分拣、批量分拣(合并订单，分割订单)，做分拣传单。

③ 配送部门。负责送货。

考虑的问题：配送部门填送货单。

④ 财务部门。进行结账。

考虑的问题：财务部门建账，负责向各个配送中心结算、贷款。

要求：做库存明细账、财务账。

四、注意事项

(1) 角色扮演，需提前课堂讲解；分析讨论企业管理的一般业务流程。
(2) 实验模拟，按照配送分拣作业模拟。

五、实验思考题

(1) 配送分拣作业中有哪些可以优化的空间？
(2) 如何加快分拣作业的速度？

六、实验报告要求

(1) 完整且详细地记录实验数据，保留实验结果材料(填写的业务单据、财务凭证、资产负债表、利润表等)。

(2) 完成实验思考题。

实验2　基于物流信息系统的物流信息管理模拟实验

一、实验目的

使学生能结合软件工程的原理，采用系统分析的方法对物流信息系统的构建与实现有一定程度的了解，掌握相关开发软件的使用方法。

二、实验设备与仪器

微机、投影仪、高频 RFID 一体机系统、手持式 RFID 数据采集器系统、RFID 智能标签打印机、车载工业终端及工业级车载 RFID 读写器、条码打印机。

三、实验原理和步骤

1. 实验原理

(1) 物流信息数据库设计系统。

物流信息数据库设计(Database Design)是指根据用户的需求，在某一具体的数据库管理系统上，设计数据库的结构和建立数据库的过程。

(2) VB 软件系统。

VB(Visual Basic)，是由美国微软公司于 1991 年开发的一种可视化的、面向对象，采用事件驱动方式的结构化高级程序设计语言，可用于开发 Windows 环境下的各类应用程序。在 VB 环境下，利用事件驱动的编程机制、新颖易用的可视化设计工具，使用 Windows 内部的应用程序接口(API)函数，动态链接库(DLL)、对象的链接与嵌入(OLE)、开放式数据连接(ODBC)等技术，可以高效、快速地开发 Windows 环境下，功能强大、图形界面丰富的应用软件系统。

(3) 基于物流信息自动处理技术的供应链管理系统。

系统采用 B/S 结构，从供应链运作和管理的角度对整个供应链过程进行综合模拟和实验，主要包括采购与供应管理信息系统(包括预测信息管理、采购计划信息管理、采购订单信息管理、采购合同信息管理、采购结算、供应商管理等功能模块)、仓储和库存信息管理(包括基于供应链的多级库存管理模式、CMI 和联合库存管理等库存管理模式)、生产管理信息系统(生产制造模块能够生成 BOM 单，进行 MRP 运算)、采购与供应绩效管理、销售管理系统、第三方物流管理系统、电子金融支付系统等多套子系统，各系统均具有信息统计查询和绩效管理功能模块。

(4) 物流综合管理信息系统开发系统。

该系统平台提供整个系统的技术和业务支撑，是一套自主开发的集技术平台和业务平台于一身的平台管理系统软件，满足系统开发和运行过程中的技术和业务需求。该平台基于 J2EE 架构，采用 B/S 模式，主要提供企业应用集成、业务流程管理、快速开发工具包等核心功能。

企业应用集成：提供各种集成接口，处理各信息系统之间，数据信息和业务信息的集成，处理系统与各种外部设备的接口管理。

业务流程管理：提供业务流程引擎、可视化管理配置界面和应用接口 API 等功能，全面实现业务流程管理的功能。实现系统的各种业务流程可以基于该功能实现建模、运行、维护和分析等操作。

快速开发工具包：提供包括组织机构管理(机构、用户、岗位、模块、权限等)、业务功能开发(数据定义、界面生成、界面控件等)、报表管理(一般单据、套打单据、数据报表、Excel 报表、图表等)、任务调度管理(系统自动调度的任务管理)、字典管理(数据字典、业务字典等)等功能。

基于该系统，使得上层应用系统可以集成平台的技术和业务优势，使运行更加稳定、可靠和安全。

2. 实验步骤

(1) 设计物流信息系统的需求分析。
(2) 设计物流信息系统的功能。
(3) 应用标量栏、菜单栏、工具栏——元素选择窗口，状态栏——用户元素窗口，以及系统布局区位功能模块。
(4) 学习建模元素：离散型元素、连续型元素、运输逻辑型元素、逻辑元素、图形元素。
(5) 学习建模与逻辑运算过程；学会物流信息数据的处理流程。

四、注意事项

(1) 完成实验后，学生必须提交实验报告。
(2) 实验内容要详细说明实验过程，注意收集信息的准确性和完整性。

五、实验思考题

目前主流的数据采集技术和设备主要有哪些？

六、实验报告要求

(1) 以 5 人为一组编写设计报告。

(2) 完整且详细地记录实验数据，实验报告的内容包括实验目的、实验地点、实验时间、实验仪器设备、实验内容、实验过程以及实验体会。

(3) 完成实验思考题。

(4) 将具有不同参数的模型运行得出的结果对比，找出影响供应链的效率因素。

实验 3 MapInfo 空间数据的查询

一、实验目的

(1) 掌握 GIS 系统中各种查询功能及其操作。

(2) 掌握 MapInfo 中各种查询功能及其操作。

(3) 熟悉聚合函数、地理函数及地理运算符的使用。

二、实验设备与仪器

微机、MapInfo 软件。

三、实验步骤

1. SQL 选择概述

SQL 选择是最常用的查询方式，包括属性查询和空间关系查询两方面。

(1) 属性查询。

属性查询是通过逻辑表达式在图层的属性数据中查找出符合查找条件的对象。它是对矢量图层进行的，如果当前图层不是矢量图层，或当前矢量图层没有连接属性数据表时，该命令无效。

目前 GIS 系统都采用标准的 SQL 查询，通常 GIS 系统为用户提供 SQL 查询对话框，以帮助用户输入查找条件。当输入完查询条件后，系统进行语法检查，如有错误，必须修正后方可继续操作，直到语法检查正确，输出查询结果。

(2) 空间关系查询。

空间关系查询的功能是以矢量图层之间的空间关系查询为目标，在查询时也可以加入属性查询，以实现地物的筛选和过滤。

GIS 系统中为实现空间关系查询，常对标准的 SQL 查询进行扩充，或为用户单独提供"空间关系查询"对话框。空间关系查询功能如下。

21世纪应用型精品规划教材·物流管理

- 基于点图层查询：通常提供距离、方位等查询。
- 基于线图层查询：通常提供相离、相交、方位等查询。
- 基于面图层查询：通常提供包含、相离、相交、相邻等查询。
- 多图层查询：通常提供更复杂的关系查询。

2. SQL 选择的操作步骤

(1) 选择"查询"→"SQL 选择"命令，弹出"SQL 选择"对话框，如图 7.1 所示。
(2) 在对话框中设置各参数。
(3) 单击"确定"按钮完成设置。

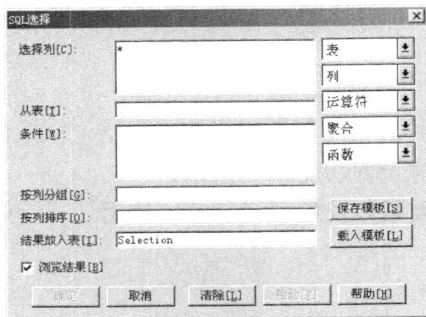

图 7.1 "SQL 选择"对话框

3. SQL 选择操作示例

基于属性数据的查询是标准的 SQL 查询，在 MapInfo 中用 SQL 选择和 SQL 查询实现。
(1) SQL 基本查询。
通过选择"查询"→"SQL 选择"命令，用"SQL 查询"对话框实现基本查询。
(2) 通过聚合函数实现 SQL 查询。
① 聚合函数查询主要是对字段的查询，MapInfo 提供的聚合函数有：
- Count(*)：用于计算一组中所有记录的个数；
- Sum(表达式)：用于计算一组中所有记录的表达式的总和；
- Avg(表达式)：用于计算一组中所有记录的表达式的平均值；
- WtAvg(表达式)：用于计算一组中所有记录的表达式的加权平均值；
- Max(表达式)：用于计算一组中所有记录的表达式的最大值；
- Min(表达式)：用于计算一组中所有记录的表达式的最小值。
② 聚合函数查询示例。

例 1：打开美国地图和数据表，通过聚合函数查询美国由多少个州组成。操作步骤如下：
a. 通过选择"文件"→"打开表"命令，打开 states.tab 文件。

b. 通过选择"查询"→"SQL 选择"命令，弹出"SQL 选择"对话框。

c. 在对话框中设置选项，首先将光标定位在"从表"文本框中，从右边的"表"下拉列表框中选择 STATES 表，然后将光标定位在"选择列"文本框中并将*删除，从右边的"聚合"下拉列表框中选择 Count，再在 Count(*)后输入"总州数"。对话框设置完成后如图 7.2 所示。

d. 单击"确定"按钮，结果如图 7.3 所示。

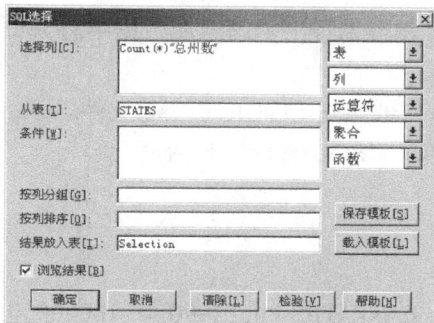

图 7.2 "SQL 选择"对话框设置(1)

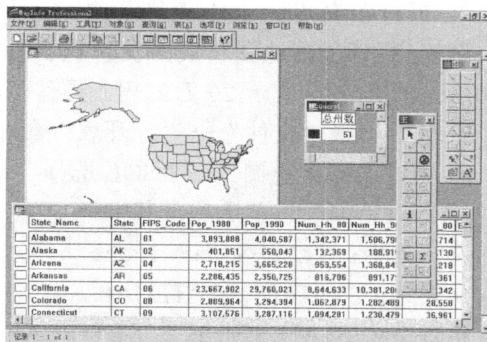

图 7.3 "SQL 选择"结果数据汇总(1)

例 2： 打开世界地图和数据表，通过聚合函数查询 1994 年世界上各洲的国家和人口总数。具体操作步骤如下。

a. 通过选择"文件"→"打开表"命令，打开 world.tab 文件。

b. 通过选择"查询"→"SQL 选择"命令，弹出"SQL 选择"对话框。

c. 在对话框中设置选项，设置完成后如图 7.4 所示。

d. 单击"确定"按钮，结果如图 7.5 所示。

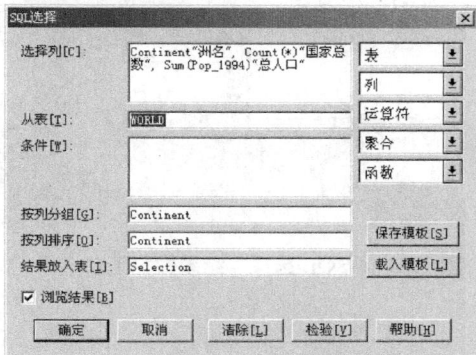

图 7.4 "SQL 选择"对话框设置(2)

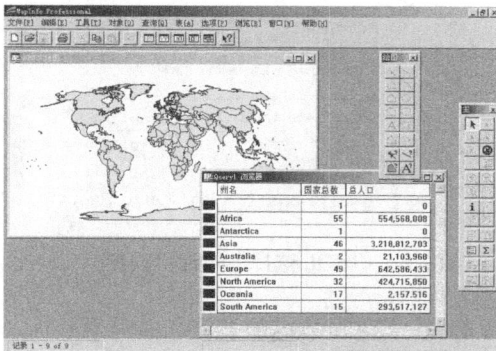

图 7.5 "SQL 选择"结果数据汇总(2)

(3) 通过多表实现 SQL 查询。

① 多表实现 SQL 查询含义。

MapInfo 支持 SQL 查询中的嵌套查询。嵌套查询是指在 SQL 的 Select 语句的 Where 子句中，嵌套另一个 Select 查询语句。即在 MapInfo 的"SQL 选择"对话框的条件栏内嵌入另一个 Select 查询语句。在实际执行查询语句过程中，系统首先查询子句，而后，利用子查询的结果进一步实现主查询。

② 通过多表实现 SQL 查询示例。

例 3：打开美国地图和数据表的多个图层，用多表查询查出美国地图数据中总人口大于 1000 万且州府人口大于 20 万的州。操作步骤如下。

a. 通过选择"文件"→"打开表"命令，打开 states.tab 和 statecap.tab 文件。

b. 通过选择"查询"→"SQL 选择"命令，弹出"SQL 选择"对话框。

c. 在对话框中设置选项，其中：

选择列为：STATES.State_Name

从表为：STATES，STATECAP

条件为：STATES.State = STATECAP.State And STATES.Pop_1990 > 10000000 And STATECAP.Pop_1990 > 200000

设置完成后如图 7.6 所示。

d. 单击"确定"按钮，结果如图 7.7 所示。

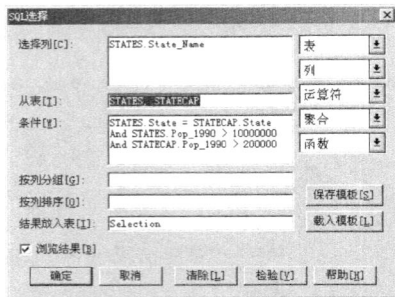

图 7.6　"SQL 选择"对话框设置

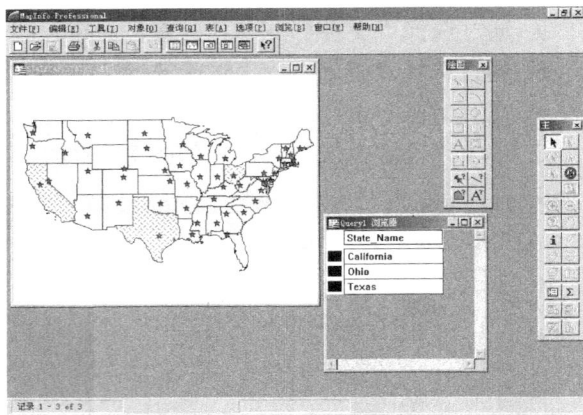

图 7.7　"SQL 选择"结果数据汇总

4. 基于空间数据的查询

(1) 基于空间数据的查询在功能上对标准 SQL 查询进行了扩充。MapInfo 通过增加空间查询的函数(称地理函数和地理运算符)，实现对空间数据的查询。

(2)　实现对空间数据查询的地理运算符。

MapInfo 提供的 5 个地理运算符和一个地理运算关键字，分别为：

● A Contains B：对象 A 包含对象 B (B 的中心在 A 边界内任一点)。

● A Contains Entire B：对象 A 全部包含对象 B(B 的边界完全位于 A 的边界之内)。

● A Within B：对象 A 包含于对象 B (A 的中心在 B 边界之内)。

● A Entirely Within B：对象 A 全部包含于对象 B(A 的边界完全位于 B 的边界之内)。

● A Intersects B：对象 A 与对象 B 相交(它们至少有一个公共点或一个对象完全在另一个象之内)。

● obj 或 object：地理运算关键字，表示其下数据是基于图形数据，而不是属性数据。

(3)　基于空间数据的查询示例。

例 4：打开美国地图和数据表，根据美国行政区图层和城市分布图层，分别求出每个城市包含在哪个州。操作步骤如下。

① 通过选择"文件"→"打开表"命令，打开 states.tab 和 statecap.tab 文件。

② 通过选择"查询"→"SQL 选择"命令，弹出"SQL 选择"对话框。

③ 在对话框中设置选项，其中：

从表为：STATES，STATECAP

选择列为：STATES.State_Name , STATES.State, STATECAP.Capital

条件为：STATES.State= STATECAP.State And STATECAP.obj Within STATES.obj

设置完成后如图 7.8 所示。

④ 单击"确定"按钮，结果如图 7.9 所示。

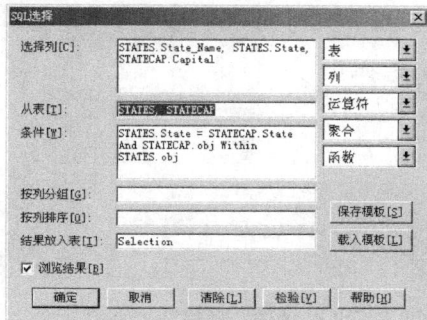

图 7.8　"SQL 选择"对话框设置

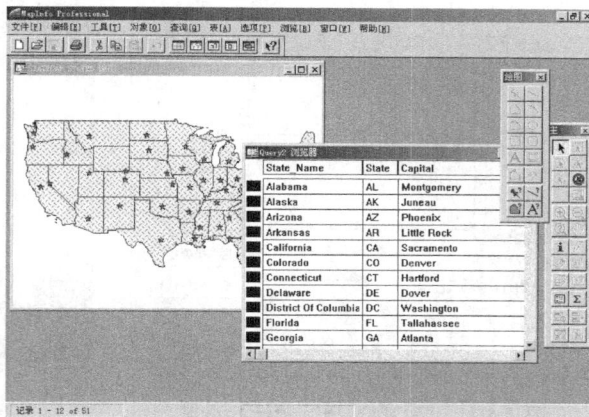

图 7.9　"SQL 选择"结果数据汇总

21世纪应用型精品规划教材·物流管理

5. 实现对空间数据查询的地理函数

(1) MapInfo 提供了实现对数据查询的地理函数，分别为：

Area(obj，单位)：求面状目标 obj 的面积；

Centroid X(obj)：求点状目标 obj 的经度；

Centroid Y (obj)：求点状目标 obj 的纬度；

Distance(x1，y1，x2，y2，单位)：求两个点状目标(x1,y1),(x2,y2)间的距离；

ObjectLen(obj，单位)：求线状目标 obj 的长度；

Perimeter(obj，单位)：求面状目标 obj 的周长。

其中：obj 或 object 是 MapInfo 的关键字。

(2) 空间数据查询示例。

例 5：打开美国地图和数据表，根据美国地图中行政区图层，从图形中选择面积大于 500000 平方公里的州，并输出包括州名、面积数据的表格。操作步骤如下。

① 通过选择"文件"→"打开表"命令，打开 states 表。

② 通过选择"查询"→"SQL 选择"命令，弹出"SQL 选择"对话框。

③ 在对话框中设置选项，其中：

从表为：STATES

选择列为：State_Name , Area(obj，"sq km"）"面积"

条件为：Area(obj，"sq km"）> 500000

设置完成后如图 7.10 所示。

④ 单击"确定"按钮，结果如图 7.11 所示。

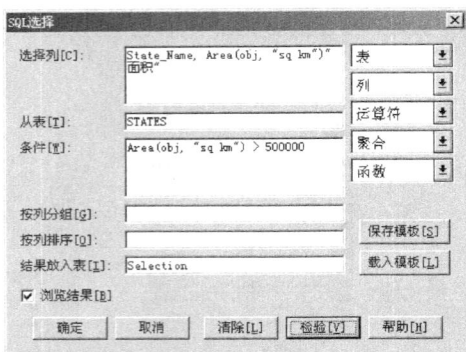

图 7.10 "SQL 选择"对话框设置

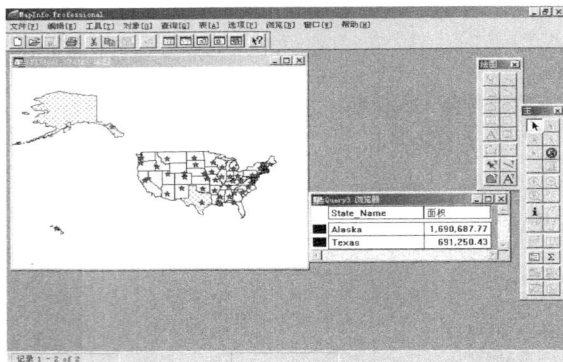

图 7.11 "SQL 选择"结果数据汇总

例 6：打开美国地图和数据表，根据美国高速公路图层(在属性数据中无高速公路长度数据)，找出长度大于 2500 公里的高速公路，并写到数据表中，以公路号排序输出结果。操作步骤如下。

① 通过选择"文件"→"打开表"命令，打开 states.tab 文件及 Us_Hiway.tab 文件图层。

② 通过选择"查询"→"SQL 选择"命令，弹出"SQL 选择"对话框。

③ 在对话框中设置选项，其中：

从表为：US_HIWAY

选择列为：Highway, ObjectLen(obj,"km")"公路长度"

条件为：ObjectLen(obj,"km") > 2500

设置完成后如图 7.12 所示。

④ 单击"确定"按钮，结果如图 7.13 所示。

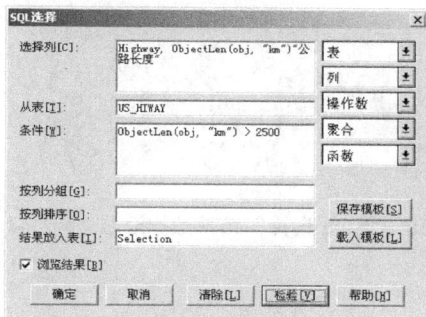

图 7.12 "SQL 选择"对话框设置

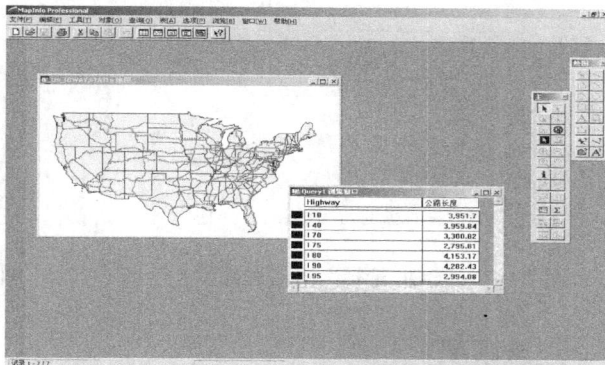

图 7.13 "SQL 选择"结果数据汇总

6. 基于空间数据和属性数据的联合查询

例 7：打开美国地图和数据表，根据美国地图中行政区图层及美国高速公路图层及属性表，找出美国"I 10"号高速公路经过美国哪些州，并输出图和表。操作步骤如下。

① 通过选择"文件"→"打开表"命令，打开 states.tab 文件及 Us_Hiway 文件。

② 通过选择"查询"→"SQL 选择"命令，弹出"SQL 选择"对话框。

③ 在对话框中设置选项，其中：

从表为：STATES,US_HIWAY

选择列为：STATES.State_Name

条件为：STATES.Obj Contains US_HIWAY.Obj And (STATES.obj Intersects (select obj from us_hiway where US_HIWAY.Highway = "I 10"))

设置选项中的语句分析。

其中子句 select obj from us_hiway where US_HIWAY.Highway = "I 10"指从 Us_Hiway 表属性数据中查询"I 10"号高速公路；

通过 STATES.Obj Contains US_HIWAY.Obj 将两表建立联系；

21世纪应用型精品规划教材·物流管理

Intersects 实现空间数据求交查询。如果当前图层不是矢量图层，或当前矢量图层没有连接属性数据表时，该命令无效。

设置完成后如图7.14所示。

④ 单击"确定"按钮，结果如图7.15所示。

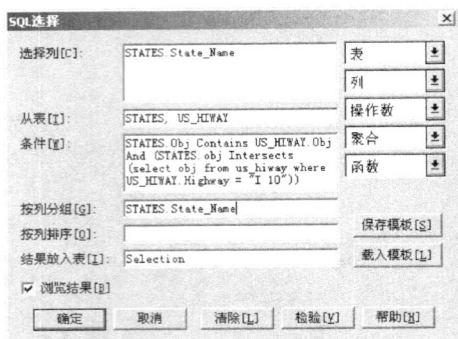

图7.14 "SQL选择"对话框设置

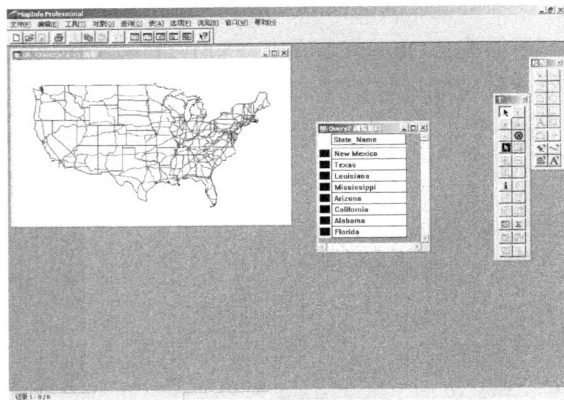

图7.15 "SQL选择"结果数据汇总

四、注意事项

(1) 注意7个例题中的不同点。

(2) 及时保存指令及数据，防止丢失。

(3) 学生应复习之前MapInfo相关实验的内容。

五、实验思考题

SQL选择的作用是什么？

六、实验报告要求

(1) 完整并详细地记录实验数据，包括实验数据录入情况及生成的相关表单。

(2) 完成实验思考题。

实验4 配送中心综合规划实验

一、实验目的

配送是现代物流的基本功能之一，配送中心是实现配送业务的功能性设施，该实验项目的目的：直观地了解和掌握配送中心有关的基本知识。通过实验加深对配送中心概念的理解，掌握配送中心的功能、总体布局、主要技术装备、配送的业务流程以及物流新技术在配送中心的应用情况。

二、实验设备与仪器

本实验采用配送中心沙盘模型进行实验。

配送中心沙盘模型体现了现代化配送中心的先进管理模式、整体布局、业务流程，以及需要配备的典型设施设备。整个沙盘采用声、光电结合技术，形象地表现和描述配送中心的总体运作流程，能够在沙盘里直观地看到物流、信息流的运作流程及典型设备的作业情况。同时，该沙盘还充分体现了 RFID、电子标签辅助拣货、条码等新技术在配送中心的应用情况。

三、实验原理和步骤

1．实验原理

(1) 配送中心仿真沙盘的功能区域。

① 储存区：主要以上架区、补货区和立体货架来表现。

移仓和补货区仿真设计流利货架并配以不同颜色的货物来表现，给观者展示补货区域的概念；同时此处设计一个动态节点，选择固定货物，通过程序设计，驱使它从流利货架上自动流转到传输带上。

② 传输拣选区：主要用传输带来表现。此处的动态节点有两个，一个是由程序驱动在传输带上流转的货物，另一个是仿真 RFID 卡口。这个区域的设置主要是为了表示货物的传输和电子拣选的概念。其中 RFID 卡口处设计为，当货物从此传输通过后，此处的灯光要不停地闪烁，表示正在进行条码扫描。

③ 配送区：这一部分通过两个方面来完善，一个是配送巷道区，设计 4 条配送巷道，通过与传输拣选区的衔接来表现货物通过条码扫描，电子分拣后直接输送到它所对应的巷道出口；另一个是配送区，这一部分主要根据配送环节所要进行的二次加工内容，设计为待发货区、拼装区、加工区；并且在配送区域内设计了配送站台，货物经过二次加工后直接送到配送站台进入运送车辆。

④ 沙盘区域划分：主要有二十五大功能区域，分别如下。

01-车辆入库区、02-入库平放区、03-入库理货区、04-入库理货办公区、05-RFID 理货区、06-RFID 管理区、07-入库传输链区、08-AGV 停靠进出货区(1)、09-AGV 小车移动区、10-AGV 停靠进出货区(2)、11-自动化仓库区、12-出库传输链区、13-加工拆包区、14-电子标签管理区、15-电子标签拣选区、16-出库加工区、17-出库包装区、18-出库理货区、19-出库理货办公区、20-出库周转区、21-出库平放区、22-车辆出库区、23-高架立体仓库区、

137

24-高架立体仓库货物进出区、25-信息监控区。

(2) 配送中心的业务流程：接货—验货—收货—保管—配货—发货。

配送中心首先要接收多品种、大批量的货物；其次，检验商品品种、数量是否符合要求，是否有残次品；然后进行保管，该保管工作要适应分店的特定需求，并且力求使保管的时间最短、数量最少。当接到发货通知时，立即配货，按分店的要求，把各类商品配齐，并按不同的方向进行分类和发送。与此同时，还要进行流通加工和信息处理等事项。其中收货、配货和发货的过程比较复杂。

① 收货要执行下述功能。当货物运抵时要打开包装箱，检查商品是否损坏，进行收货登记，登记内容包括货物到达日期、时间、运费、承运者姓名、发票张数、何人何部门采购等，在收货过程中最重要的工作是检查货物数量、质量、发货单与订货单是否相符。数量检查的方式一般有 4 种，即直接检查、盲查、半盲查、联合检查。这 4 种方式各有利弊，配送中心可根据实际情况决定采用哪种方式。

② 配货是按发货要求将商品分拣出来，放到发货场指定的位置。配货作业现在基本上是采用机械化的设备，主要采用以下两种配货方法。第一种是播种方式，即将需要配送量较多的同种商品集中搬运到发货场所，然后将每一分店所需的数量取出，分别放到每一货位处(每一货位对应一分店)，直至配货完毕，然后再将下一种商品按上述方法在每一货位上分配。第二种是摘果方式，即搬运车往返保管场所，按分店要求从某个货位上取下某种商品，巡回完毕后就完成了一个分店的配货，接着再对下一个分店配货。前者适合于品种少、分店多的物流配货，后者适合于品种多、分店少的物流配货。

③ 发货是配送中心工作流程的最后一道环节，连锁企业根据各分店的订货要求，严格根据订货配货，然后组织车队运输，及时而准确地把商品送至各家分店。

(3) 配送中心的功能。

配送中心是专门从事货物配送活动的经济组织。换个角度说，它又是集加工、理货、送货等多种职能于一体的物流据点。具体说，配送中心有如下几种功能。

① 储存功能。

配送中心的服务对象是为数众多的企业和商业网点(如超级市场和连锁店)，配送中心的职能和作用是：按照用户的要求，及时将各种配装好的货物送交到用户手中，满足生产和消费需求。为了顺利而有序地完成向用户配送商品(货物)的任务及更好地发挥保障生产和消费需求的作用，通常，配送中心都要兴建现代化的仓库并配备一定数量的仓储设备，储存一定数量的商品。某些区域性大型配送中心和开展"代理交货"配送业务的配送中心，不但要在配送货物的过程中储存货物，而且它所储存的货物数量更大、品种更多。

上述配送中心所拥有的储存能力及其储存货物的事实表明，储存功能是这种物流组织的重要功能之一。

② 分拣功能。

作为物流节点的配送中心，其服务对象(即客户)是为数众多的企业(在国外，配送中心的服务对象少则有几十家多则有数百家)。这些客户，彼此之间存在很大差别，不仅性质不尽相同，而且其经营规模也不一样。据此，在订货或进货时，为了有效地进行配送，配送中心必须采取适当的方式对组织起来的货物进行拣选，并在此基础上，按照配送计划分装和配装货物。因此，在商品流通实践中，配送中心除了能够储存货物、具有储存功能外，还有分拣货物的功能，能发挥分拣中心的作用。

③ 集散功能。

在物流实践中，配送中心凭借其特殊的地位和其拥有的各种先进的设施、设备，能够将分散在各个生产企业的产品(即货物)集中到一起，然后，经过分拣、配装，向多家用户发运。与此同时，配送中心也可以做到把各个用户所需要的多种货物有效地组合(或配装)在一起，形成经济、合理的货载批量。配送中心在流通实践中表现出的集散功能，也称为"配货、分放"功能。

集散功能是配送中心具备的一项基本功能。实践证明，利用配送中心集散货物，可以提高卡车的满载率，由此可以降低物流成本。

④ 衔接功能。

通过开展货物配送活动，配送中心能把各种工业品和农产品直接运送到用户手中，客观上可以起到媒介生产和消费的作用。这是配送中心衔接功能的一种重要表现。此外，通过集货和储存货物，配送中心又能起到平衡供求的作用，由此能有效地解决季节性货物的产需衔接问题。这是配送中心衔接功能的另一个体现。

生产和消费并非总是等幅度增长和同步运动的，如：有很多工业品(煤炭、水泥产品等)，都是按照计划，批量、均衡生产的，而其消费则带有很强的季节性(即消费有淡季、旺季之分)；另有一些产品(主要是农产品)恰恰相反，其消费是连续进行的，而其生产却是季节性的。这种现象说明，就某些产品而言，生产和消费存在着一定的时间差。由于配送中心具有吞吐货物的能力，具备储存物资的功能，因此，它能调节产品供求关系，进而能解决产消(消费)之间的时间差和矛盾。从这个意义上说，配送中心是衔接生产和消费的中介组织。

⑤ 加工功能。

为了扩大经营范围，提高配送水平，目前，国内外许多配送中心都配备了各种加工设备，由此形成了一定的加工(系初加工)能力。这些配送中心能够按照用户提出的要求，根据合理配送商品的原则，将组织进来的货物加工成一定的规格、尺寸和形状，由此形成了加工功能。

加工货物是某些配送中心的重要活动。配送中心积极开展加工业务，不但大大方便了用户，省却了后者不少烦琐的劳动，而且也有利于提高物质资源的利用效率和配送效率。此外，对于配送活动本身来说，客观上起到强化其整体功能的作用。

21世纪应用型精品规划教材·物流管理

2. 实验步骤

根据上海联华生鲜食品加工配送中心的功能、配备的设施设备情况，规划类似的配送中心。

联华生鲜食品加工配送中心是我国国内目前设备最先进、规模最大的生鲜食品加工配送中心，总投资 6000 万元，建筑面积 35000 平方米，年生产能力 20000 吨，其中肉制品 15000 吨，生鲜盆菜、调理半成品 3000 吨，西式熟食制品 2000 吨，产品结构分为 15 大类约 1200 种生鲜食品；在生产加工的同时，配送中心还从事水果、冷冻品以及南北货的配送业务。

(1) 订单管理。

门店的要货订单通过联华数据通信平台，实时地传输到生鲜配送中心，在订单上制定各商品的数量和相应的到货日期。生鲜配送中心接收到门店的要货数据后，立即到系统中生成门店要货订单，按不同的商品物流类型进行不同的处理。

① 储存型商品：系统计算当前的有效库存，比对门店的要货需求以及日均配货量和相应的供应商送货周期，自动生成各储存型商品的建议补货订单，采购人员根据此订单再根据实际的情况做一些修改即可形成正式的供应商订单。

② 中转型商品：此种商品没有库存，直进直出，系统根据门店的需求汇总，按到货日期直接生成供应商订单。

③ 直送型商品：根据到货日期，分配各门店直送经营的供应商，直接生成供应商直送订单，并通过 EDI 系统直接发送到供应商。

④ 加工型商品：系统按日期汇总门店要货，根据各产成品/半成品的 BOM 表计算物料耗用，比对当前有效的库存，系统生成加工原料的建议订单，生产计划员根据实际需求做调整，发送采购部生成供应商原料订单。

各种不同的订单在生成完成/或手工创建后，通过系统中的供应商服务系统自动发送给各供应商，时间间隔在 10 分钟之内。

(2) 物流计划。

在得到门店的订单并汇总后，物流计划部根据第二天的收货、配送和生产任务制订物流计划。

① 线路计划：根据各线路上门店的订货数量和品种，做线路调整，保证运输效率。

② 批次计划：根据总量和车辆人员情况设定加工和配送的批次，实现循环使用资源，提高效率；在批次计划中，将各线路分别分配到各批次中。

③ 生产计划：根据批次计划，制订生产计划，将量大的商品分批投料加工，设定各线路的加工顺序，保证和配送运输协调。

④ 配货计划：根据批次计划，结合场地及物流设备的情况，做配货的安排。

(3)　储存型物流运作。

商品进货时先要接受订单的品种、数量的预检，预检通过方可验货，验货时需要进行不同要求的品质检验，终端系统检验商品条码，记录数量。在商品进货数量上，定量的商品与进货数量不允许大于订单的数量；不定量的商品提供一个超值范围。对于需要计量重量的进货，系统与电子秤系统连接，自动去皮取值。

拣货采用播种方式，根据汇总取货，汇总单标识从各个仓位取货的数量，取货数量为本批配货的总量，取货完成后系统预扣库存，被取商品从仓库仓间拉到待发区。在待发区，配货分配人员根据各路线各门店配货数量对各门店进行播种配货，并检查总量是否正确，如不正确向上校核，如果商品的数量不足或其他原因造成门店的实配量小于应配量，配货人员通过手持终端调整实发数量，配货检验无误后，使用手持终端确认配货数据。

在配货时，冷藏和常温商品被分置在不同的待发区。

(4)　中转型物流运作。

供应商送货先预检，预检通过后方可进行验货配货；供应商把中转商品卸货到中转配货区，中转商品配货员使用中转配货系统按商品、路线、门店的顺序分配商品，数量根据系统配货指令指定的执行，贴物流标签。将配完的商品采用播种的方式放到指定的路线门店位置上，配货完成统计单个商品的总数量/总重量，根据配货的总数量生成进货单。

中转商品以发定进，没有库存，多余的部分由供应商带回，如果不足，可以在门店间进行调剂。

不同类型的中转商品所采用的物流处理方式是不同的，具体如下。

① 不定量需称重的商品。

设定包装物皮重；由供应商将单件商品上秤，配货人员负责系统分配及其他控制性的操作；电子秤称重，每箱商品上贴物流标签。

② 定量的大件商品。

设定门店配货的总件数，汇总打印一张标签，贴于其中一件商品上。

③ 定量的小件商品(通常需要冷藏)。

在供应商送货之前先进行虚拟配货，将标签贴于周转箱上；供应商送货时，取自己的周转箱，按箱标签上的数量装入相应的商品；如果发生缺货，将未装配到的门店(标签)作废。

(5)　加工型物流运作。

生鲜的加工按原料和成品的对应关系可分为两种类型：组合和分割。这两种类型在BOM设置和原料计算以及成本核算方面都存在很大的差异。在BOM中每个产品设定一个加工车间，一种产品只属于唯一的车间，在产品上分为最终产品、半成品和配送产品。商品的包装分为定量加工和不定量加工。对于称重的产品/半成品，需要设定加工产品的换算率(单位产品的标准重量)。原料的类型分为最终原料和中间原料，需要设定各原料相对于单位成品的耗用量。

生产计划/任务中需要对多级产品链计算嵌套的生产计划/任务，并生成各种包装生产设备的加工指令。对于生产管理，在计划完成后，系统按计划内容出标准领料清单，指导生产人员从仓库领取原料以及生产时的投料。在生产计划中，需要考虑产品链中前道与后道的衔接，将各种加工指令、商品资料、门店资料、成分资料等下发到各生产自动化设备。

加工车间人员根据加工批次加工调度，协调不同量商品间的加工关系，满足配送要求。

(6) 配送运作。

商品分拣完成后，都堆放在待发库区，按正常的配送计划，这些商品将在晚上送到各门店，门店第二天早上将新鲜的商品上架。在装车时，按计划依路线门店顺序进行，同时抽样检查准确性。在货物装车的同时，系统能够自动算出包装物(笼车、周转箱)的各门店使用清单，装货人员也可以据此来核对差异。在发车之前，系统根据各车的配载情况出随车商品清单，各门店的交接签收单和发货单。

商品到门店后，由于数量的高度准确性，在门店验货时只要清点总的包装数量，退回上次配送带来的包装物，完成交接手续即可，一般一个门店配送商品的交接过程只需要 5分钟。

实验过程中，指导老师以业务流程为主线，详细介绍配送中心的功能、配送的总体业务流程、功能区域的划分、典型的技术设备功能及应用以及条码技术、EOS、POS、EDI、GPS 等新技术在配送中心的应用情况。

然后学生根据教师提供的数据，结合专业知识完成配送中心的宏观规划，确定中心位置、大小、主要设施规划；完成 CAD 平面效果图，并进行微观规划，确定构成配送中心的所有设施面积、设备数量和类型。

四、注意事项

(1) 注意及时保存数据。
(2) 实验设备轻拿轻放。
(3) 复习配送中心规划的方法。

五、实验思考题

配送中心设备配置的要点是什么？

六、实验报告要求

(1) 完整且详细地记录实验数据，记录实验过程，总结实验心得。
(2) 完成实验思考题。

实验 5　物流系统设施设备配置方案实验

一、实验目的

物流系统设施设备配置方案实验是创新性实验项目。通过实验使学生掌握物流系统设施设备配置的总体思路、技术方法和基本步骤。要求学生能够根据物流系统的实际需要设计物流设施设备配置的技术解决方案，利用物流规划仿真软件，对方案进行仿真和评价，从而培养和锻炼学生的方案规划技能。

(1)　掌握物流系统设施设备配置方案的拟订。

(2)　熟悉物流规划仿真软件的功能和使用方法。

(3)　掌握物流系统设置配置方案的仿真与评价。

二、实验设备与仪器

微机、物流规划仿真软件。

三、实验步骤

本实验项目的目标是培养学生发现问题、分析问题和解决实际问题的能力。分四个阶段进行，第一阶段为调研分析及配置方法学习阶段；第二阶段为物流系统设施设备配置方案设计与优化阶段；第三阶段为提交物流设施设备配置方案成果；第四阶段为课内成果交流。

(1)　调研分析。

选择一个典型企业为研究对象，该企业的类型可以是物流基地(或物流园区)、配送中心、制造企业、商业企业或第三方物流企业。企业选定以后，对企业的基本情况进行调研。调研内容包括：

① 物流产品调查。包括企业产品的类型，产品的理化性质，单品的尺寸、形状和重量等产品的基本属性。

② 物流量调查。

③ 现行物流系统的基本业务流程调查，绘制出业务流程图。

④ 对物流系统现有设施设备配置情况进行调查，包括设施设备的类型、数量、使用情况等。

⑤ 物流设施设备调研情况分析。

(2)　方案设计与优化。

① 根据调研分析结果，研究制定一个完整的物流设施设备配置方案。

② 利用物流规划仿真软件对方案进行优化。

(3) 成果提交。

提交物流设施设备配置方案及工作过程简介。

四、注意事项

(1) 5 人一组进行调研及报告撰写。

(2) 复习物流设施设备配置规划的方法。

五、实验思考题

物流设施设备配置的原则是什么？

六、实验报告要求

(1) 完整且详细地记录实验数据，记录实验过程，总结实验心得。

(2) 完成实验思考题。

实验 6　WITNESS 生产物流系统仿真实验

一、实验目的

流水生产是现代工业企业很重要的一种生产方式，是指生产对象按照一定的工艺路线顺序地通过各个工作地，并按照统一的生产速度完成工艺作业的生产过程。小部件(Widget)要经过称重(Weigh)、冲洗(Wash)、加工(Produce)和检测(Inspect)等操作，执行完每一步操作后小部件通过充当运输工具和缓存器的传送带(Conveyer)传送至下一个操作单元。

本实验是通过 WITNESS 仿真软件建立一个流水生产线系统来模拟流水生产的过程，以找出影响流水生产效率的因素。小部件在经过最后一道工序"检测"以后，脱离本模型系统。

二、实验设备与仪器

微机、WITNESS 仿真软件。

三、实验步骤

(1) 进入 WITNESS 仿真系统。

(2) 模型元素定义说明：Widget 为加工的小部件名称；Weigh、Wash、Produce 和 Inspect 为四种加工机器，每种机器只有一台；C1、C2 和 C3 为三条输送链；SHIP 是系统提供的特殊区域，表示本仿真系统之外的某个地方。

(3) 元素可视化(Display)的设置：由于是动画仿真系统，因此对系统的每一个对象要进行可视化定义。系统提供了图形库和颜色集，用户可以根据自己的想象选择合适的图形和颜色；同时，用户还可以自己绘制系统中各个对象的图形。本步骤需要选定各个对象，然后可视化对象并进行定位。

(4) 元素细节(Detail)设计：本步骤要分别定义每个元素 Detail 对话框中的参数。

(5) 仿真运行："运行工具栏"中的第一个按钮 Reset 为仿真的复位操作，单击该按钮，系统仿真时钟和逻辑型元素(变量、属性、函数)的值将置零；Step 按钮控制模型以步进的方式运行，同时在 Interact Box 窗口中显示仿真时刻发生的事件，便于理解和调试模型；RUN 按钮控制模型的连续运行，如果没有设定运行时间，模型将一直运行下去，直到单击 Stop 按钮，如果设定了运行时间，模型连续运行到终止时刻；Stop Run At 包括一个按钮和一个输入框，用来设定仿真运行的时间，按钮用于决定仿真是否受到输入框中时间点的控制，输入框输入时间点；Walk On/Off 包括一个按钮和一个滑动条，用来设定仿真连续运行时的速度。

(6) 报告(Report)：在布局窗口中框选所有的模型元素，单击 Reporting 工具栏中的 Statistics Report 按钮，将弹出按照元素类型分类的统计报表，要想查看其他类别元素的统计情况，使用右侧的 ">>" 或 "<<" 键进行转换。

(7) 记录相应的运行参数。

(8) 改变模型的参数(或增加模型的部件)再运行，并记录相应的参数变化。

四、注意事项

(1) 注意及时保存模型。

(2) 提前预习 WITNESS 仿真软件使用方法。

五、实验思考题

(1) 流水生产线的主要特点是什么？

(2) 流水线是否有缺点，为什么？

六、实验报告要求

(1) 完整且详细地记录实验数据，记录实验过程，总结实验心得。将模型采取不同参数运行得出的结果进行对比，找出影响流水生产线效率的因素。

(2) 完成实验思考题。

实验 7　GSM、GPS 车辆监控及运营控制

一、实验目的

在现代交通运营控制和监控系统中，运用 GSM 公众网、GPS 车载系统及运营控制网络对营运车辆实施动态监控，是交通管理领域里重要的发展趋势。

该实验主要为验证型实验，要求学生了解运营监控系统的基本架构，车载台内置 GPS 接收机的应用，信息查询系统的应用，GSM 公众网、GPS 车辆监控防盗系统软件的操作过程和步骤，以增加对交通运营车辆动态监控体系的感性认识。

二、实验设备与仪器

GSM、GPS 车辆监控及运营控制系统，车载 GPS、GSM 系统。

三、实验原理和步骤

1. 实验原理

(1) 系统构成。

本系统由无线通信网 GSM、电子地图、车载卫星定位跟踪 GPS 系统、车载计算机系统和车辆营运监控控制中心构成，如图 7.16 所示。

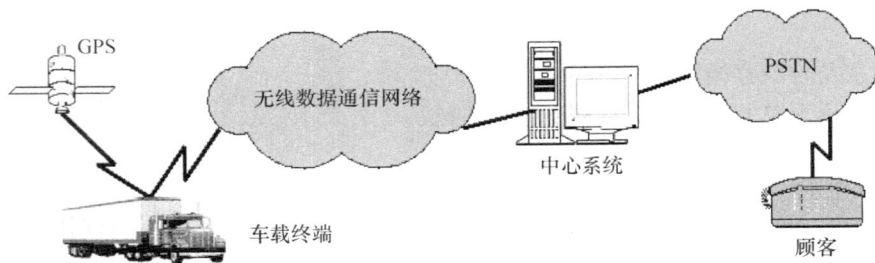

图 7.16　GSM、GPS 车辆监控及运营控制系统

(2) 系统功能实现。

① 全球卫星定位。

车载台内置 GPS 接收机，可全天候实时计算本车运动状态信息，主要有：车辆位置（精确到 20m）、运行速度（精确到 1km/h）、运行方向（精确到 1°）及时间信息（精确到 1s）。

② 车机开机登录。

车辆点火启动时，车机立即自动通知控制中心系统本车已开启，并报告自己的位置，

以便中心管理员进行统一监控、调度。

③ 信息查询。

中心控制系统具备丰富的、全面的数据信息，可应客户要求，在确认客户识别码后提供下列服务。

车辆信息查询：提供车辆的相关信息查询，例如车辆位置及运动状态、车牌号、车型、驾驶员名称及通信方法等。

地理信息查询：提供地图信息、位置标定、道路检索、信息查询，例如沿途主要建筑物、加油站、酒店、火车站、飞机场、公安局、居民区等。

其他信息查询：气象信息、酒店住宿登记、航班时刻查询及登记、铁路时刻查询及登记等。

④ 卫星秘书导航。

车辆驾驶员在不清楚目的地具体方位时可向控制中心发出"服务请求"，中心管理员根据电子地图信息指引车辆行驶方向及路径。

⑤ 短信息服务。

控制中心可向指定的单个或群体车辆以短信息方式下发各种文字信息，例如，当天气象、出租车客源情报、路况交通信息、车队管理命令指示等，文字将"滚动"显示在车机的 LCD 液晶显示屏上。

⑥ 免提通话。

车载单元保留了 GSM 语音通话功能，采用外接高清晰扬声器、高灵敏度受话器、遥控拨号，车主无需手持即可进行语音通话，车辆在行进过程中，若有来电，系统将替车主自动接听。

⑦ 医疗救护、道路救援服务。

驾驶员可利用"服务请求键"，向控制中心求救，车机将自动接通预设的一个电话号码，如 120 等；同时控制中心也即时收到请求服务短信、启动声光提示，并在电子地图上自动标出该车辆位置，此时值班人员可以通过指定方式通报相关单位或人员，并提供该车辆的即时动态信息，以协助快速处理。

⑧ 紧急手动报警。

在驾驶过程中如遇抢劫等紧急情况时，驾驶员可按下"防盗钥匙"上的"紧急手动报警键"，车机将自动接通预设的一个电话号码，如 110 等；同时控制中心也即时收到紧急报警短信、启动声光报警，并在电子地图上自动标出该车辆位置，此时值班人员即以指定方式通报相关单位或人员并提供报警车辆的即时动态信息以协助快速侦破。

⑨ 历史行驶状态详细记录(黑盒子)。

车机自动地连续存储 72 小时以内的详细行车资料，如车辆位置(精确到 20m)、运行速度(精确到 1km/h)、运行方向(精确到 1°)及时间信息(精确到 1s)，以上数据每隔 6 秒记录 1

次，可为车队管理、事故分析、案件侦破等提供有力依据。

2. 实验步骤

(1) 打开点火开关，使车载机进入无线通信状态。

(2) 控制中心运行车辆监控软件，进入后程序显示主窗口，如图 7.17 所示。主窗口划分为三个区域， 1 号区域面积最大是地图窗口，2 号区域是快捷工具栏，屏幕下部的 3 号区域用以显示车机的相关信息，为尽可能扩大地图显示区域，3 号区域可以关闭。

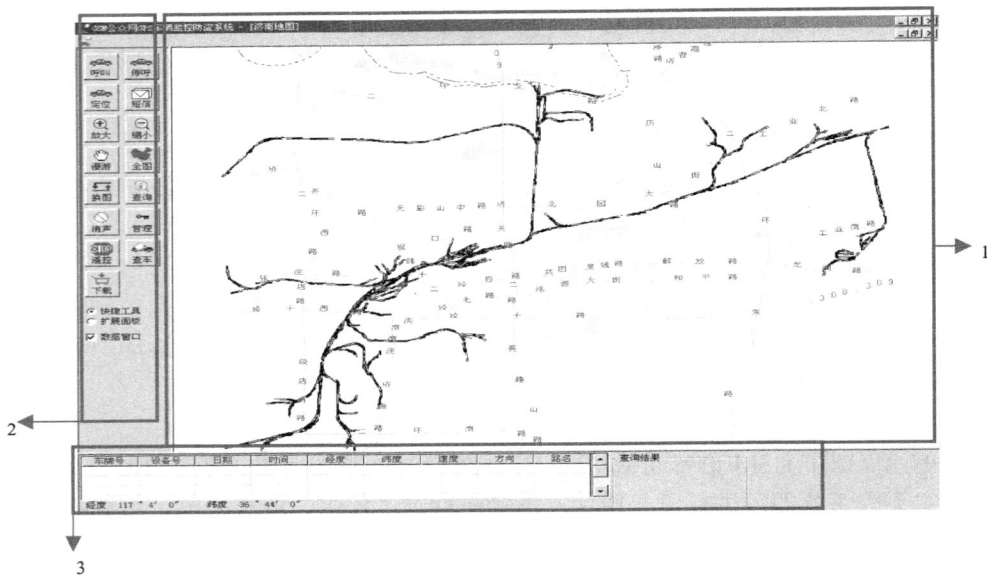

图 7.17　监控软件主窗口界面

(3) 快捷工具栏简要操作说明。

呼叫车辆定时回传位置数据；

停止被呼叫车辆定时回传数据；

呼叫车辆报位一次；

向车辆发送文字信息；

漫游平移窗口显示地图；

显示窗口地图全貌；

查询窗口地图显示的各类地理目标名称或其他属性；

进入数据库管理操作，可以添加、删除监控目标，设置系统参数等；

遥控车辆熄火或开关车门；

查询指定地理范围内相关车辆信息；

"快捷工具"、"扩展面板"切换选择按钮。

(4) 数据库管理及系统设置。

单击快捷工具栏中的管理按钮，弹出密码框输入密码，进入系统数据库管理操作界面，如图 7.18 所示。

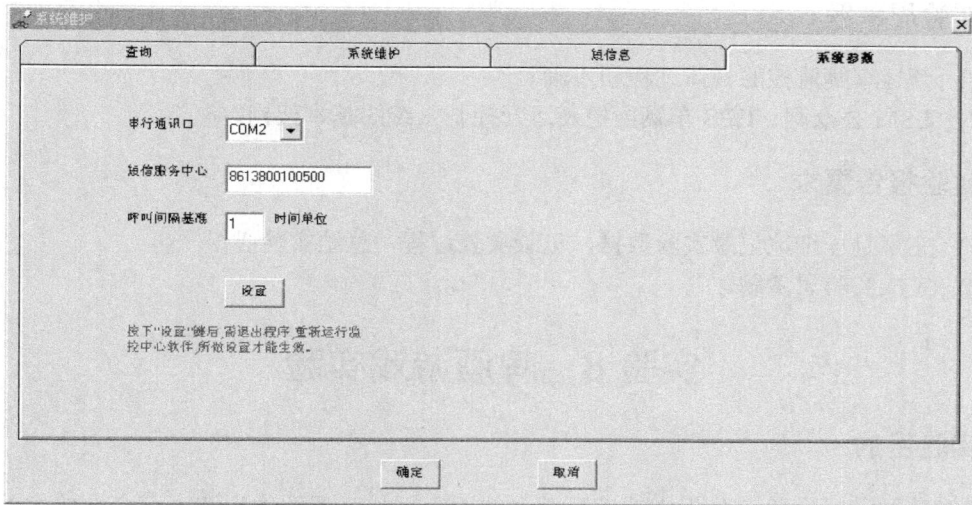

图 7.18　系统数据库管理操作界面

对话框中有 4 个选项卡，"查询"可以查询车辆信息或将某辆车的数据信息从数据库中删除；"系统维护"完成车辆信息的添加工作；"短信息"可以编辑常用短消息；"系统参数"设置串行通信口，选择原则是：若串行通信口选择 COM1，则转发口自动为 COM2，若串行通信口选择 COM2，则转发口自动为 COM1；"短信服务中心"用来填写本地的 GSM 短消息服务中心号码(如 8613800100500)，"呼叫间隔基准"用来设置车机回传时间间隔的最小单位，数值 1 时表示车机最小回传时间间隔为 10s，2 即 20s。

(5) 特别说明。

① 本系统可控制双串口，系统规定车机回传 SIM 卡号所属的 GSM 引擎要接在主通信口，转发引擎接在另一个通信口上，软件第一次启动时可能会弹出"X 设备通信失败"字样，这时请检查两个通信引擎与计算机的连接是否正常，并进入系统内正确设置系统参数，退出后再次进入即可正常。

② 鉴于 GSM 网络情况，呼叫时车机最小回传间隔设置不应小于 20s。

③ 在网络正常的情况下，如车机信号不能返回中心时，请检查中心 SIM 卡内存是否堵

21世纪应用型精品规划教材·物流管理

塞，并用手机删除；通过软件做后台数据库维护时，如要删除单位请先将单位内所有车辆信息删除，否则系统将会出错。

四、注意事项

(1) 注意营运车辆控制中心软件的使用方法。
(2) 营运车辆监控的具体过程和步骤。

五、实验思考题

(1) 营运车辆监控的具体过程和步骤？
(2) GSM 公众网、GPS 车辆监控及运营控制系统的基本架构？

六、实验报告要求

(1) 完整且详细地记录实验数据，记录实验过程，总结实验心得。
(2) 完成实验思考题。

实验 8　啤酒游戏实验

一、实验目的

通过啤酒游戏实验，分析影响库存波动的因素，加强理解供应链库存变异放大效应的机理，并提出有效的对策。根据有关啤酒销售的信息，通过改变交货期、订单数量和频次等因素，观察库存波动情况，绘制出库存波动曲线，分析影响库存波动的因素。

二、实验设备与仪器

微机、Beer Game 软件。

三、实验步骤

(1) 角色分配。从产/配销的上游到下游体系，依次为：制造商、批发商、零售商。这三个个体之间，通过订单/送货来沟通，也就是说，下游向上游下订单，上游则向下游供货。

(2) 游戏进行。让学生分别扮演制造商、批发商和零售商三种角色，彼此只能通过订单/送货程序来沟通。各个角色拥有独立自主权，可决定该向上游下多少订单、向下游销出多少货物。至于终端消费者，则由游戏自动来扮演。而且，只有零售商才能直接面对消费者。

零售商常态：销售、库存、进货；订货时间约为 4 周；每次订货 4 箱啤酒。

(3) 实验者自己操作软件，调节有关参数，分析库存波动。

(4) 实验体会。从这个啤酒游戏中，可知结构会影响系统的综合表现，即不管是下游零售商、中游批发商还是上游制造商，每个人都在自己的岗位上、对自己所能接触的 local 信息，做出最符合本身预期的善意、果决、最佳的决策，但对供应链整体库存未必是最优的。因此，必须应用系统和整体的观点对供应链进行管理。

四、注意事项

(1) 注意及时保存模型。
(2) 提前下载 Beer Game 软件进行预习。

五、实验思考题

牛鞭效应是怎样产生的？

六、实验报告要求

(1) 完整且详细地记录实验数据，记录实验过程，总结实验心得。
(2) 完成实验思考题。

实验 9　库存风险分担实验

一、实验目的

理解供应链库存策略中的"风险分担"效应。通过模拟管理有风险分担功能的集中化库存系统和没有风险分担功能的非集中化库存系统，比较两个系统的绩效。

二、实验设备与仪器

微机、"风险分担游戏"实验软件。

三、实验原理和步骤

1. 实验原理

传统模式下每一个零售商独立持有库存和安全库存，将会比让库存和安全库存都共享使用的总库存水平要高。风险分担系统使几个零售商建立联合库存，从而既保持一个比较低水平的库存，又能在提供相同服务水平的情况下使成本更低。

21世纪应用型精品规划教材·物流管理

2. 实验步骤

(1) 启动程序。

(2) 满足需求。

(3) 发出订单。

(4) 满足订单。

(5) 计算成本、收入、服务水平，如图 7.19 所示。

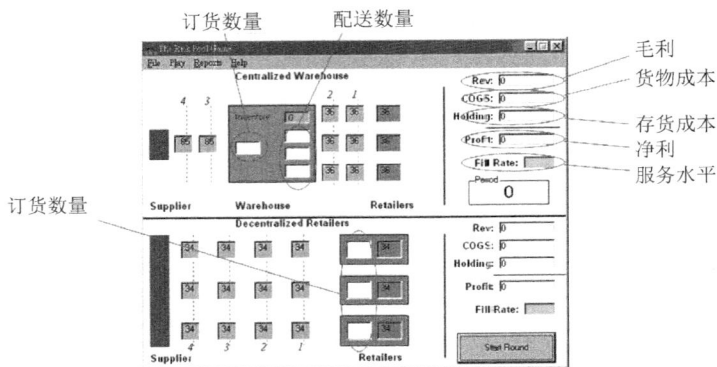

图 7.19　风险分担游戏软件界面

Centralized System：

订购数量=存货上限–库存总和

订单配置=存货上限–(零售商存货+运输至零售商货品)

Decentralized System：

订购数量=存货上限–(零售商存货+运输至零售商货品)

分析结论：集中化库存管理模式具有风险分担的优势。

四、注意事项

(1) 注意及时保存模型。

(2) 提前下载风险分担软件进行预习。

五、实验思考题

何谓风险分担，在当前企业中的应用情况？

六、实验报告要求

(1) 完整且详细地记录实验数据，记录实验过程，总结实验心得。

(2) 完成实验思考题。

实验 10 基于自动存储的档案存储系统的实验

一、实验目的

本实验的目的是：帮助学生理解自动存储系统的控制原理，物流装备自动化的优势及思路；掌握物流自动化实验室自动化设备及控制软件的使用方法；能够通过实际案例，完成档案管理的自动化存储；通过档案管理系统自动化全程的实现，综合学习相关理论和使用方法。

二、实验设备与仪器

自动存储系统、AGV 搬运系统、ABB 机械手及控制器。

三、实验原理和步骤

1. 实验原理

本实验的设计来源于档案管理工作，并结合现代物流技术进行开发研究。硬件基础设施部分运用物流行业先进的自动仓储设备，主要包括立体货架、堆垛机、无线网络等；软件部分为系统控制软件。实验人员自主设计，根据档案材料的特性，有针对性的规划设计系统，最后完成项目。

系统主要用于档案材料的收集、整理、保管、统计、检索等活动。实现信息检索快速化，存储自动化，完全摆脱过去人工查找的麻烦，既减少查找时间，又节约劳动成本，是现代信息技术与物流技术相结合的完美体现。同时，又将档案管理水平提高到一个新的层次。

项目的主要研究技术包括：

(1) 条码技术在档案管理中的应用。

(2) 射频识别 RFID 技术的应用。

(3) 数据库技术在档案管理中的应用。

(4) 机电一体化技术在档案自动存取系统中的应用。

2. 实验步骤

(1) 学习自动存储系统的基本知识和应用。

(2) 演示自动存储系统的出入库、调库、自动分拣等过程。

(3) 教师示范并讲解如何操纵自动存储系统，设定各种参数及学生自己操作。

(4) 学生按照教师提出的档案存储要求完成系统的设计和实现。

四、注意事项

(1) 实验过程中需要操作各种软、硬件，因此需要具有一定的计算机能力，但有些学生缺乏这方面能力，因此只注重于功能的实现，对于系统的优化不做严格要求。

(2) 实验室设备比较贵重，实验中应提醒学生注意正确操作，保证设备正常使用；同时工业级别的自动存储系统使用高压电、体积巨大的设备，需要注意安全。

五、实验思考题

(1) 当前物流装备自动化的作用和特点？

(2) 档案材料的自动存储的优势有哪些？

六、实验报告要求

(1) 以 Word 格式撰写，重点突出，抓住关键。

(2) 每人一组，每人提交一份报告，主要内容应包括对于系统的了解和理解，所给案例的背景分析，软硬件设备的操作特点及方法，系统的设定方案，最终实现的目标，关于整个行业的评价分析。

(3) 完成最后的档案材料自动化存储管理。

实验 11　供应链综合管理系统的模拟仿真实验

一、实验目的

帮助学生理解采购与供应链管理系统的基本方法，了解电子采购系统的基本功能，熟悉采购与供应链管理系统的设计与操作，掌握供应链综合管理系统和三维仿真软件的使用方法；能够通过实际案例，研究不同的选择参数对采购决策的影响，并能通过计算机实现三维仿真模拟，根据模拟结果进行采购流程优化，实现全局较优；通过本开发性实验项目，加深学生对这方面知识的理解，增强学生的动手能力，培养学生积极主动的实践能力。

二、实验设备与仪器

微机；实验室管理与教学系统；高频 RFID 动态编程软件；高、低频 RFID 读写系统；车载工业终端及配套设备；无线 AP、ASP 版企业级物流综合业务系统；采购成本管理系统软件；供应链实战推演系统软件。

三、实验步骤

(1) 学习采购与供应链管理系统的基本知识。

(2) 学习和实践采购与供应链管理系统，掌握建模元素与设计标量，掌握供应链仿真软件。

(3) 学习软件系统，进行建模与逻辑运算。

(4) 设置模型的属性及相应的参数，并进行电子采购模拟，查看数据运行报告。

(5) 学生展开团队合作，相互协调，将网络搜索的实验数据导出进行分析，决定最优的供应商。

四、注意事项

(1) 复习电子采购知识；预习电子采购的采购流程。

(2) 注意及时保存模型。

五、实验思考题

(1) 采购与供应链管理系统的逻辑运算与流程，并应用举例。

(2) 数据报告中，不同的参数对电子采购流程的影响是什么？

六、实验报告要求

(1) 每 5 人一组，组成开发团队，每个团队提交一份报告，报告以 Word 格式撰写，重点突出，抓住关键。

(2) 报告内容包括：采购与供应链管理系统界面的构成；系统布局区的组成以及每一部分的功能；分析采购与供应链管理系统完成电子采购所必需的参数。

(3) 将模型采用不同参数运行得出的结果进行对比并记录，找出影响电子采购效率的因素，研究对采购决策的影响。

第八章　开放性实验

实验 1　第三方物流系统模拟实验

一、实验内容简介

模拟从物流信息系统初始化到整个物流业务活动结束的过程中，企业信息系统操作人员所进行的操作。主要包括下列岗位和对应的系统模块。

1．基础信息管理——系统管理员

信息系统上线开始，需进行系统初始化工作，在系统中输入企业的基础资料，包括站点、人员、车辆、库房、设备等信息。按照实际物流企业的组织结构，站点、人员等通用信息一般由总公司系统管理员录入和维护，车辆、库房、设备等信息由各分公司系统管理员录入和维护。

系统运作过程中，遇到上述信息的变更或增减也需由各级管理员操作。

2．客户管理——商务人员

物流企业的商务部门主要负责项目客户的开发、谈判、签约和信息维护，要实现信息化，需在系统"基础信息管理"→"客户管理"维护客户合同信息；在"仓储管理"→"货品管理"维护货品信息；而针对该客户的计费标准应在"商务结算系统"→"费用管理"中录入和维护。有关"费用管理"的信息有时也由财务部门人员进行维护。

3．供应商管理——分供方管理人员

实际的物流企业一般不会自营所有业务，因为全部自购车辆会投入大量资金并带来空驶压力。因而物流企业或多或少都会与其他货运企业或社会运力合作，将部分业务，尤其是运输业务分包出去。企业可能会单独设置分供方管理部门，在系统中需在"基础信息管理"→"供应商管理"中录入并维护分供方的信息。

4．订单管理——客服人员

在第三方物流系统中将"订单管理"作为一个单独模块，这是符合物流企业实际的。物流企业一般设有专门对应项目客户具体运营工作的部门——客服部，有些公司将其与商务部合并称为项目部，主要负责运营过程中与客户的沟通，接受客户指令转化为作业计划单，接受客户查询，处理突发事件等。

5. 仓储管理——仓储管理员

当信息系统对仓储业务的管理细化到具体储位、设备、人力时，需由仓储调度人员在系统中为每单作业计划(包括出库、入库、移库、盘点等)指定储位、设备和人力，以便指令人力进行准确操作，并在操作完成后向系统反馈实际操作结果。而对于那些信息系统仅记录和统计出入库数量和库存量的仓库，一般不需要设置仓储调度。

库房每天作业完成后，要制作库房日总账或明细账，信息化后，即是在系统的"仓储管理"模块进行日结，以便统计每日的作业量，供财务计算费用。

6. 运输管理和配送管理——运输和配送人员

实际物流企业中的运输部门肯定会设置调度岗，针对每笔运单指令，合理安排路由和运力，以求既快捷又经济地完成运输和配送作业。信息管理员则应对运单进行签收、查询等操作，有时还需接受客户的查询。

7. 商务结算——财务人员

物流企业的财务人员首先要审核服务合同中的价格条款，确认客户的计费标准，在运营中则需定期生成应收应付账单，统计作业量等。

8. 综合实验——所有角色

学生扮演不同的角色进行实验练习。如有实验基地的，实验岗位设置为：客服(订单录入)、理货员、搬运工、保管员、分拣员、补货员、包装员、加工员、调度员、驾驶员等。如没有实验基地，只有第三方物流信息系统的，可将实验岗位设置为：客服(订单录入)、搬运工(出入库反馈)和调度员等。

二、第三方物流系统模拟实验目标

该系统主要以国内外大型第三方物流企业的 JIT 配送模式为核心模型，突出 3PL 企业面向大型公司在采购物流、生产物流、销售物流等领域的服务模式。系统按照国际标准定义业务规范和操作流程，可以通过角色的定制分配，模拟商务管理、仓储管理、配送管理、运输管理、统计报表、商务结算、全球客户服务等核心业务环节的执行过程，让学生进行充分练习，从客户需求、商务解析、货物入库、在库、出库、配送作业操作、车辆调度处理等流程的实际演练，理解物流各个环节的操作原理和逻辑关系。同时系统提供每个业务环节的过程演示，以加深用户对物流管理流程、系统设计思想和企业业务模式的理解。

通过第三方物流的实验练习，理解第三方物流公司的操作流程，熟练掌握第三方物流公司的业务操作方法。通过实验演练，使第三方物流企业员工和物流专业学生能够了解企业的各种资源和整个运输、仓储过程，实现对企业的物流、资金流和信息流的全面集成和统一管理。

三、第三方物流系统的功能

第三方物流系统是根据第三方物流企业实际的业务需求和特点，围绕三流(物流、资金流和信息流)运作的，其资源的调配与整合是该系统的核心运作和管理目标。

通过第三方物流软件信息系统的应用，将物流网络与资源高效整合，实现信息流的高速、准确传递，保证企业快速反应与处理能力，利用资金流的管理与控制，提供系统内在推动力并提供经营分析和考核数据，通过分析与监控工具，结合管理方法，为物流体系资源配备提出依据并保证体系良性运作。

第三方物流系统主要功能包括基础信息管理、订单管理、仓储管理、运输管理、商务结算管理、决策分析管理、客户关系管理等。该系统能够综合实现并满足整个第三方物流各个执行环节的业务运作和管理决策的需要，各系统能独立使用，又能集成使用。

第三方物流系统的子模块构成如图8.1所示。

图8.1　第三方物流系统子模块构成图

第三方物流系统是运用平台化、组件化、集成化思想，开发的集运输管理、仓储配送、客户服务、财务结算、决策分析于一体的综合物流管理信息系统。子系统既可以单独运行，也可以通过组合，形成功能更为强大的系统。允许客户、客户供应商、客户的客户、物流专业学生等多种角色使用系统。客户可以进行网上下单、进出货历史统计、当前库存统计、订单执行状态查询等操作。

四、第三方物流实验设计

1．实验设计总体思路

第三方物流企业的物流服务项目，包括订单处理、出入库作业、仓储管理、运输配送作业。通过本实验使学生掌握第三方物流企业的一般经营方式和服务内容；从订单的接收开始，以实物流程为主线，兼顾资金流和信息流的处理，使学生明晰的理清整个第三方物流企业的流程。

2．实验技能岗位设置

实验技能岗位设置如图 8.2 所示。

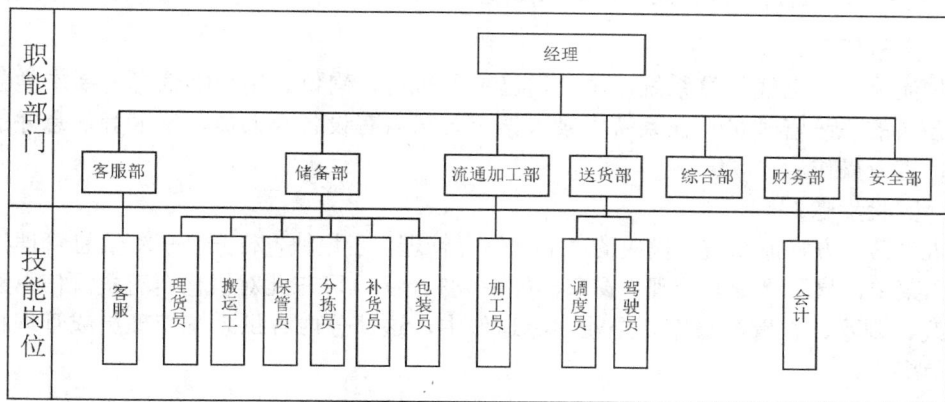

图 8.2　实验技能岗位设置图

3．内容安排

实验分两个阶段进行。

第一阶段：学生以个人为单位，对第三方物流企业的各个业务模块进行模拟。了解系统的功能、构成及其相互之间的关系，进行实际操作练习。实验内容包括本实验任务 1 至任务 30。

第二阶段：将实验学生分组，并分配不同角色模拟第三方物流企业的业务运作，如有实验基地，实验岗位设置为：系统管理员、客服(订单录入)、理货员、搬运工、保管员、分拣员、补货员、包装员、加工员、运输配送调度员、驾驶员。如没有实验基地，只有第三方物流信息系统，可将实验岗位设置为：系统管理员、客服(订单录入)、搬运工(出入库反馈)和运输配送调度员。实验内容包括本实验任务 31 至任务 34。

4．模拟背景

下面各任务单元均以青岛分公司为例，介绍系统操作流程。用户名为 qd_admin，密码为 1。青岛分公司现主要客户有四家，货品有电子类、日化类和袋装食品类三大类，自有车辆较少，运输主要依靠分供方的运力。

五、实验设备与仪器

可登录网络的计算机、投影仪、第三方物流管理系统软件。

21世纪应用型精品规划教材·物流管理

六、基础信息管理

1．任务 1：资源(设备、人员、车辆)管理

(1) 实验任务。

某物流公司新上线信息系统，总公司已录入机构、岗位、用户等信息，要求学生模拟青岛分公司的系统管理员，在系统中录入该分公司自有设备、人员、车辆等信息并能够进行修改、查看操作。

(2) 实验步骤。

进入"第三方物流系统"模块的"基础信息管理"子模块，打开"基本信息管理"/"资源管理"菜单，显示"资源管理"窗口，如图 8.3 所示。可在此对机构自有资源信息进行新增、修改、删除、查看等操作。企业实际运作中，这部分内容供系统管理员或管理权限较高的人员操作。

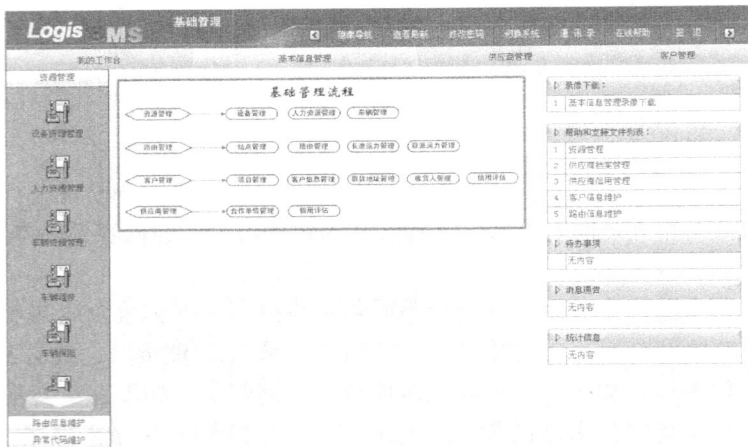

图 8.3 "资源管理"窗口

① 设备资源管理。

单击左侧任务栏中的"设备资源管理"按钮，再单击"新增"按钮，弹出"设备资源管理"对话框，增加一些设备，可让学生查询仓储设备类型并输入。例如：

设备类型：叉车，所属类型：本公司，区别码：lindeM20-1，动力类型：人力。

如图 8.4 所示，单击"提交"按钮，即可保存信息。其他新增设备操作相同。

这里的区别码指机构内唯一识别该设备的显著特征。一般可使用内燃机型的发动机号、公司内固定资产编号或设备厂家型号等。

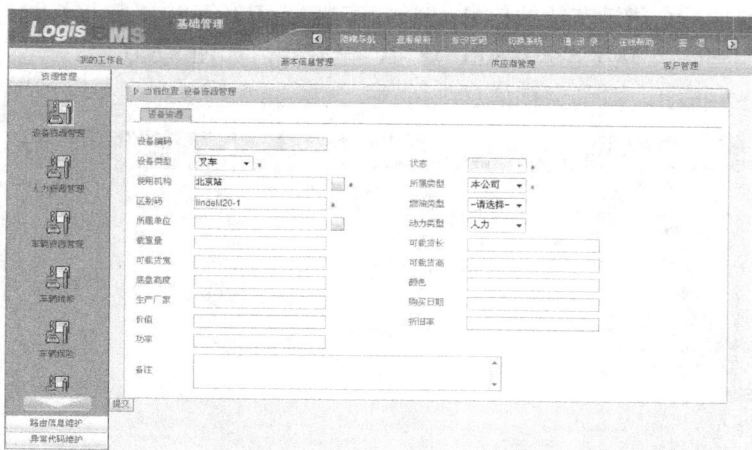

图 8.4　"设备资源管理"对话框

② 人力资源管理。

单击左侧任务栏中的"人力资源管理"按钮，再单击"新增"按钮，弹出"人力资源管理"对话框，新增若干人力。例如：

姓名：张三，所属类型：本公司，区别码：07001，证件号码：122001198502030456，证件类型：居民身份证，如图 8.5 所示。

单击"提交"按钮，即可保存信息。其他新增人力设备操作相同。

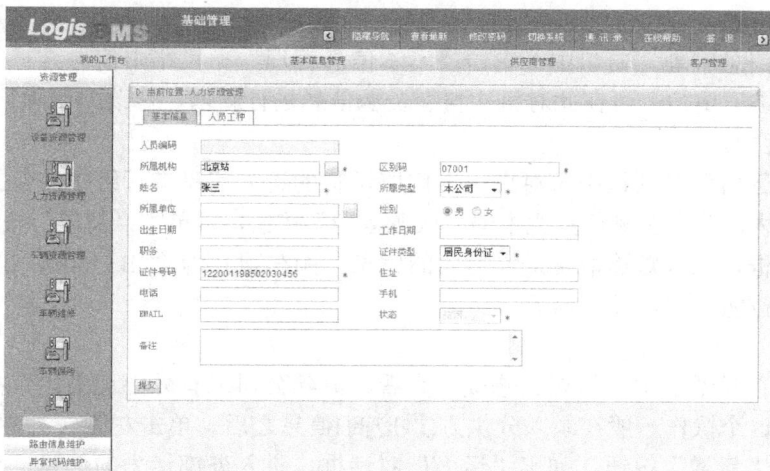

图 8.5　"人力资源管理"对话框

③ 车辆资源管理。

单击左侧任务栏中的"车辆资源管理"按钮，再单击"新增"按钮，弹出"车辆资源管理"对话框,增加一个货运车辆的信息。例如,车牌号:B36748,可载货长宽高:7.2m×2.3m×2.1m,核载:4.445t,车辆类型:9.6m,单桥,全封闭,如图8.6所示。

单击"提交"按钮,即可保存信息。

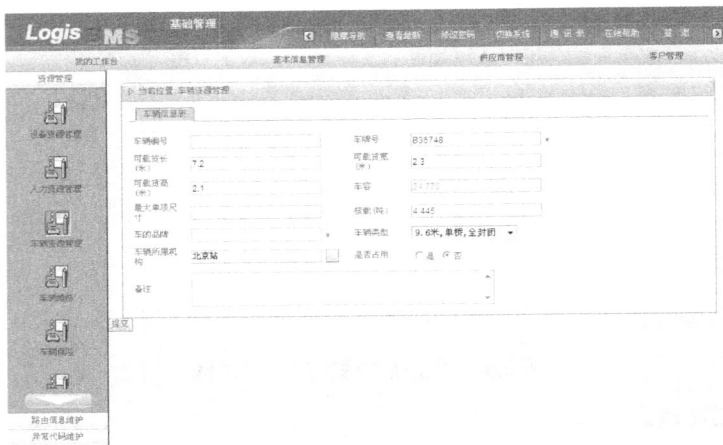

图8.6 "车辆资源管理"对话框

2. 任务2:路由管理

(1) 实验任务。

在系统中查询公司所有站点分布信息;录入、取派运力信息;规划运输路由。

(2) 实验步骤。

在"基础信息管理"窗口中,单击"基本信息管理"→"路由信息维护"菜单,显示"路由信息维护"窗口,可在此对机构自有资源信息进行新增、修改、删除、查看等操作。

① 取派运力。

在"取派运力"对话框中可对市内上门取送货的运力信息进行维护,包括来自分供方的和自有的运力。单击左侧任务栏中的"取派运力"按钮,再单击"新增"按钮,弹出"取派运力"对话框,录入短途取货送港运力的信息,如车牌号为鲁B34609,自有2吨车。单击"提交"按钮,即可保存信息。

② 运力。

在"运力"对话框中可新增、修改、查看、删除公司现有外部运力,包括所有分供方的运力资源,这个操作一般在录入分供方(供应商)信息之后。单击左侧任务栏中的"运力"按钮,再单击"新增"按钮,弹出"运力"对话框,录入外部运力的信息,如将运力来源"青岛长安君达"的运力信息录入,包括起始站、运力类型、车型、车牌号等信息。以便公司内部运力不足时查看和使用。单击"提交"按钮,即可保存信息。

③ 路由。

单击 "路由" 按钮，再单击"新增"按钮，弹出"路由"对话框，可以增加目前可运输的路线。如增加广州—天津的公路路线。单击"提交"按钮，即可保存信息。

如果该路由是某项目客户的专用线路和运力，可以增加路由项目属性，指定其对应某项目客户。如不指定则为共用路由。

④ 临时运力。

单击"临时运力"按钮，弹出"临时运力"对话框，可新增、修改、查看、删除公司临时运力。单击"提交"按钮，即可保存信息。

3. 任务 3：库房管理

(1) 实验任务。

在系统中完成库房信息的录入、库区划分、储位规划等工作；让学生基于调研或教师设定的业务背景来构造合理的库房，要求结合库房、客户和货品实际情况，合理划分储位。

(2) 实验步骤。

进入"第三方物流系统"模块的"仓储管理系统"子模块，单击"仓储管理"→"基础管理"菜单，弹出"基础管理"窗口。可在此对机构自有资源信息进行新增、修改、删除、查看等操作。

① 库房管理。

单击左侧任务栏中的"库房管理"按钮，再单击"新增"按钮，弹出"库房管理"对话框，先在"库房"选项卡中，输入模拟库房的详细信息，如图 8.7 所示。

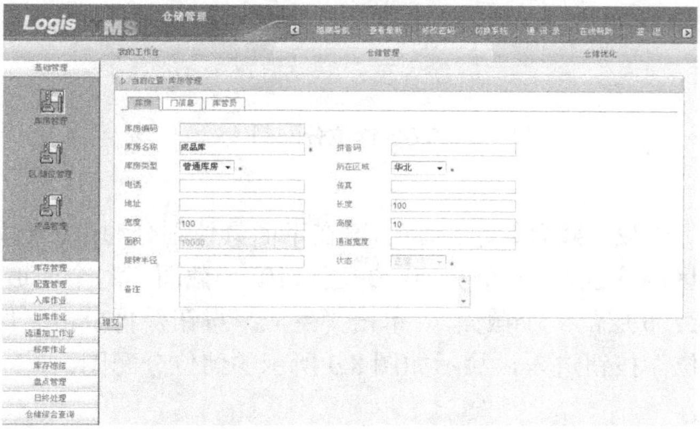

图 8.7 新增库房的"库房管理"对话框

单击"门信息"标签，弹出"门信息"选项卡，单击"增加"按钮，输入库房所有门的信息。单击"确定"按钮即可保存信息，重复操作可增加多个门。如本实验要求增加一个进货门和一个出货门。

21世纪应用型精品规划教材·物流管理

在"库管员"选项卡中单击"增加"按钮，维护库管员信息，例如，"库管员：张三，是否是当前库：是"。再单击"确定"按钮即可保存信息。

② 区/储位管理。

凡是需要在信息系统中跟踪货物状态的区域都需要在系统中录入。库房一般由办公区、存储区、辅助作业区构成，存储区又可按存储方式的不同、货品种类的不同、客户的不同等分为不同区域。本系统按存储方式分为堆垛区、托盘区和货架区。

单击 "区/储位管理"按钮，再单击"新增"按钮，弹出"区/储位管理"对话框，录入信息。单击"提交"按钮即可保存信息。重复操作，新增三个库区。

单击"库区"按钮，再单击"分配储位"按钮，对库区分配储位。依据货物的存储方式，分别对以下两种库区进行储位分配。

a. 堆垛区或托盘区

分别对行数和列数进行定义，如 8 行，10 列，单击"生成"按钮，再单击"保存"按钮即退出，再次单击"分配储位"按钮进入，显示如图 8.8 所示的储位分配图，系统自动对各个储位进行了编号。

图 8.8　储位分配图 1

b. 货架区

分别对货架数、层数、截面数、通道号(可在下面具体划分通道的起始行和结束行)进行定义，如名为货架区的库区，10 个货架，3 层，10 个截面，2 个通道；名为托盘货架区的库区，10 个货架，6 层，8 个截面。 单击"生成"按钮，再单击"保存"按钮即退出，再次单击"分配储位"按钮进入，显示如图 8.9 所示的储位分配图。

③ 货品管理。

物流公司提供给客户的是针对其货品的物流管理，需将服务合同中涉及的客户货品信息输入系统。

要求学生将项目客户的货品信息录入系统,可由学生自行搜集货品信息,至少选择 4 家客户 20 种货品。

图 8.9　储位分配图 2

单击 "货品管理"按钮，再单击"新增"按钮，弹出"货品管理"对话框，首先在"货品"对话框输入基本信息。然后在"SKU 包装单位"下拉列表框中选择"盒"。

在"货品数量对照"对话框中录入包装明细，单击"增加"按钮，弹出"货品数量对照"对话框，在"包装单位"下拉列表框中选择"箱"，在"数量"文本框中输入"20"，单击"确定"按钮，再单击"提交"按钮即可保存信息。表示这种货品以箱为包装单位，明细为一箱 20 盒。

七、客户管理

任务 4：客户信息管理

(1) 实验任务。

要求学生以商务人员的身份完成 4 个项目客户的信息管理工作，包括新增几个项目客户，录入客户信息。

(2) 实验步骤。

进入"第三方物流系统"模块的"基础信息管理"子模块，单击"客户管理"→"客户信息维护"菜单，弹出"客户信息维护"窗口，如图 8.10 所示。

① 新增项目客户。

单击左侧任务栏中的"项目管理"按钮，弹出"项目管理"对话框，在"项目名称"文本框中输入新增项目客户，如峰星，单击"提交"按钮即可保存信息。重复操作，新增其他项目客户，如国美、苏宁等。

② 新增客户信息。

单击左侧任务栏中的"客户信息管理"按钮，弹出"客户信息管理"对话框，单击"项目名称"的拓展按钮，选择项目客户，然后输入其他信息，例如：

客户单位名称：青岛峰星，项目名称：峰星，拼音码 : qdfx；

客户单位名称：青岛国美，项目名称：国美，拼音码: qdgm；

21世纪应用型精品规划教材·物流管理

客户单位名称：青岛苏宁，项目名称：苏宁，拼音码：qdsn；

单击"提交"按钮即可保存信息。

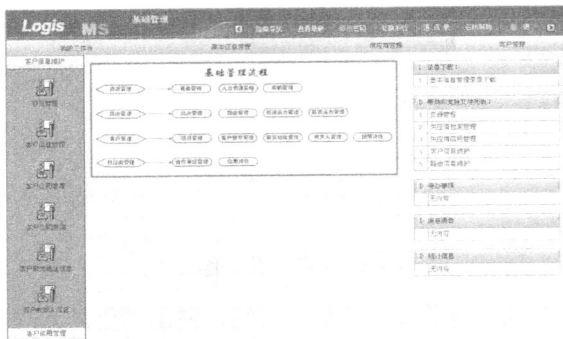

图 8.10　"客户信息维护"窗口

③ 新增客户合同。

单击左侧任务栏中的"客户合同管理"按钮，弹出"客户合同管理"对话框，单击"项目名称"的拓展按钮，选择项目客户，然后输入其他信息。例如，合同名称：青岛峰星运输合同，业务代表人：朱涛，客户账号：峰星，结算方式：托运人月结。

单击"提交"按钮即可保存信息。然后选中客户合同，单击"提交复核"按钮即完成操作。

八、供应商管理

1．任务 5：供应商档案管理

(1) 实验任务。

物流公司的供应商是指物流服务的分包方，或称分供方，当物流公司的资源不足时，会将部分业务外包给这些供应商，并支付一定的费用。一般长途运输业务使用分供方运力，而市内取派作业多采用自有车辆。

要求学生以分供方管理部门人员的身份将至少 4 家分供方的信息录入系统。

(2) 实验步骤。

① 分供方信息录入。

进入"第三方物流系统"模块的"基础信息管理"子模块，打开"供应商管理"/"供应商档案管理"菜单，单击左侧任务栏中的"供应商管理"按钮，再单击"新增"按钮，弹出"供应商管理"对话框，输入分供方信息，例如，合作单位名称：青岛长安君达，合作单位类型：分供方。这里的合作单位类型还可以是拖车公司、船公司、货代公司、报关行等。

单击"提交"按钮即可保存信息。

② 分供方费用管理。

切换系统至"商务结算系统"子模块，在"分供方费用设置"对话框中可以将与分供方在运输合同中规定的运费标准录入系统。首先用 Excel 表格制作一个运费表；打开"商务结算管理"→"费用管理"菜单，单击 "分供方费用设置"按钮，弹出"运输费用设置导入"对话框，如图 8.11 所示。在"项目"下拉列表框中选择一个分供方，然后将此运费表上传至系统。

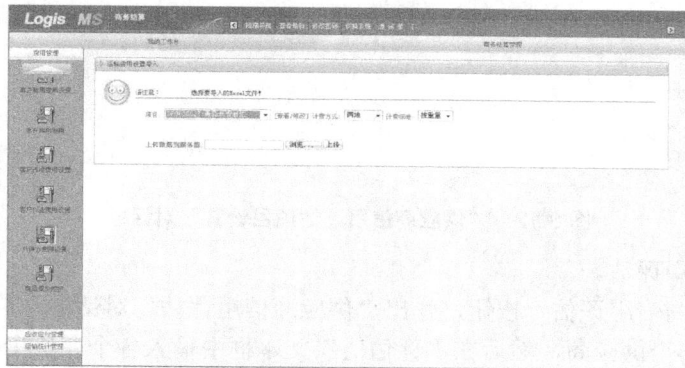

图 8.11　"运输费用设置导入"对话框

财务需要在"商务结算系统"子模块的"商务结算管理"/"复核管理"/"分供方报价审核"对话框中审核，审核通过后才有效。

2．任务 6：供应商信用管理

(1) 实验任务。

物流企业一般会定期对分供方进行评价，如一季度一次或半年一次，对新分供方或出现过问题的分供方可能还需要进行不定期的评价。要求学生能够建立运输分供方评价指标体系(包括至少 5 个指标及其权重)，并在系统中录入并评价。学会查询分供方的历史表现。

(2) 实验步骤。

① 供应商信用评估指标。

进入"第三方物流系统"模块的"基础信息管理"子模块，打开"供应商管理"/"供应商信用管理"菜单，单击左侧任务栏中的"供应商信用评估项目设置"按钮，弹出"供应商信用评估项目设置"对话框，可以查看评估指标。系统中的供应商评估采用各评价指标得分的加权总分法，如本实验中建立 7 个评价指标，并指定每个指标所占权重，如图 8.12 所示。

21世纪应用型精品规划教材·物流管理

图 8.12　"供应商信用评估项目设置"对话框

② 供应商信用评估。

单击"供应商信用评估"按钮，弹出"供应商信用评估"对话框，单击"供应商"的拓展按钮，选择一个供应商，然后在"评估值"文本框中输入各个评价指标评分(百分制)，系统会自动计算其总分。

③ 查看供应商的历史表现。

在"供应商评估历史"对话框中查看，如图 8.13 所示。

图 8.13　"供应商评估历史"对话框

3. 任务7：供应商费用设置

(1) 实验任务。

公司选择的分供方一般会签订合作协议，协议中确定运输费的计算标准。要求学生以物流公司分供方管理人员的身份确定运费计算标准，用教师给定的运价模板表示，然后导入信息系统并提交复核。

(2) 实验步骤。

① 根据实际情况，在给定的运价模板中制定某分供方的运费标准。

② 进入"第三方物流系统"模块的"商务结算系统"子模块，打开"商务结算管理"→"费用管理"菜单，单击左侧任务栏中的"分供方费用设置"按钮，弹出"运输费用设置导入"对话框，分别相应的在下拉列表框中选择分供方、计费方式和计费标准，上传做好的运费表。

计费方式一般有两种。

两地——运费=费率×给定两个地间运输费率；

吨公里——运费=费率×里程×运输吨数。

计费标准指费率制定的标准，包括三种：

按重量，即费率单位为元/吨；

按体积，即费率单位为元/立方米；

按件，即费率单位为元/外包装单位。

③ 单击"复核管理"菜单中的"分供方报价审核"按钮，弹出"运输费用设置导入"对话框，如图 8.14 所示，财务在此查看并审核费用。审核后该费率设置生效。

图 8.14　"运输费用设置导入"对话框

21世纪应用型精品规划教材·物流管理

九、订单管理

1．任务 8：入库订单管理

（1）实验任务。

要求学生以客服人员的身份接受客户发出的入库指令，生成入库订单，将其转换成作业计划单。

（2）实验步骤。

对于第三方物流企业的仓库来讲，入库作业是由客户通知触发的。一般客户会以各种形式通知仓库入库信息，商务部门接到通知后要在系统中输入订单信息，生成作业计划，下达给仓储部或库房管理员。

进入"第三方物流系统"模块的"订单管理系统"子模块，打开"订单管理"→"订单录入"菜单，单击左侧任务栏中的"订单录入"按钮，再单击"新增"按钮，弹出"订单录入"对话框，如图 8.15 所示。

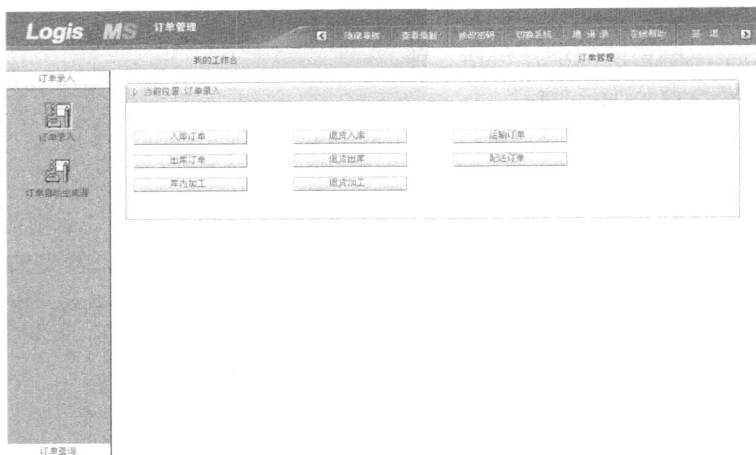

图 8.15 "订单录入"对话框

选择"入库订单"项目，先在"订单信息"选项卡中，输入订单信息，例如，客户名称：峰星，紧急程度：一般，订单来源：电话，如图 8.16 所示。

单击"订单入库信息"标签，在弹出的"订单入库信息"选项卡中，输入存放库房、入库类型、方式和时间。例如，货品入青岛库，入库方式为送货，入库类型为正常入库。

在"订单货品"选项卡中，单击"添加货品"按钮，选择达能饼干，数量 40 袋，小浣熊干脆面 20 袋。单击"保存订单"按钮即可保存信息。

选中刚才新增的订单，单击"生成作业计划"按钮，在弹出的对话框中，核对订单信息，若确认无误，单击"确认生成"按钮。

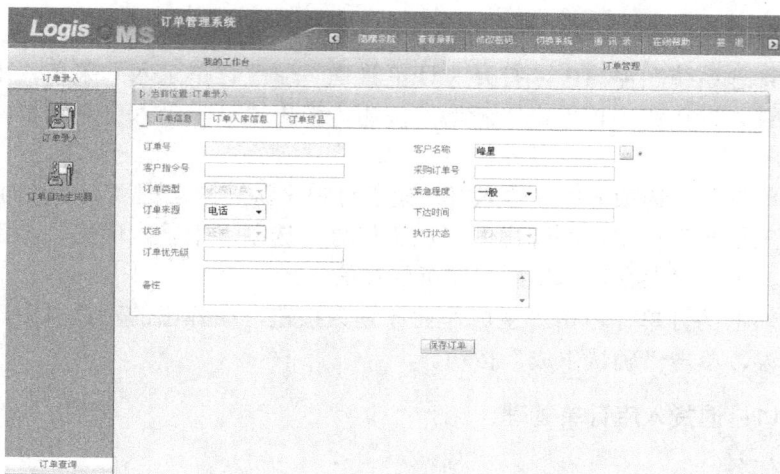

图 8.16　"订单信息"选项卡

2．任务 9：出库订单管理

(1) 实验任务。

要求学生以客服人员的身份接受客户发出的出库指令，生成出库订单，将其转换成作业计划单。

(2) 实验步骤。

在"订单管理系统"窗口中，打开"订单管理"→"订单录入"菜单，单击左侧任务栏中的"订单录入"按钮，再单击"新增"按钮，弹出"订单录入"对话框；然后选择"出库订单"项目，先在"订单信息"选项卡中，输入订单信息，例如，客户码：峰星，订单来源：电话，紧急程度：一般。

在"订单出库信息"选项卡中，输入出库信息，例如，青岛库房，出库方式为仓配，出库类型为正常出库等，预计出库时间为 2007 年 9 月 7 日 13 点。填写关键配送信息，如客户要求到货时间，托运人姓名、地址、电话，收货人姓名、地址、电话，运费保险、运费结算方式等。

在"订单货品"选项卡中，单击"添加货品"按钮，选择达能饼干出库 10 袋。单击"保存订单"按钮即可保存信息。

选中刚才新增的订单，单击"生成作业计划"按钮，在弹出的对话框中，核对订单信息，若确认无误，单击"确认生成"按钮。

3．任务 10：库内加工订单管理

(1) 实验任务。

要求学生以客服人员的身份接受库内加工订单指令，将其转换成公司内部作业计划单。

21世纪应用型精品规划教材·物流管理

(2) 实验步骤。

在"订单管理系统"窗口中，打开"订单管理"→"订单录入"菜单，单击左侧任务栏中的"订单录入"按钮，再单击"新增"按钮，弹出"订单录入"对话框，选择"库内加工"项目。

先在"订单信息"选项卡中，输入客户码、订单来源、紧急程度、下达时间。

单击"加工信息"标签，在弹出的"加工信息"选型卡中输入库房、加工类型、源货品及目标货品。单击"保存订单"按钮即可保存信息。

选中刚才新增的订单，单击"生成作业计划"按钮，在弹出的对话框中，核对订单信息，若确认无误，单击"确认生成"按钮。

4. 任务 11：退货入库订单管理

(1) 实验任务。

要求学生以客服人员的身份接受退货入库订单指令，将其转换成公司内部作业计划单。

(2) 实验步骤。

在"订单管理系统"窗口中，打开"订单管理"→"订单录入"菜单，单击左侧任务栏中的"订单录入"按钮，再单击"新增"按钮，弹出"订单录入"对话框，选择"退货入库"项目。

先在"订单信息"选项卡中，输入客户码、订单来源、紧急程度、下达时间。

单击"订单入库信息"标签，在弹出的"订单入库信息"选型卡中输入库房、入库方式、预计入库时间。

在"订单货品"选项卡中输入货品相关信息。单击"保存订单"按钮即可保存信息。

选中刚才新增的订单，单击"生成作业计划"按钮，如图 8.17 所示。

在弹出的对话框中，核对订单信息，若确认无误，单击"确认生成"按钮。

5. 任务 12：退货出库订单管理

(1) 实验任务。

要求学生以客服人员的身份接受退货出库订单指令，将其转换成公司内部作业计划单。

(2) 实验步骤。

在"订单管理系统"窗口中，打开"订单管理"→"订单录入"菜单，单击左侧任务栏中的"订单录入"按钮，再单击"新增"按钮，弹出"订单录入"对话框，选择"退货出库"项目。

先在"订单信息"选项卡中，输入客户码、订单来源、紧急程度、下达时间。

单击"订单出库信息"标签，在弹出的"订单出库信息"选型卡中输入库房、出库方式、预计出库时间。

在"订单货品"选项卡中输入货品相关信息。单击"保存订单"按钮即可保存信息。

图 8.17　"订单录入"对话框

　　选中刚才新增的订单，单击"生成作业计划"按钮，在弹出的对话框中，核对订单信息，若确认无误，单击"确认生成"按钮。

6．任务 13：退货加工订单管理

　　(1)　实验任务。

　　要求学生以客服人员的身份接受退货加工订单指令，将其转换成公司内部作业计划单。

　　(2)　实验步骤。

　　在"订单管理系统"窗口中，打开"订单管理"→"订单录入"菜单，单击左侧任务栏中的"订单录入"按钮，再单击"新增"按钮，弹出"订单录入"对话框，选择"退货加工"项目。

　　先在"订单信息"选项卡中，输入客户码、订单来源、紧急程度、下达时间。

　　单击"加工信息"标签，在弹出的"加工信息"选型卡中输入库房、加工类型、源货品及目标货品。单击"保存订单"按钮即可保存信息。

　　选中刚才新增的订单，单击"生成作业计划"按钮，在弹出的对话框中，核对订单信息，若确认无误，单击"确认生成"按钮。

7．任务 14：运输订单管理

　　(1)　实验任务。

　　能够受理客户托运，并根据客户指令录入运输订单。要求学生至少录入 4 个运输订单，

分别采取门到门、客户自提自送各两单。

(2) 实验步骤。

在"订单管理系统"窗口中，打开"订单管理"→"订单录入"菜单，单击左侧任务栏中的"订单录入"按钮，再单击"新增"按钮，弹出"订单录入"对话框，选择"运输订单"项目，然后确定可输入的详情，如图8.18所示，本实验的运输是指从北京往外埠的运输业务。

图 8.18　运输订单录入界面

假设这是托运人从青岛国美临时运送一些礼品图书到威海，采用现结的付费方式，客服应填写托运人、收货人、运费、货品等关键信息。其中：

① 选择"取货"、"送货"意味着对客户提供门到门的服务；不选意味着客户自提自送到物流公司场站。

② "签单返回"一般返回收货人签收的"运单"，即由目的站人员从客户处签收后给起始站，再返回给托运人。有时托运人还会要求顺便返回收货人处的其他单据，统称"客户单据"。

③ 运费信息需要输入，此信息在之后的操作中还能够修改而且要经过审核。"按合同计算费用"是指对于那些与公司签订了运输合同的分供方，如在"商务结算系统"模块的"商务结算管理"→"费用管理"→"分供方费用设置"对话框中输入了运费标准，则可单击"按合同计算费用"按钮，系统将自动依据货物情况在运费表中查找费率并计算运费。

输入完成后单击"保存"按钮，并确认生成"运输作业计划"。

8．任务 15：配送订单管理

(1) 实验任务。

能够受理客户托运，并根据客户指令录入配送订单。要求学生至少录入 2 个配送订单。

(2) 实验步骤。

在"订单录入"对话框内选择"配送订单"项目，然后在"订单录入"对话框内输入详细信息。这里配送指市内运输，派送上门。

9．任务 16：订单查询

打开"订单管理"→"订单查询"菜单，单击左侧任务栏中的"订单查询"按钮，可以看到所有已经录入并保存的订单，其执行状态分为录入(保存但未生成作业计划)、作业中(生成作业计划尚未反馈)、完成(操作完且已反馈给系统)。选中单击"查看"按钮可以看到该订单的信息，如图 8.19 所示。

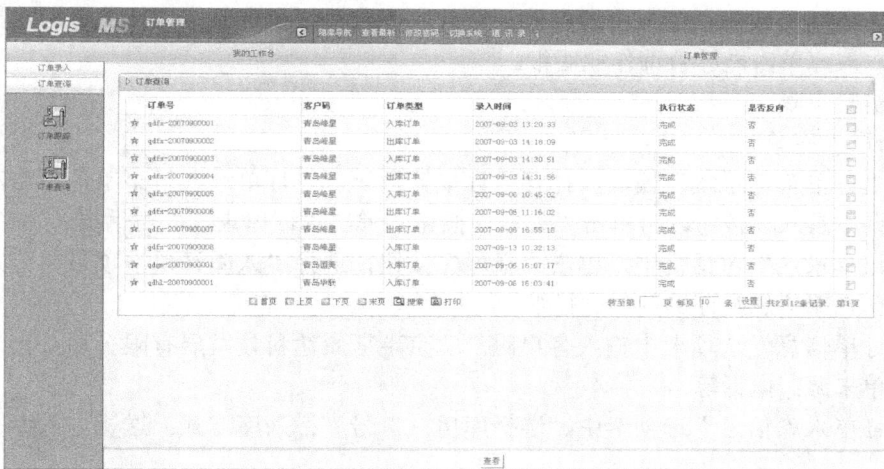

图 8.19　"订单查询"对话框

在"订单跟踪"对话框中，可以按客户码、时间段、执行状态或订单号来查询订单完成情况的明细。如在这里查询客户"青岛峰星"的订单情况，如图 8.20 所示。

21世纪应用型精品规划教材·物流管理

图 8.20　"订单跟踪"对话框

单击"详情"按钮可查看该笔订单的基本信息、货品信息和作业信息。

十、仓储作业

1．任务 17：入库作业

(1)　实验任务。

以仓储调度员或信息管理员的身份，对入库作业计划指定储位、作业资源，打印出储位分配单、入库单，能够查询作业明细。

(2)　实验步骤。

① 新增入库单。

进入"订单管理系统"模块，打开"订单管理"→"订单录入"菜单，单击左侧任务栏中的"订单录入"按钮，再单击"新增"按钮，弹出"订单录入"对话框。

在"订单录入"对话框中，单击"新增"按钮，选择"入库订单"项目，分别对订单信息、订单入库信息及订单货品进行维护。

在"订单信息"选项卡中输入客户码：北京瑞斯康达科技发展有限公司；紧急程度：一般；订单来源：电话等。

在"订单入库信息"选项卡中，选择库房：7 号库；入库方式：送货；入库类型：正常入库。

在"订单货品"选项卡中，单击"添加货品"按钮，选择电视，数量 15 台，单击"保存订单"按钮即可保存信息。

② 生成作业计划。

选中刚才新增的订单，单击"生成作业计划"按钮，在弹出的对话框中，单击"确认生成"按钮。

③ 入库调度。

切换系统至"仓储管理系统"模块，打开"仓储管理"→"入库作业"菜单，单击左侧任务栏中的"入库预处理"按钮，选中刚才的入库订单，单击"调度"按钮，如图8.21所示。

图 8.21   "入库预处理"对话框

在待上架货品中，选中要上架的货品并填写上架的数量，在区编码和储位编码中选择要上架货品的区储位编码，如图8.22所示。

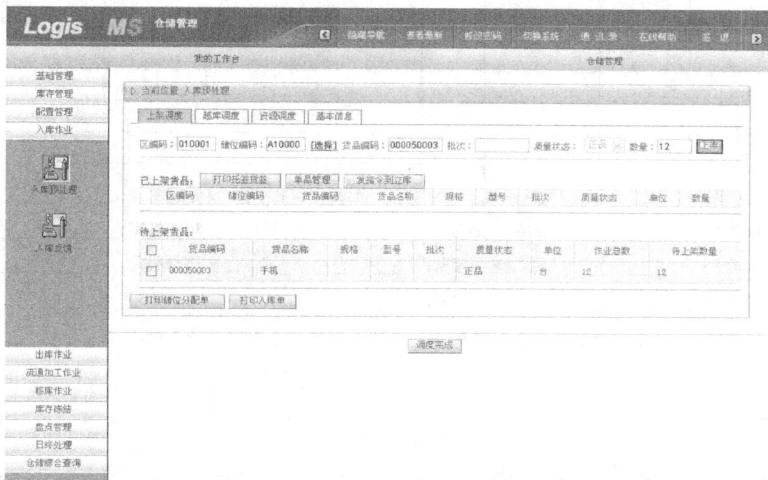

图 8.22   "上架调度"选项卡

单击"打印储位分配单"按钮，如图8.23所示。

21世纪应用型精品规划教材·物流管理

储位分配单

				操作编码：	0000000000020460		
作业单号	0000000000010229		库房	第一库房			

货品明细

位置	货品编码	货品名称	应放	实放	质量	备注
010001—A10000	000050003	手机	12		正品	

打印

图 8.23　储位分配单

单击"打印入库单"按钮，如图 8.24 所示。

入 库 单

作业计划单号
0000000000010229

北京站　配货中心 第一库房仓库　　　　□正常商品　□暂存商品　□退换货

客户名称：中国仪器进出口　客户编号：G010000171　入库通知单号：　　　发运日期：
（集团）公司

发货单位编号：　　　随货同行单号：　　　应发总数：12.0 实发总数：

联系人：　　　　　　　联系电话：

产品名称	产品编号	规格	单位	应收数量	实收数量	货位号	批号	备注
手机	000050003		台	12				

承运单位：＿＿＿＿＿＿＿＿＿

保管员：＿＿＿＿＿＿　　体积（或重量）：＿＿＿＿＿＿　　司机签字：＿＿＿＿＿＿＿＿＿

制单人：＿＿＿＿＿＿　　集装箱号：＿＿＿＿＿＿　　证件号码：＿＿＿＿＿＿＿＿＿

入库日期：＿＿＿＿＿＿　　铅封号：＿＿＿＿＿＿　　车号：＿＿＿＿＿＿＿＿＿

盖章：＿＿＿＿＿＿　　运单号：＿＿＿＿＿＿　　联系电话：＿＿＿＿＿＿＿＿＿

打印

图 8.24　入库单

可在"资源调度"选项卡中对作业资源进行维护。最后单击"调度完成"按钮，完成作业的调度。

④ 入库反馈。

单击左侧任务栏中的"入库反馈"按钮，系统显示已经调度完成的单据，单击"作业计划单反馈"按钮，分别对理货、上架等进行反馈，如图 8.25 所示。

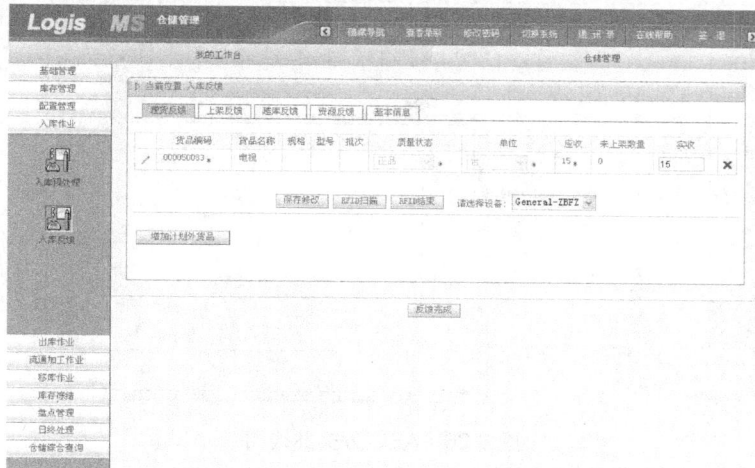

图 8.25 "作业计划单反馈"对话框

最后单击"反馈完成"按钮，完成反馈作业。

2. 任务 18：仓储管理

(1) 实验任务。

以仓储管理员的身份进行库存、储位情况查询；能够对货品进行 ABC 分类管理；能够进行库存冻结及解冻的操作；能够进行盘点作业，并对结果进行调整；能够查询盈亏情况并进行日终处理；能够查询作业明细。

(2) 实验步骤。

① 库存管理。

a. 库存查询。

用户打开"仓储管理"→"库存管理"菜单，单击左侧任务栏中的"库存查询"按钮，可以查询库存。

b. 可视化查询。

单击左侧任务栏中的"可视化库存"按钮，可以查看库存情况。

c. 储位使用情况。

单击左侧任务栏中的"储位使用情况"按钮，可以查看储位使用情况。

d. ABC 分类。

单击左侧任务栏中的"ABC 分类"按钮，选择"目标客户"、"分类依据"、"分类范围"、

21世纪应用型精品规划教材·物流管理

"起始时间"、"终止时间"后，单击"确定"按钮。

同时，单击"生成曲线图"按钮，即可生成曲线图，如图 8.26 所示。

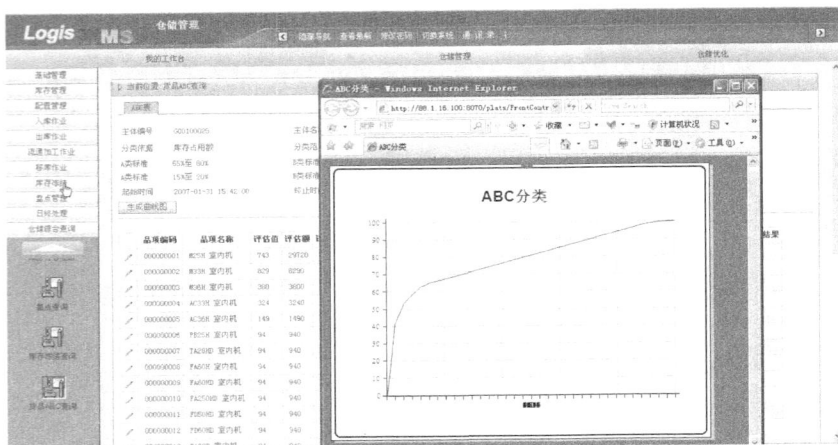

图 8.26　ABC 分类曲线图

e. 库龄分析。

单击左侧任务栏中的"库龄分析"按钮，可对仓库货品的库龄进行分析。可选择在库时间段、库房和客户码。

② 配置管理。

a. 操作配置。

打开"仓储管理"→"配置管理"菜单，单击左侧任务栏中的"操作配置"按钮，新增操作配置，最后单击"提交"按钮即可保存信息。

b. 作业环节配置。

单击左侧任务栏中的"作业环节配置"按钮，可采用标准作业环节配置，也可采用个性化配置。

c. 上架/拣货策略。

单击左侧任务栏中的"上架/拣货策略"按钮，选择策略即可。

d. 库存监控配置。

单击左侧任务栏中的"库存监控配置"按钮，新增库存监控配置：选择目标客户，设置好库存上下限，选择目标货品进行添加设置即可。

e. 作业任务配置。

单击左侧任务栏中的"作业任务配置"按钮。

f. 货品类型操作配置。

单击左侧任务栏中的"货品类型操作配置"按钮，新增配置。

g. 库龄管理设置。

单击左侧任务栏中的"库龄管理设置"按钮，可设置预警库龄，当超过库龄时，将报警。

h. 储位存放规格。

单击左侧任务栏中的"储位存放规格"按钮，新增储位规格。

i. RFID 配置。

单击左侧任务栏中的"RFID 配置"按钮，新增配置。

选中目标货品，选择设备，进行输入即可。

j. 电子拣选配置。

单击左侧任务栏中的"电子拣选配置"按钮，输入配置即可。

k. 补货设置。

单击左侧任务栏中的"补货设置"按钮，对电子标签的补货点进行设置。

l. POS 数据同步。

单击左侧任务栏中的"POS 数据同步"按钮，可进行货品同步和用货资料同步。

m. 货品操作配置。

用户打开"仓储管理"→"配置管理"菜单，单击"货品操作配置"按钮，新增配置。

n. 基础策略配置。

单击左侧任务栏中的"基础策略配置"按钮，可查看常用的基础策略。

③ 库存冻结。

a. 库存冻结。

用户打开"仓储管理"→"库存冻结"菜单，单击"库存冻结"按钮，新增库存冻结。单击"提交"按钮则冻结选中的库存，使此库存不能再执行出入库操作。

b. 库存解冻。

用户打开"仓储管理"→"库存冻结"菜单，单击"库存解冻"按钮，选中该库存执行解冻。

④ 盘点管理。

a. 盘点任务。

打开"仓储管理"→"盘点管理"菜单，单击左侧任务栏中的"盘点任务"按钮，新增一盘点任务，单击"提交"按钮，生成盘点任务。选中该任务进行提交处理。

b. 盘点作业。

单击左侧任务栏中的"盘点作业"按钮，对选中的盘点作业进行反馈。

c. 盘点调整。

单击左侧任务栏中的"盘点调整"按钮，选中刚刚的盘点作业进行调整审核。

21世纪应用型精品规划教材·物流管理

d. 盈亏查询。

单击左侧任务栏中的"盈亏查询"按钮，选择要查询的库房，以及选择所要查询的差异类型进行查询。

e. 日结。

单击左侧任务栏中的"日结"按钮，选择库房进行结算。

3. 任务 19：移库作业

(1) 实验任务。

以仓储调度员或仓储管理员的身份，进行移库单证的录入，生成作业计划，并打印移库单；能够进行移库调度、指定作业资源，并进行作业反馈；能够查询作业明细。

(2) 实验步骤。

① 移库单录入。

用户打开"仓储管理"→"移库作业"菜单，单击左侧任务栏中的"移库作业单"按钮，再单击"新增"按钮，如图 8.27 所示。

图 8.27 "移库作业单"对话框

填写移库单，例如，从第一库房移到 bj0101，选中要移库的商品，单击向上的箭头，选择目标区和储位。

完成后，单击"保存"按钮，选中该张移库记录；单击"打印"按钮，即可打印移库单；在选中该条记录，单击"移库作业单提交"按钮，在弹出的对话框中，单击"确定"按钮，提交成功。

② 移库调度。

单击左侧任务栏中的"移库预处理"按钮，选中该条记录，单击"调度"按钮，维护字段，最后单击"调度完成"按钮。

③ 移库反馈。

单击左侧任务栏中的"移库反馈"按钮，选中该条记录，单击"作业计划单反馈"按钮，最后单击"反馈完成"按钮，完成移库作业。

4. 任务 20：流通加工作业

(1) 实验任务。

以仓储管理员的身份，录入流通加工订单，并生成作业计划；能够对流通加工作业进行处理，并对结果进行反馈；能够查询作业明细。

(2) 实验步骤。

① 流通加工单录入。

打开"订单管理"→"订单录入"菜单，单击左侧任务栏中的"订单录入"按钮，再单击"新增"按钮，选择库内加工订单。单击"订单信息"和"加工信息"标签，在其选项卡中分别填写相关内容。填写完成后，单击"保存订单"按钮即可保存信息。

然后，选中该流通加工订单，生成作业计划并确认生成。

② 流通加工作业。

打开"仓储管理"→"流通加工作业"菜单，单击左侧任务栏中的"加工预处理"按钮，选中该条记录，单击"调度"按钮，并确认调度完成。调度完成后，单击导航栏中的"加工反馈"按钮，完成此单作业的反馈。

5. 任务 21：出库作业

(1) 实验任务。

以仓储调度员的身份，录入出库订单，进行出库调度，指定作业资源；打印拣货单和出库单；进行出库操作并完成作业反馈；能够查询作业明细。

(2) 实验步骤。

① 出库单录入。

用户打开"订单管理"→"订单录入"菜单，单击左侧任务栏中的"订单录入"按钮，再单击"新增"按钮，选择出库订单。在"订单信息"选项卡中填写客户码等，如图 8.28 所示。

在"订单出库信息"选项卡中，选择库房：7 号库，出库方式：自提等。

在"订单货品"选项卡中，单击"添加货品"按钮，填写出库货品的数量。

21世纪应用型精品规划教材·物流管理

图 8.28 "订单信息"选项卡

② 生成作业计划。

单击左侧任务栏中的"保存订单"按钮即可保存信息，然后选中刚才新增的订单，单击"生成作业计划"按钮，核对作业单的信息后，单击"确认生成"按钮。

③ 出库调度。

打开"仓储管理"→"出库作业"菜单，单击左侧任务栏中的"出库预处理"按钮，选中刚才的出库订单，单击"调度"按钮。

在"待拣货结果"栏，选中要拣货的记录，单击"库存"按钮，在"库存"栏下选中一栏，填写要拣货的数量，对区和储位编码也可以进行选择，单击"拣货"按钮，则在"已拣货结果"栏出现该条记录。

单击"打印拣货单"按钮，单击"打印出库单"按钮，同时可以对"资源调度"选项卡进行维护。最后单击"调度完成"按钮，则弹出"作业反馈"对话框。

④ 出库反馈。

单击左侧任务栏中的"出库反馈"按钮，选中刚才的出库单 ，单击"作业计划单反馈"按钮，对用户的作业单进行反馈，然后单击"反馈完成"按钮， 则库管员把完成的出库操作反馈给调度。

十一、运输与配送业务

1. 任务 22：运输出港的调度和场站作业

(1) 实验任务。

要求学生分别模拟运输调度和场站人员的身份在"运输管理系统"中完成对多个运单的分单、进场、集货、出场作业。

(2)　实验步骤。

①　"分单"——运输调度。

只要在"订单管理"→"订单录入"窗口新增了运输订单并生成作业计划的运单，都可以在"分单"对话框中看到。运输调度人员需在此进行路线和运力的调度。对话框分为两部分，上面是本站始发订单列表，下面是通过本站中转运单列表。转运分单与订单分单的操作相同，此处介绍订单分单的操作。

a. 在订单列表中选择一条订单，单击其右边的"分单"按钮，此时系统会显示此订单的分单对话框，包括"订单信息"和"订单调度"两个标签页。

b. 通过单击"订单信息"按钮可以查看相关信息(内容同订单录入时一致，运送图书从青岛至威海，要求取货送货，即门到门)，根据订单信息进行调度。

c. 调度人员在"订单调度"选项卡中为该订单选择路由、路径、时限。

当勾选"按项目过滤路由"时路由列表会根据当前项目过滤。项目和路由的关系在"基础信息管理"子模块的"基本信息管理"窗口的"路由"对话框中维护。

"路径"是指始发站、中转站、目的站及其所用运输方式的选择。如这里用青岛到威海公路直达。"运输方式"处显示选择"送港"和"提货"。　"送港"指青岛站需组织运力将货物送至分供方场站，多适用于铁路、航空、海运方式；"提货"指威海站需组织运力到分供方场站将货物提至自己的场站。

d. 将客户填写在运单上的编号回注到运单号处。

e. 填写后单击"预打印运单"按钮。

f. 完成分单后，单击"提交"按钮，若分供方选择的是临时运力，则需要录入临时运力的相关信息，保存该临时运力的信息，生成一条临时运力的记录，关闭该页面，在指定货位的界面，填写货位。

②　"待取/派"——取派调度。

若运输订单上选择了"取货"，则起始站需安排运力上门取货；若选择了"送货"，则目的站需安排运力送货上门。上面所调度的青岛至威海的运单是门到门的服务，所以系统在"待取/派"对话框自动生成取派调度单。

注意这里取货和派货的调度是同时进行的，因为在实际操作中，上门取货的车辆和司机可以同时送货上门，所以一般调度都会按区域优化路线，给多个"取"和"派"的运单集中安排一个运力，并生成取派调度单。对话框包括 5 个部分，分别是：待取运单列表、待派运单列表、取/派调度单列表、当前调度单已选运单列表和当前取/派调度单信息。操作如下。

a. 单击"增加/修改"按钮，在"当前取/派调度单信息"下拉列表框中选择运力、人员，填入预计发车时间等信息，单击"保存"按钮，在"取/派调度单列表"文本框中将新增一个取/派运力。

21世纪应用型精品规划教材·物流管理

b. 在"取/派调度单列表"中选择一个运力，从"待取运单列表"或"待派运单列表"中选择运单，并单击向下的箭头，则该张运单被添加到取派运力中并被显示在"当前调度单已选运单列表"中。说明给多个取派订单指定了一个运力。

c. 调度单击"打印"按钮，打印取派通知单给司机。

d. 再单击"提交"按钮，在"取/派调度单列表"文本框中则显示当前操作为"出站扫描"。说明完成取派调度，等待车辆出站扫描。

e. 如取派运力为外部运力，单击"提交"按钮后，弹出"确认费用"对话框，输入所付费用并单击"保存"按钮。

③ "取派操作"——货物进场。

对于上门取货的车辆，需先进行出站扫描，取回货后再进行进站扫描，步骤如下。

a. 打开"场站作业"菜单，单击左侧任务栏中的"取派操作"按钮，看到取派车辆，进行出站扫描。

b. 出站扫描对于取货车辆来讲，需打印待取货品标签，供取货司机取货时在客户处将标签贴在货品上。

c. 如果不在客户现场贴货品标签，而是取回场站后贴，也可选择"直接出站"。

d. 取货车辆取回货物后还要进行进站扫描，同样在"取派操作"对话框中，已经自动生成两个待入站扫描的作业。

e. 分别选中单击"场站扫描"按钮，再单击"直接入站"按钮，场站人员可将货物信息下传到手持设备，对其取回的货品标签进行扫描，然后单击"上传"按钮，如果信息相符表明所取货物正确，单击"上传完成"按钮即完成进站扫描。如不一致可以在"补录信息"对话框中，选中要修改的运单，单击"修改"按钮，显示内容同运输订单，对不相符的货品数量、收发货人员、运费等信息进行修改。

f. 之后货物进入场站集货，调度需到"待发运"对话框进行集货调度。

④ "自提自送"——货物进场。

"自提自送"对于起始站来讲，即托运人自行将货物送至场站；对于目的站来讲，即收货人自行到场站提取货物。这种情况需在"场站作业"窗口的"自提自送"对话框中进行货物进场出场操作。

单击左侧任务栏中的"场站扫描"按钮，在单击"发送"按钮将货品信息"发送"至场站人员的手持设备，扫描检查货物，再单击"上传"按钮"上传"至系统，最后单击"上传完成"按钮即完成自送货物的进站扫描。

⑤ "待发运"——集货调度。

货物进场站后，调度可在"待发运"对话框中进行集货调度，可以重新调整运力。

a. 在提交分单过程中，系统会根据当前运单的运力自动产生集货单，一个运力对应一个集货单，如果多个运单使用一个运力，就会在这个运力的集货单上有多个运单，从而进入"待发运"状态。

b. 重新调整运力，例如，如果发现两笔订单指定了不同运力，而实际从运输方向和时间来看可以使用同一个分供方运力，编号为 CA00001160，于是调整运单至同一个集货单 GC0001327 上。先单击"集货货位列表"文本框中的第一条记录，然后单击挂在此运力下"已选定在该集货单上的运单列表"文本框中运单列表右边的上箭头，再从集货运单列表中选择一张运单，单击列表右边的下箭头，挂在选中的运力上，即可将其指定到第二个运力。

c. 调整运力后，将第二条集货单通知场站。单击"通知"按钮。系统跳出"确认费用"对话框，确认从青岛运输到威海要付给分供方的运费总额。

在单击"通知"按钮链接时，系统会检查此集货单上的所有运单是否都进行了"取派操作"或"自提自送"操作，只有货物已经取到场站后才能"通知"场站装车发运。

在运输与配送运力调度时，凡用到分供方运力时系统都会跳出费用确认窗口，在此可输入应付给该分供方的运费，单击"保存"按钮后即提交给财务复核。

⑥　"发运到达"——货物出场。

对于在场站直接装车发运的运单，即"分单"时没有勾选"送港"的运单，进入"发运到达"对话框，进行出场扫描，步骤如下。

a. 单击左侧任务栏中的"场站扫描"按钮，如图 8.29 所示。

图 8.29　"场站扫描"对话框

b. 单击"打印交接单"按钮，打印交接单供司机与目的地场站交接用。

c. 单击"发送"按钮，发送货品信息至手持设备，检查货物后再单击"上传"按钮，

21世纪应用型精品规划教材·物流管理

最后单击"上传完成"按钮即完成出站扫描，运输车辆发出，货物进入在途状态。

⑦ "口岸提送"——货物出场。

对于"分单"时勾选了"送港"的运单，货物出场需进行如下操作。

a. 在"待发运"对话框中单击"送港"按钮，指定送港运力，录入运力信息，单击"确定"按钮。

b. 单击"通知"按钮，在弹出的对话框中单击"确定"按钮。

c. 打开"场站作业"菜单，单击左侧任务栏中的"口岸提送"按钮，弹出"口岸提送"对话框，选中单击"场站扫描"按钮，进行出站扫描。

d. 出站后在"口岸提送"对话框中自动产生一条入场扫描记录，一般有两种情况：一是送港车辆空车返回，不需扫描，单击"直接进站"按钮即可；二是送港时未能顺利交接，又将货物运回，则需对货物进行进站扫描，以免发生丢货。

e. 进入"发运到达"对话框，选中刚才送港运输的运力进行出站扫描，选择场站扫描后，单击"直接出站"按钮即可。

2．任务23：运输进港的调度与场站作业

(1) 实验任务。

要求学生分别模拟运输调度和场站人员的身份，在"运输管理系统"中完成对目的站到本站的货物进场、调度及出场作业。

(2) 实验步骤。

① "待到达"——处理到货/提货调度。

a. 打开"调度作业"菜单，在"待到达"对话框中查看将运到本站的运力，对于显示的运力是直接运输到场站的，可直接单击"到货"按钮，即将信息传达给场站准备进场作业。

b. 对于显示的标有"提货"的运力，表示需要组织运力到口岸提货，单击"运力号"按钮，可以看到运力信息，查看"运力类型"文本框的内容，可知要到航空口岸提货。

c. 单击"提货"按钮，在"取派调度单"栏中指定提货运力。如使用自有运力，确定发车时间并指定司机。

单击"确定"按钮后，再单击该运力信息后的"到货"按钮，即完成对提货运力的调度，并将信息通知场站。

② "口岸提送"——货物进场站。

打开"场站作业"菜单，在"口岸提送"对话框中对提货运力进行出站扫描，车辆发出前往口岸提货，系统自动产生一条入站扫描记录，提货回来后再进行进站扫描。

③ "发运到达"——货物进场站。

单击左侧任务栏中的"发运到达"按钮，看到到达本站的几部车辆(包括直接运输到场站的和口岸提货回来的)，对其进行进站扫描。

④ "自提自送"——货物出场站(客户自提)。

对于收货人到场站自提的运单,进入"场站作业"窗口的"自提自送"对话框可以看到,对其进行出站扫描。

⑤ "待取/派"——货物出场站(送货上门)。

对于送货上门的运单,需要先进行取派调度,再进行场站作业,其步骤如下。

a. 打开"调度作业"菜单,单击左侧任务栏中的"待取/派"按钮,查看"待派运单列表"栏的运单都是需要送货上门的,对其进行取派调度,操作同前。

b. 打开"场站作业"菜单,在"取派操作"对话框中对送货车辆进行出站扫描。

c. 派送车辆完成送货上门后回到场站,应该进入"场站作业"窗口的"取派操作"对话框,对回来的车辆进行进站扫描。

3. 任务 24:运单补录和运费复核

(1) 实验任务。

由于运输订单在录入时还没有集货到场站,所以现实中经常发生取来的货或托运人自送的货物与运单信息不一致的情况,因而在货物发运前的任何时间,客服(受理员)都可以在"运单管理"窗口的"补录信息"对话框中修改运单信息。

此外,无论是否修改,运单中注明的运费金额和使用分供方的运费都需提交给财务部门复核。此操作一般在货物发运前进行。

要求学生以客服身份对运单信息进行补录和提交审核;模拟财务人员复核运单和运费。

(2) 实验步骤。

① "补录信息"。

a. 单击左侧任务栏中的"补录信息"按钮,选择需要修改的运单单击"修改"按钮,页面显示与运输订单录入的页面相同,根据实际情况修改运单,然后单击"提交"按钮即可保存信息。

b. 返回"补录信息"对话框,选中运单,单击"提交复核"按钮。

② "运单复核"。

a. 所有运单都要提交财务复核,财务人员利用"运单复核"对话框进行复核。首先打开进入"商务结算系统"子模块的"商务结算管理"→"复核管理"菜单,再单击左侧任务栏中的"运单复核"按钮即弹出"运单复核"对话框。

b. 选择一个运单,查看运费是否合理,合理则单击"复核确认"按钮,不合理则单击"退回"按钮。

③ "运力费用复核"。

对于所有分供方费用都要提交财务复核,在"运力费用复核"对话框中核实完毕后,单击"退回"按钮或"复核确认"按钮。

21世纪应用型精品规划教材·物流管理

4．任务 25：签收与返单处理

(1) 实验任务。

对于托运人要求返单的运单，货物交到收货人手中后会签收。模拟目的站客服人员将签收信息录入系统，并向起始站返回签收信息；模拟起始站客服人员接受返单，并传达给托运人。

(2) 实验步骤。

① 对于目的站客服。

打开"运输管理"→"运单管理"菜单，在"签收录入"对话框中可以看到派送车辆已经返回的所有运单信息。按客户签字录入"签收人"和"签收时间"，单击标识 提交。

单击"返单"按钮，在"返单"对话框中查看"返单处理"栏信息，输入"返单人"(一般填写操作此单的货运员或客服人员)和"返单时间"，单击标识 提交。

② 对于起始站客服。

单击"返单"按钮，在"返单"对话框中查看"返单监控"栏中从本站发出等待目的站返单的运单信息，如已经接收到目的站返回的客户签收信息则单击标识 提交。

5．任务 26：运单查询

(1) 实验任务。

客户询问某笔业务的货物状态，客服可以在"运单管理"窗口的"运单查询"对话框中查询货物状态并答复客户。让学生分组模拟客户和客服，进行询问和查询。

(2) 实验步骤。

① 打开"运单查询"对话框，输入关键字。

一般可根据订单号、运单号、目的地、取/到货时间、受理日期、运单状态等显示的关键字进行查询。依据运单状态就可以判断该运单的执行情况和货物情况，如"待取"是指勾选了上门取货的运单尚未进行取派调度；"在取"是指勾选了上门取货的运单已经派出车辆取货，但尚未取回；"待集"是指货品已经取回场站尚未集货配载；"再集"是指正在进行场站集货调度；"待派"是指勾选了送货上门的运单尚未进行取派调度；"在派"是指已经派出车辆派送；"在途"是指在运输途中；"完成"是指目的站完成派送。之后签收状态会显示"是"与"否"，如需返单的，还会显示是否返单的状态。

② 如需查看运单每步操作的具体时间，打开"运单追踪"对话框即可，如现在是 18 日上午 10 点，接到客户询问运单号为 0123456789234 的货物上午能否送到门，客服追踪运单如图 8.30 所示。

图8.30　"运单追踪"对话框

6. 任务27：配送作业

(1) 实验任务。

配送即市内运输，操作流程与运输中取派作业的流程相似。要求学生模拟调度和场站人员在"配送管理"中完成市内配送业务。

(2) 实验步骤

① 配送补录。

配送订单的生成与运输订单相同，在"订单管理"窗口的"订单录入"对话框中新增一个配送订单，如果是从公司的仓库出库配送的，可在录入"出库订单"信息时选择"仓配"的出库类型。"配送补录"是在配送调度之前发现配送货品、收发货人地址等信息发生变化时由客服或场站人员进行的运单修改。

打开"配送管理"窗口的"配送补录"对话框，单击"修改"按钮可更改内容，修改无误后单击"提交复核"按钮，提交给财务人员复核费用。

② 配送调度。

与运输的取派调度相同，给市内配送的运单指定运力。打印取派通知单给货运员或司机。

③ 配送操作。

进入"配送操作"，对配送车辆进行出入场站的扫描。

④ 配送签收。

送货到门时，客户会在运单上签收，货运员将签收过的运单返回给客服，客服要录入签收信息。操作同任务 25 中的"运单管理"→"签收录入"。

十二、商务结算

1. 任务 28：费用管理

(1) 实验任务。

物流公司在与客户签订的合同中会详细规定所提供的仓储、运输等服务的费率、收费标准、结算方式等，以便向客户收取费用，即物流公司的业务收入。因而在签订合同后、业务开始前，应将针对该客户的费用设定输入系统，以便系统日后的统计、结算。

要求学生以客服或财务人员的身份在"费用管理"对话框中录入客户结算费用的标准。至少 4 个客户，仓储费用采用仓租+作业费的方式收取，运输费用采用城市间报价。学生应基于调研制定合理的费用水平。

(2) 实验步骤。

① 客户租用费用设置。

一般客户费用结算有两种方式：一是按租用收费，即事先谈好固定租用的储位规模(以面积或储位数量表示)；二是按占用收费，即结算时统计的实际占用储位规模(以面积或储位数量表示)。属于第一种情况的客户，在本模块设置。在这里，假设 4 个客户都用租用方式结算，学生自行决定以面积还是以储位数量计费，基于调研确定合适的费率。

进入"商务结算系统"子模块，打开 "商务结算管理"→"费用管理"菜单，单击"客户租用费用设置"按钮，再单击"新增"按钮，输入信息。

② 客户库房租用。

打开"客户库房租用"对话框，单击"新增"按钮，将用租用方式结算费用的客户租用的库房面积或储位个数录入。

③ 客户占用费用设置。

打开"客户占用费用设置"对话框，单击"新增"按钮，对客户费率进行设置。

④ 客户作业费用设置。

有时除按租用库房收取仓储费用外，还会按出入库作业量收取作业费用。费率即是按每个操作环节每次计收多少钱。一般用于那些出入库操作较为复杂、费工的环节。在这里，我们仅对存放在托盘货架区的化工品(客户为青岛华联)收取作业费。上架、下架操作各收一次。

打开"客户作业费用设置"对话框，单击"新增"按钮输入信息。

⑤ 分供方费用设置。

打开"分供方费用设置"对话框，单击"新增"按钮，可将分供方费用导入系统。

⑥ 路运报价维护。

打开"路运报价维护"对话框，输入对客户的运输报价。一般可在 Excel 中做好报价，计费方式可按两城市间距离或按吨公里，计费标准可按重量、体积或件数，根据不同计费标准做出分级报价(可参考系统中已有客户路运报价的格式)。将报价表上传系统，如将项目客户华联集团的运价表上传。

财务还需对"路运报价审核"对话框进行审核，审核通过，该客户的费用才能生效。

2．任务 29：现结现付管理

(1) 实验任务。

要求学生以财务人员的身份能够利用信息系统查看、追踪、核销结算方式为"现结"、"现付"的业务。

(2) 实验步骤。

① 现结账单。

对于结算方式为"现结"的运单进行统计，列出每票运单的运费、保险费、其他费用、应收费用、实收账款、核销状态。便于财务人员对于现结运单费用的核销和统计管理。

- 单击"查看"按钮，查看具体费用。
- 单击"追踪"按钮，录入实收账款、发票号、发票名称、应收发票种类、收款人及备注等。
- 单击"核销"按钮，对该运单进行核销。

② 现付账单。

现付账单指雇用分供方结算方式为现结的运力的费用账单。选中一个账单：

单击"查看"按钮，查看具体费用。

单击"追踪"按钮，录入实付账款、票据号码、票据名称、票据种类、付款人及备注等，录入完成后单击"提交"按钮进行保存。

单击"核销"按钮，对该运单进行核销。

3．任务 30：应收应付管理

(1) 实验任务。

应收款是应向客户收取的仓储、运输等物流服务费用，应付款是应向分供方支付的运杂费。在系统中生成应收应付款的前提是已经在"费用管理"中设置了客户和分供方的计费标准，并且运输配送业务中的运单和运力费用完成了财务复核。

要求学生以财务人员的身份能够利用信息系统生成、处理、查询一段时间内公司在仓储、运输业务中产生的应收应付账款情况。

(2) 实验步骤。

①"应收账单生成"。

打开"商务结算管理"→"应收应付管理"菜单，单击左侧任务栏中的"应收账单生成"按钮，显示对客户应收账单的查询界面，如图 8.31 所示。选择客户、截止时间、应收

21世纪应用型精品规划教材·物流管理

类型，查询应收账单情况。比如这里我们查看青岛华联客户截止到 2007 年 9 月 20 日的仓储作业费用、运输费用。

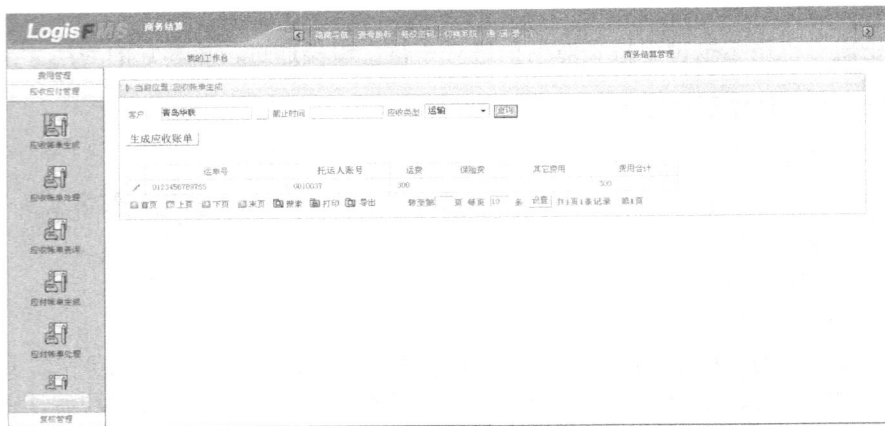

图 8.31　"应收账单生成"对话框

单击"生成应收账单"按钮即可。

② "应收账单处理"。

生成账单后应及时向客户确认并收款，实际应收数额与系统计算可能有差异。打开"应收账单处理"对话框，选择客户和类型，查询到已经生成的账单。

单击左侧任务栏中的"账单编辑"按钮，输入"本期应收"和"本期实收"信息，单击"保存"按钮，然后单击"完成"按钮即可。如需查询应收账款情况则打开"应收账单查询"对话框。

③ "应付账单生成"。

打开"应付账单生成"对话框，选择分供方、截止时间和类型。单击"生成应付账单"按钮。

④ "应付账单处理"。

打开"应付账单处理"对话框，选择分供方和类型，查询已生成的应付账单。单击"费用确认"按钮并付款后，再单击"核销"按钮完成应付账单处理。

如需查询应付款情况，打开"应付账单查询"对话框。

⑤ 应收应付统计。

打开"复核管理"菜单，单击左侧任务栏中的"应收统计"按钮，可查询对各个客户的应收款情况。

单击左侧任务栏中的"应付统计"按钮，可查询对各个客户的应付款情况。

十三、综合业务实验

1. 任务 31：仓储型配送中心作业流程实验

(1) 实验目的。

通过仓储型配送中心作业流程的实验，一方面让学生熟悉仓储型配送中心的概念，认识与其他类型配送中心的异同。另一方面让学生了解仓储型配送中心的作业流程，发现并提出作业流程优化方案。

通过本环节的训练和学习，使得学生自身选择和从事物流管理职业的条件进一步优化，同时为企业和社会培养出实践性更强的人才，有利于企业物流作业和管理水平的提高以及社会经济的发展。

(2) 实验要求。

在模拟实验之前给学生布置任务，让学生收集有关仓储型配送中心的资料，包括仓储型配送中心的特点、仓储型配送中心的业务范围、仓储型配送中心的作业流程等，从而使学生在开始模拟后，能够尽快进入状态，将注意力放在软件的使用和配送中心作业流程的实施上。

(3) 实验背景。

仓储型配送中心是一种具有很强仓储功能的配送中心，它的运作目的是要尽可能地降低其服务对象的库存。其特点是存储仓库规模大，仓储类型多，存储量大。这种配送中心一般都是由传统的仓储企业发展而来，理货、分类、配货、配装的功能较强，大多是以中、小件杂货配送为主要配送对象，一般来讲，很少有流通加工的功能。

(4) 模拟案例。

① 北京绿色粮油配送中心简介。

北京绿色粮油配送中心成立于 2002 年。该配送中心总投资 6000 万元，建筑面积 35000m²，该配送中心共有两个仓库，分别用于储存粮食和食用油，储存功能较强。主要配送各种品牌大米、面粉、食用油、精品杂粮。北京绿色粮油配送中心主要为北京市各大超市、食堂、酒楼、饭店、粮油零售店等提供品种齐全的配送业务。北京绿色粮油配送中心的两大重要客户是沃尔玛和京客隆。

② 北京绿色粮油配送中心布局。

北京绿色粮油配送中心的布局主要分为收货区、储存区、配装区、出货区。

③ 仓库基本信息(见表 8.1、见表 8.2)。

仓库名称：七号仓库

普通库房：长 100m 宽 100m 高 40m　　　　东大门：宽 5m 高 5m

仓管员：王立冬

21世纪应用型精品规划教材·物流管理

存储功能：保管区

存储类型：水果

存储方式：堆垛区

存储品质类型：正品区

储位大小：100cm×100cm

表 8.1　七号仓库信息表

库名称	区名称	存储方式	行　数	列　数	层　数	通道数
七号仓库	粮食区	堆垛区	10	4		2
	食用油区	托盘区	10	8		4

表 8.2　七号仓库货品信息表

所在区	货品名称	客户简称	SKU 包装单位	包装单位和包装明细
粮食区	东北大米	京客隆	袋	10 袋/箱
粮食区	玉米	京客隆	袋	10 袋/箱
	小麦	京客隆	袋	10 袋/箱
食用油区	金龙鱼食用调和油	沃尔玛	桶	12 桶/箱
食用油区	鲁花花生油	沃尔玛	桶	12 桶/箱
	胡姬花花生油	沃尔玛	桶	12 桶/箱

④ 配送中心车辆资源信息(见表 8.3)。

表 8.3　车辆资源信息表

车牌号	车的品牌	车辆类型	车容量(m³)	载重量(t)
A1236	东风	15 米，单桥，敞车	300	30
A1237	东风	15 米，双桥，全封闭	310	32
A2131	解放	12.5 米，单桥，全封闭	190	19
A2134	解放	12.5 米，双桥，全封闭	170	17
A2135	解放	12.5 米，双桥，半封闭	180	18
A2136	解放	12.5 米，双桥，敞车	190	19
C7899	三菱	9.6 米，双桥，半封闭	150	15

⑤ 配送中心人力资源信息(见表 8.4)。

表8.4　人力资源信息表

姓　名	性　别	所属类型	区别码	身份证号	工种类型
张伟	男	本公司	02001	122001198502030456	库管员
李峰	男	本公司	02002	201002198205300318	货运员
王勇	男	本公司	02003	310021198608230273	装卸工
郑雪	女	本公司	02004	450034197612210335	库工
刘珊	女	本公司	02005	450033197811220439	临时工
陈莉	女	本公司	02006	110032198410020657	司机
赵阳	男	本公司	02007	124563799631475201	盘点员
吴娟	女	本公司	02008	457896324452332210	理货员
吕颖	女	本公司	02009	511168521235452123	加工员

⑥ 配送中心设备资源信息(见表8.5)。

表8.5　设备资源信息表

设备编码	设备类型	所属类型	动力类型	功率	燃油类型	载重量	可载货长	可载货宽	可载货高
2001	托盘车	本公司	内燃机	100	汽油	100	1	1	1
2002	叉车	本公司	直流电池	150	汽油	200	2	1	1
2003	检测设备	本公司	交流电	200	汽油	100	2	2	2
2004	加工设备	本公司	内燃机	200	汽油	100	2	2	2
2005	吊车	外部	人力	200	柴油	300	3	3	3

⑦ 客户基本信息。

a. 京客隆。

客户简称：京客隆

全称：京客隆北京西单店

拼音码：JKL

联系人姓名：郑晓娟

通信地址：北京市西城区西单北大街 109 号地下一层

法人代表：王利民

联系电话：010-62312278

b. 沃尔玛。

客户简称：沃尔玛

全称：沃尔玛北京朝阳区分店

拼音码：WEM

联系人姓名：洪敏

通信地址：北京市朝阳区建国西路 101 号万达广场一号楼地下一楼

联系电话：010-58201211

⑧ 客户订单。

要求完成几笔配送订单。收到客户传真来的配送通知单如表 8.6 和表 8.7 所示。

表8.6 沃尔玛客户配送通知表

客户：沃尔玛	配送货品名称	数量(箱)	明细(袋)
指令号：0807071001	金龙鱼食用调和油	50	12×50
紧急程度：一般	鲁花牌花生油	50	20×50

表8.7 京客隆客户配送通知表

客户：京客隆	配送货品名称	数量(箱)	明细(袋)
指令号：0807081002	东北大米	50	10×50
紧急程度：一般	玉米	50	10×50

(5) 实验过程。

① 准备工作。

实验分成 4 个组：供应商、采购部/信息部、配送中心管理人员、分店。其中采购部/信息部可看成配送中心的一个部门。配送中心管理人员又可分成若干小组(库存检查小组、流通加工小组等)，他们在各自的岗位上扮演不同的角色。配送中心管理人员应多于其他四组人员。供应商、采购部/信息部、配送中心管理人员、分店人数，可分配 2～3 人。

给供应商、采购部/信息部、配送中心管理人员、分店分配不同的计算机，在计算机上为他们开放符合各自角色的界面，运用计算机，各小组可以检测到自己的库存状况和购买状况，从而为决策做好准备。

② 模拟流程(建议)。

a. 采购部生成采购订单。

采购部/信息部根据库存管理小组提交的库存状况信息作出判断，采购部门把它转化为采购订单，传给供应商进行采购。采购部门同时通知配送中心人员做好进货准备。

b. 供应商接收订单、发货物。

供应商接到采购订单后进行处理，并发货给配送中心。

c. 配送中心收货、入库。

配送中心收到货物后验收，并根据货物的不同选择不同的存储方式，如立体库、托盘库等。

d. 配送中心日常库内作业。

存储管理人员进行日常的库存盘点、货物移动作业等。

e. 分店发出补货信息。

分店根据自己的销售状况，向配送中心信息部发送订单进行补货。

f. 配送中心进行拣货。

配送中心管理人员接收到信息部的拣货作业指令后进行拣货。

g. 装车配送。

把拣选好的货物选择合适的车辆装车配送。

h. 分店验收。

分店接收到货物后进行验收，并把验收信息反馈给配送中心。

(6) 实验总结。

① 明确实验目的及要求；

② 写出实验的具体过程；

③ 根据实验步骤画出实验流程图；

④ 总结实验体会，可提出改善建议。

2. 任务32：流通型配送中心作业流程实验

(1) 实验目的。

通过流通型配送中心作业流程的实验，一方面让学生熟悉流通型配送中心的概念，认识与其他类型配送中心的异同。另一方面让学生了解流通型配送中心的作业流程，发现并提出作业流程优化方案。

通过本环节的训练和学习，使得学生自身选择和从事物流管理职业的条件进一步优化，同时为企业和社会培养出实践性更强的人才，有利于企业物流作业和管理水平的提高以及社会经济的发展。

(2) 实验要求。

在模拟实验之前给学生布置任务，让学生收集有关流通型配送中心的资料，包括流通型配送中心的特点、流通型配送中心的业务范围、流通型配送中心的作业流程等，从而使学生在开始模拟后，能够尽快进入状态，将注意力放在软件的使用和配送中心作业流程的实施上。

(3) 实验背景。

流通型配送中心通常用来向客户补充库存。基本上没有长期储存功能，仅以暂存或随进随出的方式进行配货、送货，这种配送中心的特点是货物在配送中心里仅做少许停滞，库存时间一般不超过 12 小时，将库存的风险转移到客户或零售点上。

(4) 模拟案例。

① 海誉配送中心简介。

海誉配送中心是一家大型流通型配送中心，服务对象主要是连锁商业企业、贸易公司、大型超市、购物中心、电子商贸网络，同时为快速消费品(FMCG)供应商(包含大中型生产或制造业、省级代理商)对终端销售网点提供专业化配送服务。物美超市和新新食品为海誉配送中心的核心客户，在其配送中心内部设置了海誉一号仓库和海誉二号仓库两个库房，物美库区占地 1000m²，新新食品库区占地 1200 m²。

② 海誉配送中心布局。

海誉配送中心的布局主要分为收货区、暂存区、配货区、出货区。

③ 仓库基本信息。

a. 海誉一号仓库信息(见表 8.8、表 8.9)。

存储功能：分拣区，存储类型：食品，存储方式：托盘区。

表 8.8　海誉一号仓库信息表

库 名 称	区 名 称	存储方式	货 架 数	截 面 数	层 数	通 道 数
海誉一号	饼干区	托盘区	5	6		
	方便面区	托盘区	6	8		
	巧克力区	托盘区	10	3		
	果冻区	托盘区	8	5		

表 8.9　海誉一号仓库货品信息表

所 在 区	货品名称	客户简称	SKU 包装单位	包装单位和包装明细
饼干区	达能饼干	新新	袋	20 袋/箱
	富丽牛奶饼干	新新	袋	20 袋/箱
	鬼脸嘟嘟饼干	新新	袋	20 袋/箱
方便面区	小浣熊干脆面	新新	袋	20 袋/箱
	康师傅香辣牛肉面	新新	袋	20 袋/箱
巧克力区	德芙巧克力	新新	粒	240 粒/箱
巧克力区	思诺巧克力	新新	粒	240 粒/箱
	费列罗巧克力	新新	粒	240 粒/箱
果冻区	徐福记果冻	新新	粒	240 粒/箱
果冻区	旺旺果冻	新新	粒	240 粒/箱
	金丝猴果冻	新新	粒	240 粒/箱

b. 海誉二号仓库信息(见表 8.10、表 8.11)。

存储功能：分拣区，存储类型：日用品，存储方式：托盘区。

表8.10 海誉二号仓库信息表

库 名 称	区 名 称	存储方式	货 架 数	截 面 数	层 数	通 道 数
海誉二号	毛巾区	托盘区	8	2		
	牙膏区	托盘区	5	8		
	洗面奶区	托盘区	10	3		
	牙刷区	托盘区	8	5		

表8.11 海誉二号仓库货品信息表

所 在 区	货品名称	客户简称	SKU 包装单位	包装单位和包装明细
毛巾区	洁丽雅毛巾	物美	块	20 块/箱
	亚光毛巾	物美	块	20 块/箱
	喜盈门毛巾	物美	块	20 块/箱
牙膏区	三笑牙膏	物美	支	20 支/箱
	黑人牙膏	物美	支	20 支/箱
洗面奶区	玉兰油洗面奶	物美	支	120 支/箱
	欧莱雅洗面奶	物美	支	120 支/箱
	安丽洗面奶	物美	支	12 支/箱
牙刷区	朗瑞奇牙刷	物美	支	120 支/箱
	佳洁士牙刷	物美	支	120 支/箱
	今晨牙刷	物美	支	120 支/箱

④ 配送中心车辆资源信息(见表8.12)。

表8.12 车辆资源信息表

车 牌 号	车的品牌	车辆类型	车容量(m³)	载重量(t)
A1235	东风	15 米，单桥，半封闭	240	24
A1236	东风	15 米，单桥，敞车	300	30
A1237	东风	15 米，双桥，全封闭	310	32
A1234	东风	15 米，双桥，敞车	320	32
A2133	解放	12.5 米，单桥，敞车	180	18
A2134	解放	12.5 米，双桥，全封闭	170	17
A2135	解放	12.5 米，双桥，半封闭	180	18
A2136	解放	12.5 米，双桥，敞车	190	19
A2137	三菱	9.6 米，单桥，全封闭	170	17
A2138	三菱	9.6 米，单桥，半封闭	160	16

续表

车 牌 号	车的品牌	车辆类型	车容量(m^3)	载重量(t)
C7899	三菱	9.6米，双桥，半封闭	150	15
B1235	三菱	9.6米，双桥，敞车	140	14
B1236	三菱	7.2米，单桥，全封闭	130	13
C1234	三菱	7.2米，双桥，全封闭	130	13
B2131	三菱	7.2米，双桥，半封闭	120	12

⑤ 配送中心人力资源信息(见表8.13)。

表8.13　人力资源信息表

姓　名	性　别	所属类型	区别码	身份证号	工种类型
张伟	男	本公司	04001	122001198502030456	库管员
李峰	男	本公司	04002	201002198205300318	货运员
王勇	男	本公司	04003	310021198608230273	装卸工
郑雪	女	本公司	04004	450034197612210335	库工
刘珊	女	本公司	04005	450033197811220439	临时工
陈莉	女	本公司	04006	110032198410020657	司机
赵阳	男	本公司	04007	124563799631475201	盘点员
吴娟	女	本公司	04008	457896324452332210	理货员
吕颖	女	本公司	04009	511168521235452123	加工员
周立伟	男	本公司	04010	789075878639742444	叉车司机
李阳	男	本公司	04011	321575878639743663	加工员
王小峰	男	本公司	04012	567575878639747891	质检员
张强	男	本公司	04013	124575878639741978	搬运工

⑥ 配送中心设备资源信息(见表8.14)。

表8.14　设备资源信息表

设备编码	设备类型	所属类型	动力类型	功　率	燃油类型	载 重 量	可载货长	可载货宽	可载货高
4001	托盘车	本公司	内燃机	100	汽油	100	1	1	1
4002	叉车	本公司	直流电池	150	汽油	200	2	1	1
4003	检测设备	本公司	交流电	200	汽油	100	2	2	2
4004	加工设备	本公司	内燃机	200	汽油	100	2	2	2
4005	吊车	外部	人力	200	柴油	300	3	3	3

⑦ 客户基本信息。

a. 新新食品。

客户简称：新新食品

全称：新新食品有限责任公司

拼音码：XXSP

联系人姓名：林菱

通信地址：北京市朝阳区建国东路 56 号民航商厦地下一楼

联系电话：010-87641129

b. 物美。

客户简称：物美

全称：物美超市翠微路店

拼音码：WM

联系人姓名：王星

通信地址：海淀区翠微路甲 5 号

联系电话：010-67641189

⑧ 客户订单。

要求完成几笔配送订单。收到客户传真来的配送通知单如表 8.15 和表 8.16 所示。

表 8.15　新新食品客户配送通知单

客户：新新食品	配送货品名称	数量(箱)	明细(粒)
指令号：0807071005	费列罗巧克力	50	240×50
紧急程度：一般	徐福记果冻	100	240×50

表 8.16　物美客户配送通知单

客户：物美	配送货品名称	数量(箱)	明细(支)
指令号：0807081006	朗瑞奇牙刷	50	120×50
紧急程度：一般	欧莱雅洗面奶	50	120×50

(5) 实验过程。

① 准备工作。

实验分成 4 个组：供应商、采购部/信息部、配送中心管理人员、分店。其中采购部/信息部可看成配送中心的一个部门。配送中心管理人员又可分成若干小组(库存检查小组、流通加工小组等)，他们在各自的岗位上扮演不同的角色。配送中心管理人员应多于其他四组人员。供应商、采购部/信息部、配送中心管理人员、分店人数，可分配 2～3 人。

给供应商、采购部/信息部、配送中心管理人员、分店分配不同的计算机，在计算机上为他们开放符合各自角色的界面，运用计算机，各小组可以检测到自己的库存状况和购买状况，从而为决策做好准备。

② 模拟流程(建议)。

a. 采购部生成采购订单。

采购部/信息部根据库存管理小组提交的库存状况信息作出判断，采购部门把它转化为采购订单，传给供应商进行采购。采购部门同时通知配送中心人员做好进货准备。

b. 供应商接收订单、发货物。

供应商接到采购订单后进行处理，并发货给配送中心。

c. 配送中心收货、入库。

配送中心收到货物后验收，并根据货物的不同选择不同的存储方式，如立体库、托盘库等。

d. 分店发出补货信息。

分店根据自己的销售状况，向配送中心信息部发送订单进行补货。

e. 配送中心进行拣货。

配送中心管理人员接收到信息部的拣货作业指令后进行拣货。

f. 装车配送。

把拣选好的货物选择合适的车辆装车配送。

g. 分店验收。

分店接收到货物后进行验收，并把验收信息反馈给配送中心。

(6) 实验总结。

① 明确实验目的及要求；

② 写出实验的具体过程；

③ 根据实验步骤画出实验流程图；

④ 总结实验体会，可提出改善建议。

3. 任务33：流通加工型配送中心作业流程实验

(1) 实验目的。

在对流通型配送中心模拟实验的基础上，让学生熟悉基于流通单一功能基础上的流通加工型物流配送中心所要开展的作业环节及流程。熟悉与配送业务相关联的其他各个业务环节。

(2) 实验要求。

在模拟实验之前给学生布置任务，让学生收集有关流通加工型配送中心的资料，包括流通加工型配送中心的特点、流通加工型配送中心的业务范围、流通加工型配送中心的作业流程等，从而使学生在开始模拟后，能够尽快进入状态，将注意力放在软件的使用和配送中心作业流程的实施上。

(3) 实验背景。

流通加工型配送中心是在流通型的配送基础上，可以为客户提供商品贴标签、称重、包装、计量、计价、切割、去骨、组装、分类等功能的配送中心。流通加工型配送中心在货物储存后，一般是按用户要求进行加工。货物加工后便直接按用户分放、配货，所以模拟的配送中心有时不单设分货、配送和拣货环节。也就是说，有时加工、分货、配货和拣货环节合并为一道工序。

(4) 模拟案例。

① 华美生鲜食品加工配送中心简介。

华美生鲜食品加工配送中心是我国国内目前设备最先进、规模最大的生鲜食品加工配送中心，总投资 6000 万元，建筑面积 35000 平方米，年生产能力 20000 吨，其中肉制品 15000 吨，生鲜水果 3000 吨，蔬菜 2000 吨，产品结构分为 15 大类约 1200 种生鲜食品；在生产加工的同时配送中心还从事水果、冷冻品以及南北货的配送任务。该配送中心加工的类型包括称重、包装、计量、计价、切割、去骨、组装、分类等。华美生鲜食品加工配送中心服务的对象主要是北京的各大超市、连锁店及零售店。其配送服务的大客户主要包括沃尔玛、苏果超市和家乐福。

② 华美生鲜食品加工配送中心布局。

华美生鲜食品加工配送中心的布局主要分为收货区、加工区、配货区和出货区。

③ 仓库基本信息(见表 8.11、表 8.18)。

仓库名称：一号仓库

普通库房：长 100m　宽 100m　高 40m　　南大门：宽 5m　高 5m

仓管员：王立冬

存储功能：加工区　存储类型：水果

存储方式：货架区　存储品质类型：正品区

储位大小：100cm×100cm

表 8.17　一号仓库信息表

库 名 称	区 名 称	存储方式	货 架 数	截 面 数	层 数	通 道 数
一号仓库	水果区	货架区	10	4	7	4
	蔬菜区	货架区	10	8	5	4
	肉类区	货架区	12	6	4	4

21世纪应用型精品规划教材·物流管理

表 8.18　一号仓库货品信息表

所 在 区	货品名称	客户简称	SKU 包装单位	包装单位和包装明细
水果区	榴莲	苏果超市	个	8 个/箱
	苹果	苏果超市	个	20 个/箱
	火龙果	苏果超市	个	10 个/箱
蔬菜区	荷兰豆	沃尔玛	袋	20 袋/箱
	马铃薯	沃尔玛	袋	20 袋/箱
	芥蓝	沃尔玛	袋	30 袋/箱
肉类区	牛肉	家乐福	袋	10 袋/箱
	鸡肉	家乐福	袋	20 袋/箱
	牛肉	家乐福	袋	20 袋/箱

④ 配送中心车辆资源信息(见表 8.19)。

表 8.19　车辆资源信息表

车 牌 号	车的品牌	车辆类型	车容量(m³)	载重量(t)
A1234	东风	15 米，单桥，全封闭	200	20
A1235	东风	15 米，单桥，半封闭	240	24
A2131	解放	12.5 米，单桥，全封闭	190	19
B1236	三菱	7.2 米，单桥，全封闭	130	13
B1237	三菱	7.2 米，单桥，敞车	120	12
C1238	三菱	7.2 米，单桥，半封闭	110	11
C1234	三菱	7.2 米，双桥，全封闭	130	13
B2131	三菱	7.2 米，双桥，半封闭	120	12

⑤ 配送中心人力资源信息(见表 8.20)。

表 8.20　人力资源信息表

姓 名	性 别	所属类型	区别码	身份证号	工种类型
张伟	男	本公司	01001	122001198502030456	库管员
李峰	男	本公司	01002	201002198205300318	货运员
王勇	男	本公司	01003	310021198608230273	装卸工
郑雪	女	本公司	01004	450034197612210335	库工
刘珊	女	本公司	01005	450033197811220439	临时工
陈莉	女	本公司	01006	110032198410020657	司机
赵阳	男	本公司	01007	124563799631475201	盘点员

续表

姓　名	性　别	所属类型	区 别 码	身份证号	工种类型
吴娟	女	本公司	01008	457896324452332210	理货员
吕颖	女	本公司	01009	511168521235452123	加工员

⑥ 配送中心设备资源信息(见表 8.21)。

表 8.21　设备资源信息表

设备编码	设备类型	所属类型	动力类型	功率	燃油类型	载重量	可载货长	可载货宽	可载货高
1001	托盘车	本公司	内燃机	100	汽油	100	1	1	1
1002	叉车	本公司	直流电池	150	汽油	200	2	1	1
1003	检测设备	本公司	交流电	200	汽油	100	2	2	2
1004	加工设备	本公司	内燃机	200	汽油	100	2	2	2
1005	吊车	外部	人力	200	柴油	300	3	3	3

⑦ 客户基本信息。

a. 苏果超市。

客户简称：苏果超市

全称：苏果超市北京朝阳区分公司

拼音码：SGCS

联系人姓名：林菱

通信地址：北京市朝阳区建国东路 56 号民航商厦地下一楼

联系电话：010-58203369

b. 沃尔玛。

客户简称：沃尔玛

全称：沃尔玛北京朝阳区分店

拼音码：WEM

联系人姓名：洪敏

通信地址：北京市朝阳区建国西路 101 号万达广场一号楼地下一楼

联系电话：010-58201211

c. 家乐福。

客户简称：家乐福

全称：家乐福北京望京分店

联系人姓名：张燕

通信地址：北京市朝阳区广顺北大街 16 号

联系电话：010-68691211

⑧ 客户订单。

要求完成几笔配送订单。收到客户传真来的配送通知单如表 8.22 和表 8.23 所示。

表 8.22　苏果超市客户配送通知单

客户：苏果超市	配送货品名称	加工类型	数量(箱)	明细(个)
指令号：0807081001	榴莲	包装	50	8×50
紧急程度：一般	苹果	包装	50	20×50

表 8.23　家乐福客户配送通知单

客户：家乐福	配送货品名称	加工类型	数量(箱)	明细(袋)
指令号：0807081004	牛肉	分割、包装	10	10×10
紧急程度：一般	鸡肉	去骨、包装	10	20×10

(5) 实验过程。

① 准备工作。

实验分成 4 个组：供应商、采购部/信息部、配送中心管理人员、分店。其中采购部/信息部可看成配送中心的一个部门。配送中心管理人员又可分成若干小组(库存检查小组、流通加工小组等)，他们在各自的岗位上扮演不同的角色。配送中心管理人员应多于其他四组人员。供应商、采购部/信息部、配送中心管理人员、分店人数，可分配 2~3 人。

给供应商、采购部/信息部、配送中心管理人员、分店分配不同的计算机，在计算机上为他们开放符合各自角色的界面，通过计算机，各小组可以检测到自己的库存状况和购买状况，从而为决策做好准备。

② 模拟流程(建议)。

a. 采购部生成采购订单。

采购部/信息部根据库存管理小组提交的库存状况信息作出判断，采购部门把它转化为采购订单，传给供应商进行采购。采购部门同时通知配送中心人员做好进货准备。

b. 供应商接收订单、发货物。

供应商接到采购订单后进行处理，并发货给配送中心。

c. 配送中心收货、入库。

配送中心收到货物后验收，并根据货物的不同选择不同的存储方式，如立体库、托盘库等。

d. 物流加工。

在入库前进行物流加工作业。

e. 分店发出补货信息。

分店根据自己的销售状况，向配送中心信息部发送订单进行补货。

f. 配送中心进行拣货。

配送中心管理人员接收到信息部的拣货作业指令后进行拣货。

g. 理货、包装、贴标签。

在装车配送前根据客户的需要，对商品进行包装、贴标签等工作。

h. 装车配送。

把拣选好的货物选择合适的车辆装车配送。

i. 分店验收。

分店接收到货物后进行验收，并把验收信息反馈给配送中心。

(6) 实验总结。

① 明确实验目的及要求；

② 写出实验的具体过程；

③ 根据实验步骤画出实验流程图；

④ 总结实验体会，可提出改善建议。

4. 任务34：中转型配送中心作业流程实验

(1) 实验目的。

通过中转型配送中心作业流程的实验，一方面让学生熟悉中转型配送中心的概念，认识与其他类型配送中心的异同。另一方面让学生了解中转型配送中心的作业流程，明确中转型配送中心在整个货物中转供应链中的定位，发现并提出作业流程优化方案。

(2) 实验要求。

在模拟实验前，必须在此之前的课堂教学中，用 1 个学时介绍中转型配送中心的功能以及需要的基本作业以及这些作业用到的一些单据的格式。准备好实验需要的相应软硬件设备。

(3) 实验背景。

中转型配送中心和流通型配送中心的作业流程基本相同，也是以暂存或随进随出方式进行配货、送货，基本上没有长期储存功能。中转型配送中心是将批量大、品种较单一的产品进货转换成小批量发货的配送中心。在配送之前需要进行产品换装、分包等简单的作业。中转型配送中心实验相对比较简单。

(4) 模拟案例。

① 金太阳配送中心简介。

金太阳配送中心是一家大型中转型配送中心，创建于 2001 年，主要从事日常消费品的中转配送服务，通过联机系统和商品信息订购的商品，整箱进货，分拣零送。金太阳配送中心以北京市及毗邻的华北地区为重点，建立了覆盖的各地配送中心分部及大批量批货客户的分销网络。下面是模拟金太阳配送中心为新世界百货和新华书店两个客户实施中转配送业务的流程。新世界百货和新华书店是金太阳配送中心的核心客户，在其配送中心内部设置了新华和新世界仓库专区，新华库区占地 1000m²，新世界库区占地 1200 m²。

② 金太阳配送中心布局。

金太阳配送中心的布局主要分为收货区、暂存区、配货区、出货区。

③ 仓库基本信息。

a. 仓库名称：新华一号仓库(见表 8.24)。

普通库房：长 100m 宽 100m 高 40m   东大门：宽 5m 高 5m

仓管员：王立冬

存储功能：分拣区

存储类型：图书(或默认)

存储方式：货架区

存储品质类型：正品区

储位大小：100cm×100cm

储位规格：箱

区名称：图书专区   行列数：10×10

表 8.24 新华一号仓库信息表

库 名 称	区 名 称	存储方式	货 架 数	截 面 数	层 数	通 道 数
新华一号仓库	文学书籍区	货架区	5	2	7	2
	科技书籍区	货架区	10	8	5	4
	教学教材区	货架区	12	6	4	4

b. 仓库名称：新世界二号仓库(见表 8.25、表 8.26)。

普通库房：长 200m 宽 100m 高 40m   北大门：宽 6m 高 5m

仓管员：李明

存储功能：分拣区

存储类型：服装(或默认)

存储方式：托盘区

存储品质类型：正品区

储位大小：150cm×150cm

表 8.25 新世纪二号仓库信息表

库 名 称	区 名 称	存储方式	行 数	列 数	层 数	通 道 数
新世纪二号仓库	童装区	托盘区	6	4		
	女装区	托盘区	8	8		
	男装区	托盘区	8	8		
	配饰区	托盘区	4	2		

表 8.26　货品信息表

所 在 区	货品名称	客户简称	SKU 包装单位	包装单位和包 装明细
图书区	新概念英语全套 (共四本)	新华书店	包	20 包/箱
	报关员考试专用书全套	新华书店	包	20 包/箱
	物流师考试专用书全套 (共两本)	新华书店	包	20 包/箱
女装区	ELAND 纯棉横条纹女 T 恤	新世界百货	件	100 件/箱
	ELLE 纯棉粉色女裙	新世界百货	件	100 件/箱
	ONLY 针织连衣裙	新世界百货	件	100 件/箱
男装区	纯色 POLO 短袖衫	新世界百货	件	100 件/箱

④ 配送中心车辆资源信息(见表 8.27)。

表 8.27　车辆资源信息表

车 牌 号	车的品牌	车辆类型	车容量(m³)	载重量(t)
A1234	东风	15 米，单桥，全封闭	200	20
A1235	东风	15 米，单桥，半封闭	240	24
A1236	东风	15 米，单桥，敞车	300	30
A1237	东风	15 米，双桥，全封闭	310	32
A2133	解放	12.5 米，单桥，敞车	180	18
A2134	解放	12.5 米，双桥，全封闭	170	17
A2135	解放	12.5 米，双桥，半封闭	180	18
A2136	解放	12.5 米，双桥，敞车	190	19
A2137	三菱	9.6 米，单桥，全封闭	170	17
B1237	三菱	7.2 米，单桥，敞车	120	12
C1238	三菱	7.2 米，单桥，半封闭	110	11
C1234	三菱	7.2 米，双桥，全封闭	130	13
B2131	三菱	7.2 米，双桥，半封闭	120	12

⑤ 配送中心人力资源信息(见表 8.28)。

表 8.28　人力资源信息表

姓　名	性　别	所属类型	区别码	身份证号	工种类型
张伟	男	本公司	03001	12200119850203 0456	库管员
李峰	男	本公司	03002	20100219820530 0318	货运员

21世纪应用型精品规划教材·物流管理

姓 名	性 别	所属类型	区 别 码	身份证号	工种类型
王勇	男	本公司	03003	310021198608230273	装卸工
郑雪	女	本公司	03004	450034197612210335	库工
刘珊	女	本公司	03005	450033197811220439	临时工
陈莉	女	本公司	03006	110032198410020657	司机
赵阳	男	本公司	03007	124563799631475201	盘点员
吴娟	女	本公司	03008	457896324452332210	理货员
吕颖	女	本公司	03009	511168521235452123	加工员
周立伟	男	本公司	03010	789075878639742444	叉车司机
李阳	男	本公司	03011	321575878639743663	加工员
王小峰	男	本公司	03012	567575878639747891	质检员

⑥ 配送中心设备资源信息(见表 8.29)。

表 8.29　设备资源信息表

设备编码	设备类型	所属类型	动力类型	功　率	燃油类型	载重量	可载货长	可载货宽	可载货高
3001	托盘车	本公司	内燃机	100	汽油	100	1	1	1
3003	检测设备	本公司	交流电	200	汽油	100	2	2	2
3004	加工设备	本公司	内燃机	200	汽油	100	2	2	2
3005	吊车	外部	人力	200	柴油	300	3	3	3

⑦ 客户基本信息。

a. 新世界百货。

客户简称：新世界百货

全称：北京市新世界服装百货有限责任公司

拼音码：XSJ

联系人姓名：林菱

通信地址：北京市朝阳区建国西路 101 号万达广场一号楼

联系电话：010-54567819

b. 新华书店。

客户简称：新华书店

全称：新华书店北京建国路分店

拼音码：XHSD

联系人姓名：洪敏

通信地址：北京市朝阳区建国东路 56 号民航商厦

联系电话：010-58657731

⑧ 客户订单。

要求完成几笔配送订单。收到客户传真来的配送通知单如表 8.30 和表 8.31 所示。

表 8.30　新华书店客户配送通知单

客户：新华书店	配送货品名称	数量(箱)	明细(本)
指令号：0807071002	新概念英语全套(共四本)	50	20×50
紧急程度：一般	报关员考试专用书全套	100	20×100

表 8.31　新世纪百货客户配送通知单

客户：新世界百货	配送货品名称	数量(箱)	明细(件)
指令号：0807081003	ELAND 纯棉横条纹女 T 恤	2	100×2
紧急程度：一般	纯色 POLO 短袖衫	2	100×2

(5) 实验过程。

① 准备工作。

实验分成 4 个组：供应商、采购部/信息部、配送中心管理人员、分店。其中采购部/信息部可看成配送中心的一个部门。配送中心管理人员又可分成若干小组(库存检查小组、流通加工小组等)，他们在各自的岗位上扮演不同的角色。配送中心管理人员应多于其他四组人员。供应商、采购部/信息部、配送中心管理人员、分店人数，可分配 2～3 人。

给供应商、采购部/信息部、配送中心管理人员、分店分配不同的计算机，在计算机上为他们开放符合各自角色的界面，运用计算机，各小组可以检测到自己的库存状况和购买状况，从而为决策做好准备。

② 模拟流程(建议)。

a. 采购部生成采购订单。

采购部/信息部根据库存管理小组提交的库存状况信息作出判断，采购部门把它转化为采购订单，传给供应商进行采购。采购部门同时通知配送中心人员做好进货准备。

b. 供应商接收订单、发货物。

供应商接到采购订单后进行处理，并发货给配送中心。

c. 配送中心收货、入库。

配送中心收到货物后验收，并根据货物的不同选择不同的存储方式，如立体库、托盘库等。

d. 分店发出补货信息。

分店根据自己的销售状况，向配送中心信息部发送订单进行补货。

e. 装车配送。

把拣选好的货物选择合适的车辆装车配送。

f. 分店验收。

分店接收到货物后进行验收,并把验收信息反馈给配送中心。

(6) 实验总结

① 明确实验目的及要求;

② 写出实验的具体过程;

③ 根据实验步骤画出实验流程图;

④ 总结实验体会,可提出改善建议。

十四、注意事项

(1) 及时保存指令及数据,防止丢失。

(2) 学生应复习之前第三方物流相关知识内容。

十五、实验思考题

(1) 什么是第三方物流,第三方物流的特点是什么?

(2) 第三方物流业务操作中需要注意的原则有哪些?

(3) 我国第三方物流的问题及对策?

(4) 可以使用哪些现代技术提高第三方物流的水平?

十六、实验报告要求

(1) 完整记录实验数据,包括实验数据录入情况及生成的相关表单。

(2) 完成实验思考题。

(3) 总结实验体会,可提出改善建议。

(4) 针对当地第三方物流发展情况做调研,并进行分析,写出调研报告。

实验 2　物流成本管理系统模拟实验

一、实验目的

物流成本管理系统模拟了企业成本核算的基本流程。系统利用成本预测、管控、核算三个模块使学生掌握成本管理的基本理论;熟悉成本核算的各个科目;并通过各实验模块的引导案例,使学生掌握成本核算的各个作业环节。

二、实验设备与仪器

可登录网络的计算机、投影仪、物流成本管理系统软件。

三、基础数据维护

1．资源中心数据维护

(1)　部门管理。

系统根据物流的基本功能，设置了仓储、运输、财务、综合管理四个部门，如图 8.32 所示。

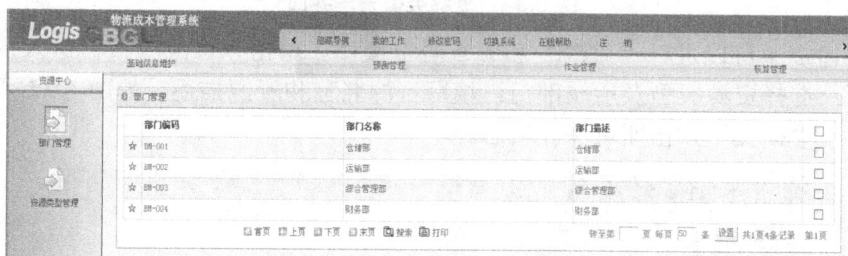

图 8.32　部门管理界面

对于系统中给定的四个相关部门，用户可以进行"修改"和"查看"操作。选中需要修改的部门信息项目，单击"修改"按钮进入部门管理修改界面，如图 8.33 所示。

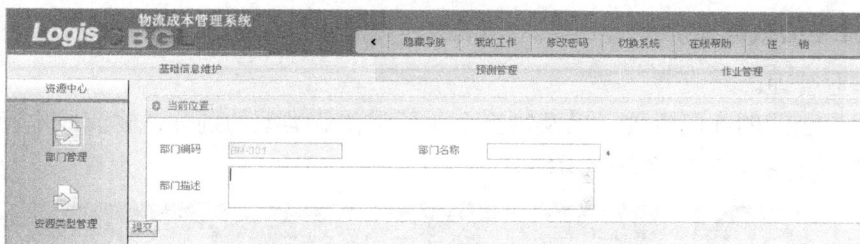

图 8.33　部门管理修改界面

可以修改部门名称、部门描述这两项，部门编码信息是系统自动生成的，因此无法修改。修改完毕后，单击"提交"按钮即可保存信息。

(2)　资源类型管理。

根据物流企业掌控的资源状况，可将其划分为人力资源、车辆资源和设备资源三种，如图 8.34 所示。

21世纪应用型精品规划教材·物流管理

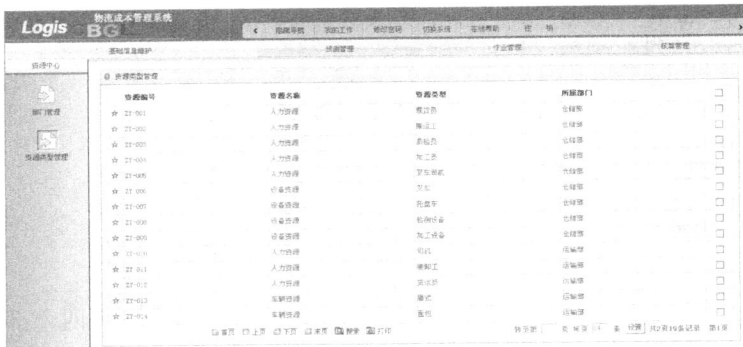

图 8.34　资源类型管理界面

对于上述资源可以进行"修改"和"查看"操作。单击"修改"按钮进入资源类型管理修改界面，选择资源类型及所属部门，填写资源名称和资源描述，如图 8.35 所示。修改完毕后，单击"提交"按钮即可保存信息。

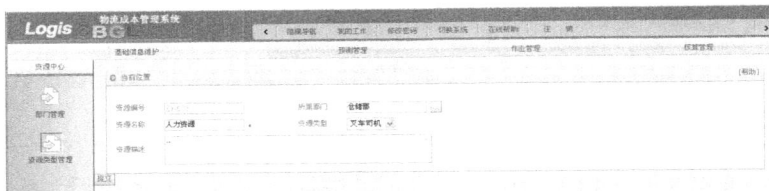

图 8.35　资源类型管理修改界面

2．作业中心数据维护

(1) 作业管理。

根据物流企业的部门设置，以及物流企业日常作业类型的划分，物流成本管理系统划定了 14 种作业内容，如图 8.36 所示。

图 8.36　作业管理界面

对于上述资源可以进行"修改"和"查看"操作。单击"修改"按钮进入作业管理修改界面，选择所属部门，填写作业名称、作业描述以及可能参与此项作业的资源类型，如图 8.37 所示。修改完毕后，单击"提交"按钮即可保存信息。

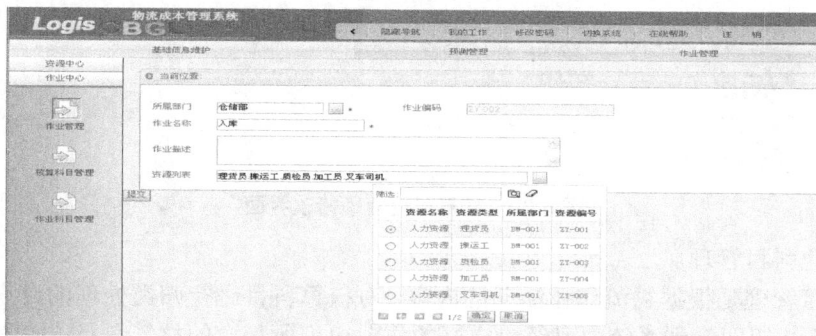

图 8.37 作业管理修改界面

(2) 核算科目管理。

对物流成本进行核算时，可根据核算运用的基本规则进行分类，系统中划分为：按作业单独核算、按作业单数核算、按作业量分配(重量/体积)核算这几种方式。系统中设定了 50 个核算科目的名称，并根据核算规则进行了分类，如图 8.38 所示。

图 8.38 核算科目管理界面

对于上述资源可以进行"修改"和"查看"操作。单击"修改"按钮进入核算科目管理修改界面，选择核算规则，填写科目名称、科目号和科目描述，如图 8.39 所示。修改完毕后，单击"提交"按钮即可保存信息。

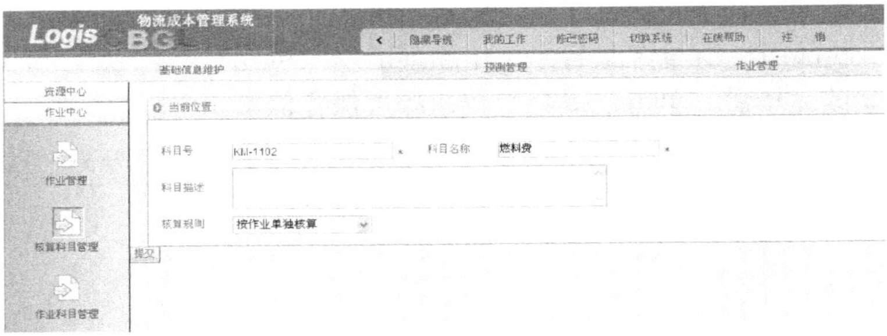

图 8.39　核算科目管理修改界面

(3)　作业科目管理。

作业科目管理是根据物流作业活动的内容，对核算科目进行归类处理的过程，单击"作业科目管理"按钮即看到系统中已经设定好的作业内容所包含的核算科目，如图 8.40 所示。

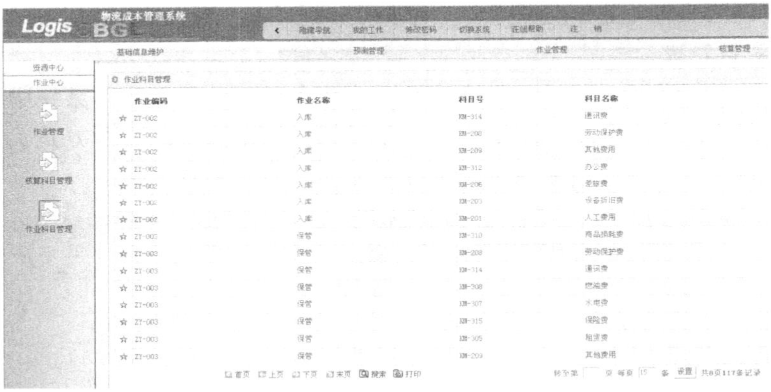

图 8.40　作业科目管理界面

作业科目管理主要是根据作业环节、核算科目这两个信息，进行组合形成针对每一个作业环节所对应的科目名称，因此，该部分只能进行"查看"操作，如图 8.41 所示。

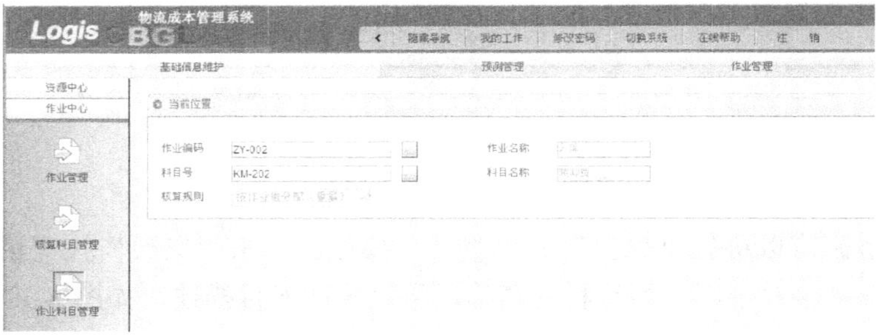

图 8.41　作业科目管理查看界面

四、物流成本管理系统模拟操作实验

1．预测管理操作

（1）任务发布。

B公司前9个月产生的供应物流费用、生产物流费用、销售物流费用、退货物流费用、废弃物物流费用，具体到每一个月的成本费用如表8.32所示。

表8.32　1～9月各项物流费用统计

月　份	供应物流费用	生产物流费用	销售物流费用	退货物流费用	废弃物物流费用	当月合计
1	3500	3670	4332	300	613	12415
2	4579	4780	5487	345	701	15892
3	2675	3010	3785	291	528	10289
4	2998	3378	3855	298	511	11040
5	3321	3560	4003	277	498	11659
6	4532	4678	5046	321	659	15236
7	1989	2187	2642	199	390	7407
8	2461	2634	3185	219	470	8969
9	3789	4023	4458	311	641	13222

通过分析，可以发现，每个月的每一项物流费用有明显的波动，很难直观地判断出下一个月物流成本的多少。给企业的财务预算带来一定的困难，面对这种问题，企业应尽快找到一种适宜的方法帮助其对10月份的物流成本进行预测。

（2）操作流程。

打开物流教学平台界面，进入"物流成本管理系统"模块，输入账号、密码登录系统，显示"预测管理"窗口，如图8.42所示。

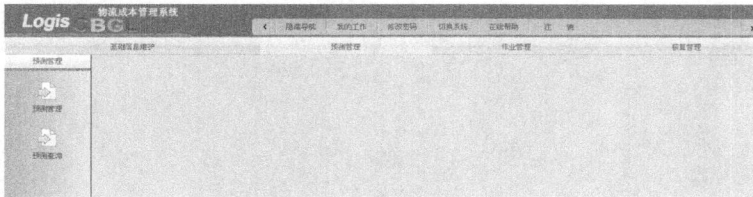

图8.42　"预测管理"窗口

① 预测管理。

单击左侧任务栏中的"预测管理"按钮，再单击"新增"按钮，新增一个"预测管理"对话框，如图8.43所示。

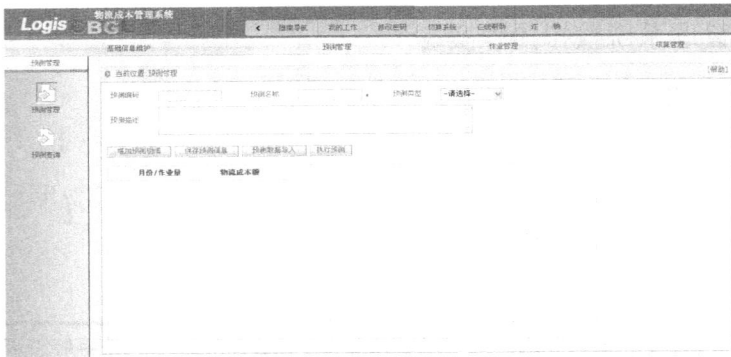

图 8.43　"预测管理"对话框

根据"预测管理"对话框的填写要求，填写相应信息，其中带有红色星号标志的为必填项。系统中可以对成本进行预测，也可以对作业量进行预测，只需在预测类型处选择需要的项目即可，如图 8.44 所示。

图 8.44　预测管理基础信息

单击"增加预测明细"按钮，根据任务发布中的案例数据，添加各月份的合计物流成本，如图 8.45 所示。

图 8.45　预测管理历史数据添加

单击"执行预测"按钮，系统首先会提示用户需要预测的月份为 10 月，再单击"执行预测"按钮，即进入预测结果查看界面，如图 8.46 所示。

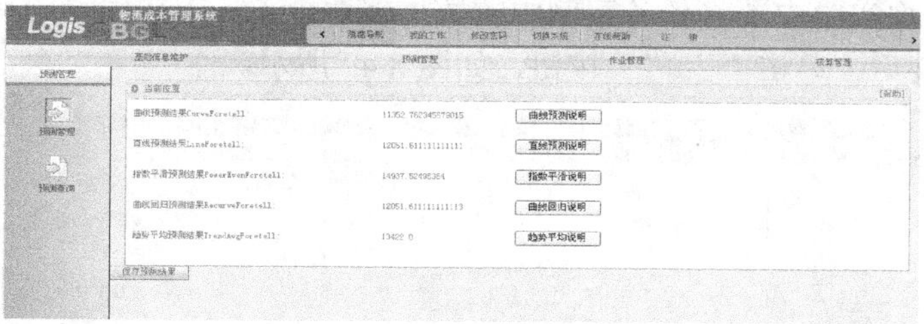

图 8.46 预测结果查看界面

系统采用曲线预测、直线预测、指数平滑预测、曲线回归预测和趋势平均预测五种预测方式，对 10 月份的物料费用进行预测，分别得到了不同的预测值。可以单击预测之后的"说明"按钮，查看每种预测方法的基本模型，如图 8.47 所示。

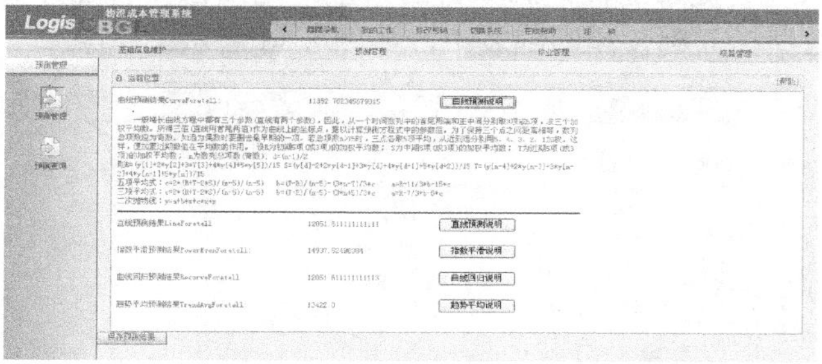

图 8.47 曲线预测法说明

用户可以根据不同预测方法的特点，以及历史数据的特点，选择合适的预测方法，作为预测的最终结果。

最后单击"保存预测结果"按钮即可保存信息。

当预测的历史数据相对较少时，用户可以手动输入历史数据，当预测的历史数据较多时，可以通过"预测数据导入"对话框将大量的历史数据导入到系统中，并完成预测过程。在进行预测数据导入时，系统会有提示信息指导用户如何导入数据，如图 8.48 所示。

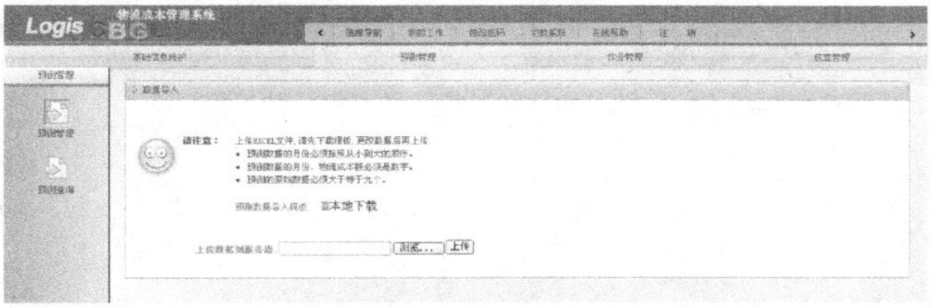

图 8.48 预测历史数据导入界面

21世纪应用型精品规划教材·物流管理

利用导入数据的方法进行预测，首先要将历史数据按照系统中给定的导入模板保存在 Excel 文件中，本次实验中要将任务案例中的数据保存至 Excel 文件中。单击"浏览"按钮找到历史数据文件后，单击"上传"按钮，如图 8.49 所示。

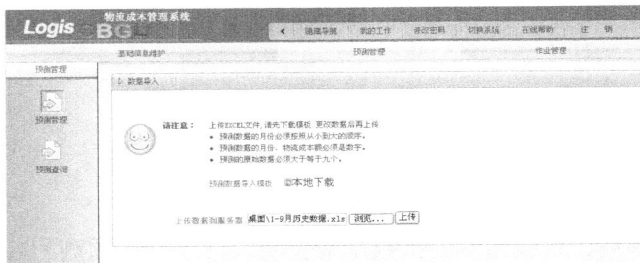

图 8.49　历史数据上传

上传成功后，系统会提示上传信息项目的数量，返回预测管理界面，就可以看到系统已经将上传的历史数据导入到预测明细表中，如图 8.50 所示。

图 8.50　历史数据导入后列表

单击"执行预测"按钮，查看预测结果。

② 预测查询。

对于已经进行过预测的任务，可以进行查询操作，单击左侧任务栏中的"预测查询"按钮，弹出"预测查询"对话框，如图 8.51 所示。

图 8.51　"预测查询"对话框

用户可以根据预测编码、预测类型、预测名称等信息对已经保存的预测任务进行查询，例如，选择预测类型为：历史作业成本，单击"查询"按钮就可以查询到同类型的预测任务，如图8.52所示。

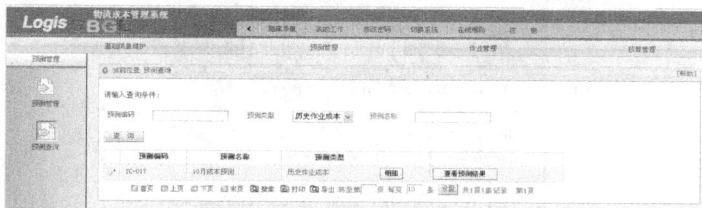

图 8.52　按预测类型查询结果列表

单击"明细"按钮，可以查询到预测数据的详细信息，如图8.53所示。

图 8.53　预测数据详细查询结果

单击"查看预测结果"按钮，可以查询到5种预测结果，如图8.54所示。

图 8.54　预测数据显示界面

单击"导出至 Excel"按钮，可将此预测结果保存下来，以便用户后续进行查询，如图8.55所示。

图 8.55　预测数据导出界面

2．作业管理操作

(1)　任务发布。

B 公司作为一家集运输、仓储保管多种经营业务于一体的第三方物流企业，主要负责完成大型连锁超市的物流储运工作。公司设置了仓储、运输、综合管理以及财务四个部门。公司每个月会对部门作业任务进行统计、分析，以便于后续的成本核算。根据各部门任务汇总得到 B 公司 6 月份的作业任务如表 8.33 和表 8.34 所示。

表 8.33　仓储部门作业任务

客户编码	作业类型	作业总重量(kg)	作业总体积(m³)	作业总件数	预期时间
walmart	入库	375	125	25	6.24
	保管	375	125	25	6.24
	出库	426	67	30	6.29
wumei	入库	689	59	60	6.3
	保管	689	59	60	6.3
	出库	260	30	30	6.17
	出库	479	49	34	6.27

表 8.34　运输部门作业任务

客户编码	作业类型	作业总重量(kg)	作业总体积(m³)	作业总件数	预期时间
walmart	运输	67900	201	5000	6.1
	配送	326	60	30	6.6
	配送	421	62	45	6.20
wumei	配送	561	39	60	6.5

续表

客户编码	作业类型	作业总重量(kg)	作业总体积(m^3)	作业总件数	预期时间
	配送	458	36	55	6.12
	运输	38100	311	156	6.20
	运输	34690	231	179	6.29

现利用"物流成本管理系统"模块的"作业管理"窗口对 B 公司 6 月份的作业任务进行汇总和分析。

(2) 操作流程。

打开物流教学平台界面，进入"物流成本管理系统"模块，输入账号、密码登录系统，显示"作业管理"窗口，如图 8.56 所示。

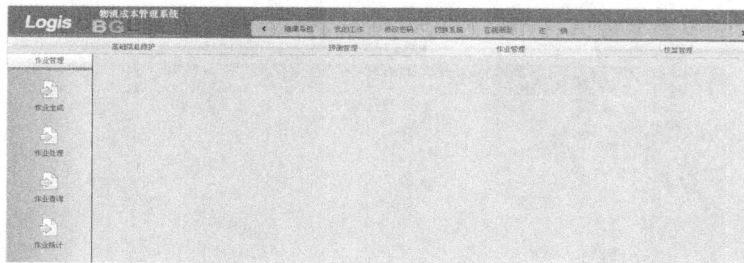

图 8.56　"作业管理"窗口

① 作业生成及处理。

单击左侧任务栏中的"作业生成"按钮，再单击"新增"按钮，新增一个"作业生成"对话框，如图 8.57 所示。

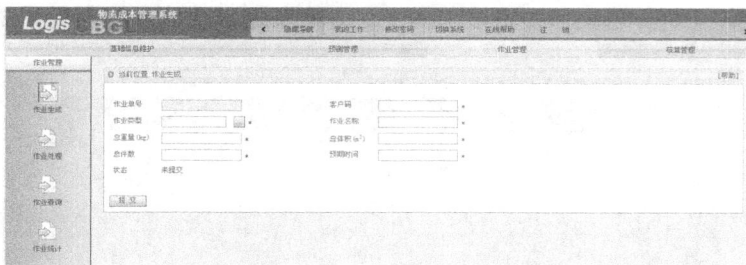

图 8.57　新增"作业生成"对话框

根据"作业生成"对话框的填写要求，填写相应信息，其中带有红色星号标志的为必填项。根据任务发布中的案例数据，添加新的作业项目，如图 8.58 所示。

单击"提交"按钮，即完成此条作业任务的增加。重复上述步骤，将案例中 6 月份的所有作业任务都添加到系统中。

225

21世纪应用型精品规划教材·物流管理

图 8.58　作业任务信息输入界面

返回到"作业管理"窗口，在作业列表中选中添加的作业任务，单击"提交"按钮等待作业处理。

单击左侧任务栏的"作业处理"按钮，进入"作业处理"对话框，单击"处理"按钮，输入作业时限、资源类型等信息，如图 8.59 所示。

图 8.59　作业占用资源添加

输入作业的开始时间、结束时间；单击"增加资源类型"按钮添加此次入库作业所占用的资源及数量，例如，此次入库作业有一辆叉车负责搬运货品入库、两名搬运工、一名理货员、一名装卸工、一名叉车司机参与其中，就将上述资源信息输入到系统中，如图 8.60所示。

图 8.60　作业资源列表

上述信息添加完毕，确认无误后，单击"提交"按钮即可。

② 作业查询。

单击左侧任务栏中的"作业查询"按钮，可以对作业任务的作业状态、作业量、作业类型等信息进行查询。

按照作业状态进行查询的结果，如图 8.61 所示。

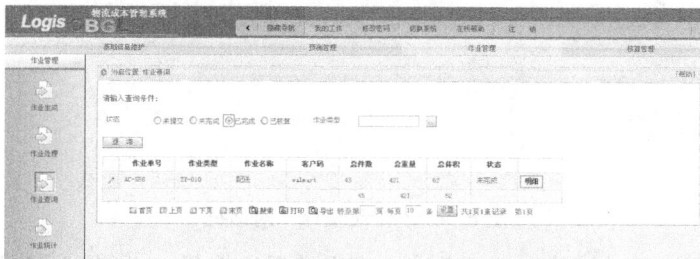

图 8.61　按照作业状态进行查询结果列表

按照作业类型进行查询的结果，如图 8.62 所示。

图 8.62　按照作业类型进行查询结果列表

选择需要查询的作业任务，单击"明细"按钮，弹出作业内容的详细信息，如图 8.63 所示。

图 8.63　作业任务详细信息界面

21世纪应用型精品规划教材·物流管理

③ 作业统计。

单击左侧任务栏中的"作业统计"按钮，可以对已经完成的作业任务的耗费工时、消耗量进行统计分析，如图 8.64 所示。

图 8.64 "作业统计"对话框

以总工时、平均工时统计为例，单击"查看结果"按钮， 如图 8.65 所示。

图 8.65 工时统计界面

至此，"作业管理"窗口的主要操作已全部完成。

作业管理的主要任务是对特定时期内的作业任务的信息进行录入和汇总。

3．核算管理操作

（1） 任务发布。

B 公司作为一家集运输、仓储保管多种经营业务为一身的第三方物流企业，主要负责完成大型连锁超市的物流储运工作。公司设置了仓储、运输、综合管理以及财务四个部门。根据各部门任务汇总得到 B 公司 6 月份 walmart 项目的作业任务如表 8.35 和表 8.36 所示。

表 8.35 运输部门作业任务

客户编码	作业类型	作业总重量(kg)	作业总体积(m³)	作业总件数	预期时间
walmart	运输	67900	201	5000	6.1
	配送	326	60	30	6.6
	配送	421	62	45	6.20

表 8.36　仓储保管作业任务

客户编码	作业类型	作业总重量(kg)	作业总体积(m³)	作业总件数	预期时间
walmart	入库	375	125	25	6.24
	保管	375	125	25	6.24
	出库	426	67	30	6.29

根据各部门任务汇总得到 B 公司 6 月份各部门的物流成本费用如表 8.37 所示。

表 8.37　B 公司 6 月份各部门物流成本费用

项　目	部　门	
	仓储部门	运输部门
办公费	100	—
装卸费	310	—
租赁费	2900	—
保险费	45	—
包装费	36	—
水电费	260	—
车辆修理费	—	230
养路费	—	20
车杂费	—	79
劳动保护费	60	112
低值易耗品	35	10
过路过桥费	—	34
燃油费	0	247
车辆折旧费	—	79
商品损耗费	20	—
其他费用	69	—

现利用"物流成本管理系统"模块的"核算管理"窗口模块对 B 公司 6 月份的物流成本进行分析和统计。

(2) 操作流程。

核算管理是对特定时间段内各项作业任务的成本进行总体核算，因此需要先对各项作业任务进行管控，具体操作步骤与作业管理中的操作类似。

打开物流教学平台界面，进入"物流成本管理系统"模块，输入账号、密码登录系统，显示"核算管理"窗口，如图 8.66 所示。

21世纪应用型精品规划教材·物流管理

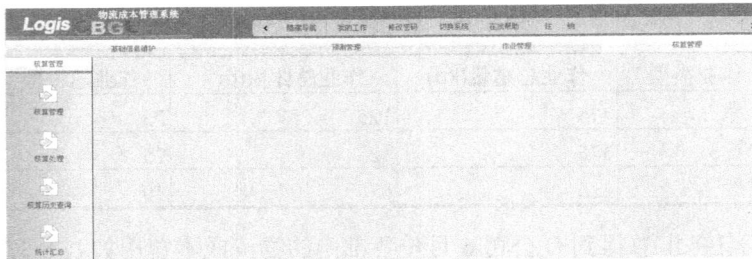

图 8.66　"核算管理"窗口

① 新增核算单。

单击左侧任务栏中的"核算管理"按钮，新增一个"核算单"对话框，如图 8.67 所示。

图 8.67　新增"核算单"对话框

根据核算单的要求，输入相应内容，其中带有红色星号标志的为必填项。根据任务发布中的案例数据，核算单名称为沃尔玛 6 月物流成本核算；核算时间为 6 月 1 日 0 点至 7 月 1 日 0 点，如图 8.68 所示。

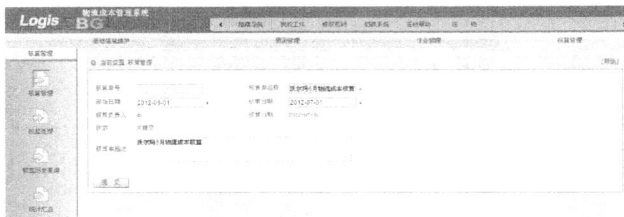

图 8.68　核算单添加界面

上述信息填写完毕后，单击"提交"按钮。返回到核算单列表中，选中刚添加的列表，再单击列表下方的"提交"按钮，即完成核算单的增加操作。

② 核算处理。

单击左侧任务栏中的"核算处理"按钮，显示上一个过程中提交的核算单，选择该核算单，单击下方的"处理"按钮，弹出"核算处理"对话框，如图 8.69 所示。

成本核算的明细主要是按照各部门进行划分，因此，先选择需要核算的部门名称，例如选择"仓储部门"，此时，系统会将仓储部门涉及的成本核算科目详细列出，如图 8.70 所示。

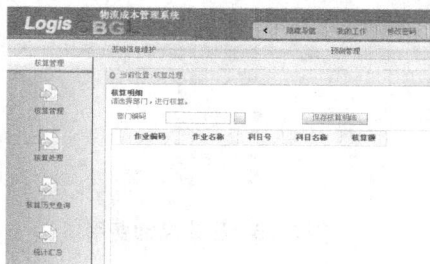

图 8.69 "核算处理"对话框

图 8.70 仓储部门核算明细

根据图 8.70 可以发现，核算科目按照作业类型分别列出。对于核算规则为"按作业单独核算"的科目直接录入数值，如图 8.71 所示。

图 8.71 仓储部门核算项目费用添加

其他规则的科目输入域为只读，双击后弹出按照规则的部门内作业量分配数值及其成本分配额，可以调整，以装卸费用为例，如图 8.72 所示。

由于在出入库作业环节都涉及了装卸费用，因此会同时显示出两个作业任务，在核算额中填写金额，单击"确定分配"按钮，可以查看在两个作业任务中，装卸费用的分摊比例，如图 8.73 所示。

图 8.72 核算费用分配操作

图 8.73 核算费用分配结果显示

21世纪应用型精品规划教材·物流管理

对分配比例确认无误后，单击"关闭并保存"按钮，即可返回核算单内容界面，此时可以看到装卸费用已经添加到核算项目中，如图 8.74 和图 8.75 所示。

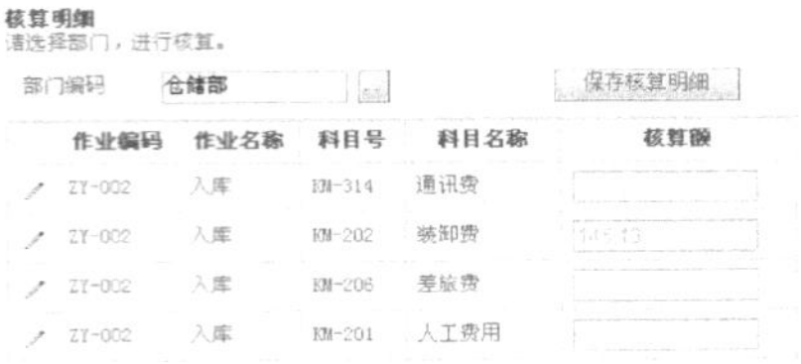

<table>
<tr><td>图 8.74　入库装卸费用</td><td>图 8.75　出库装卸费用</td></tr>
</table>

在全部核算完成后，单击"保存核算明细"按钮，保存核算的全部内容。对于运输部门、综合管理部门、财务部门的核算方式相同，不做重复叙述。

当所有部门的核算明细都填写并保存后，返回"核算处理"对话框，显示核算单列表，如图 8.76 所示。

图 8.76　"核算处理"对话框

选中核算单，单击页面下的"核算完成"按钮，完成此次核算作业。

③ 核算历史查询。

单击左侧任务栏中的"核算历史查询"按钮，可以查看到以往处理完成的核算单。用户可以根据核算单号、核算单名称或者核算单状态，查询核算单。图 8.77 显示的是根据核算单状态为"已核算"进行查询的结果。

图 8.77　核算单据查询结果

④ 统计汇总。

单击左侧任务栏中的"统计汇总"按钮，系统中设定的分析依据包括部门成本统计、作业成本统计、成本科目统计以及成本科目部门统计四项，如图8.78所示。

图8.78　"统计汇总"对话框

以上四项的核算统计主要来源于"基础信息维护"模块中的数据设定。

选择需要进行统计分析的核算单，如图8.79所示。

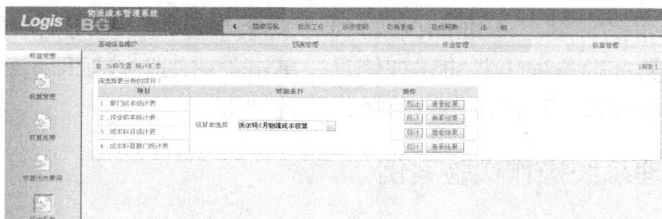

图8.79　核算单填选界面

单击"统计"按钮逐项进行统计，部门成本统计如图8.80所示。

单击"保存结果"按钮，返回到统计汇总界面，单击各项的"查看结果"按钮，作业成本统计如图8.81所示。

图8.80　按部门成本统计列表

图8.81　按作业成本统计列表

此时对于该项目的成本核算操作已经完毕，用户可以进入"作业管理"窗口，查看已核算完成的作业情况。单击左侧任务栏中的"作业查询"按钮，选择作业状态为"已核算"

进行查询，得到的结果如图 8.82 所示。

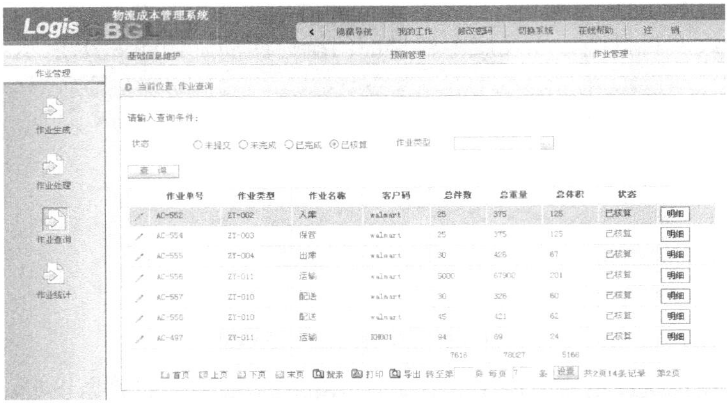

图 8.82　已核算完成单据列表

由图 8.82 可以看到，客户 walmart 在 6 月 1 日至 7 月 1 日之间完成的 6 项作业任务都已核算完成。如果想查看各项作业的详细信息，单击"明细"按钮即可。

至此，物流成本核算管理模块的全部操作流程结束。

五、物流成本管理系统操作实验案例

A 公司是一家电子制造、服务企业，成立于 1996 年 3 月，厂址位于苏州工业园区内，公司为客户提供全方位的电子服务：包括样机的制作、电子设备的装配、测试及售后服务和维修等。产品广泛应用于电脑资讯、网络资讯、半导体工艺、医疗、汽车以及航空导航等领域。公司现有员工 3500 余名，生产流水线 27 条。年营业额以 100%的比率快速增长。2001 财政年度公司营业收入达到 6.6 亿美元，成为苏州工业园区最大的出口企业之一。

A 公司的物流运作以项目为基础，从订单处理、物料采购、库存管理，到运输配送都是依据不同的项目组进行管理和控制，因此物流成本也是以单个项目进行管理。作为制造企业，A 公司的物流过程可以大致分为供应物流、生产物流、销售物流、回收物流四个部分，在这些物流过程中包含的作业环节主要有：原材料入库、原材料出库(生产阶段)、原料和产成品保管，以及产成品运输。A 公司为了更好地对物流费用进行管控，要求每月月末对下个月的物流费用支出做出初步的预测，以方便物流预算的制定和物流部门绩效的评价。现有 A 公司电子器件 UCL500 项目物流费用支出近 10 个月的历史数据，如表 8.38 所示。

表 8.38　A 公司 1～10 月物流费用统计

月　份	供应物流费用	生产物流费用	销售物流费用	退货物流费用
1	3456	4012	3987	300
2	3315	3780	3566	239

月　份	供应物流费用	生产物流费用	销售物流费用	退货物流费用
3	3890	4316	4085	293
4	3458	3918	3525	246
5	4690	5012	4803	351
6	4009	4678	4346	309
7	2673	2992	2742	178
8	3178	3634	3425	225
9	3320	3823	3518	281
10	4502	4905	4676	325

经过一个月的生产和运营，UCL500 项目如期完成了 5000 个电子器件的生产任务。当月的生产情况为，采购原材料 I 型原材料 4500 个，共计 90 箱，单箱重量为 10.5kg，体积为 3m^3；II 型原材料 10000 个，共计 200 箱，单箱重量为 8.5kg，体积为 2.88 m^3；III 型原材料 3500 个，共计 70 箱，单箱重量为 15.7kg，体积为 4.6 m^3；月底销售 UCL500 电子器件 4960 个，共计 124 箱，单箱重量为 18.2kg，体积为 5 m^3；回收残次件 25 个，共计 1 箱，单箱重量为 12.1kg，体积为 5 m^3。物流作业任务的完成情况如表 8.39 和表 8.40 所示。

表 8.39　仓储作业任务

客户编码	作业类型	预期时间
UCL500	I 型采购入库	11.02
	II 型原材料采购入库	11.03
	III 型原材料采购入库	11.03
	产成品保管	11.20
	产成品出库	11.27

表 8.40　运输作业任务

客户编码	作业类型	预期时间
UCL500	I 型原材料运输	11.01
	II 型原材料运输	11.02
	III 型原材料运输	11.01
	产成品运输	11.27
	残次件回收	11.29

假定每一次的出入库作业需要 1 名理货员、1 名库管员、2 辆叉车参与作业。每一次运输任务需要 1 名货运员、1 名搬运工、2 辆箱式货车参与作业。

经过统计核算，当月各项物流费用支出的详细情况如表 8.41 所示。

表 8.41　物流费用支出情况

项　目	部　门	
	仓储部门	运输部门
办公费	400	390
装卸费	1078	2450
租赁费	2900	1560
保险费	—	632
包装费	2459	—
水电费	2600	—
车辆修理费	—	230
养路费	—	200
车杂费	—	672
劳动保护费	86	86
低值易耗品	—	22
过路过桥费	—	200
燃油费	60	3567
车辆折旧费	—	120
商品损耗费	500	—
人工费用	9000	12000
检验费	480	—
设备修理费	200	125
资产保险费	10	21
通信费	100	234
其他费用	58	90

六、注意事项

(1)　及时保存指令及数据，防止丢失。

(2)　学生应复习之前物流成本管理的相关知识。

七、实验思考题

(1)　什么是物流成本管理，物流成本管理的特点是什么？

(2)　物流成本管理与控制中需要注意哪些问题？

(3)　物流服务水平和成本管理之间的背反问题如何解释？

(4)　物流成本核算的目的是什么，方法有哪些？

八、实验报告要求

(1) 完整记录实验数据，包括实验数据录入情况及生成的相关表单。

(2) 完成实验思考题。

(3) 总结实验体会，可提出改善建议。

(4) 结合当地企业的物流成本核算和管理方面的问题做出调研，进行分析，写出调研报告。

(5) 根据案例的数据信息，利用物流成本管理系统，模拟 A 公司物流成本管理的各项作业环节，包括预测管理、作业管理、核算管理。

实验 3　供应链管理系统模拟实验

一、实验内容简介

供应链管理系统从供应链运作和管理的角度对整个供应链过程进行综合的模拟，主要包括制造商管理子系统、供应商管理子系统、零售商管理子系统、物流公司管理子系统、终端客户电子采购管理子系统、电子采购金融支付子系统等多套子系统，可以模拟整个供应链过程中的销售、生产、采购的业务过程，同时还可以让实验用户了解供应链中的推动式/拉动式订单、VMI 管理、供应链信息指令、BOM 管理、电子采购、电子支付等一系列管理和业务思想。

1. 基础信息管理

信息系统上线开始，需进行系统初始化工作，在系统中输入企业的基础资料，包括制造商的企业信息、客户管理、供应商管理、物流公司、物料管理、仓库管理、部门管理、员工管理、车间管理、BOM 管理、数据初始化等信息；供应商的企业信息、客户管理、物料管理、仓库管理、物流公司、部门管理、员工管理等信息；零售商的企业信息、物流公司、供应商管理、物料管理、仓库管理、部门管理、员工管理、销售货品管理等信息；以及物流公司企业信息、客户管理等信息。在系统运作过程中，遇到上述信息的变更或增减也需由各级管理员操作更新。

2. 供应链各节点企业业务流程

让学生掌握供应链上各节点企业各自的业务内容。

供应链上的节点企业包括供应商、制造商、零售商和物流公司。其中，制造商管理系统的业务内容包括：基础资料管理、采购业务、生产业务、仓储业务、销售业务及财务结算业务。

供应商管理系统的业务内容包括基础资料管理、仓储业务、销售业务及财务结算业务。

零售商管理系统的业务内容包括基础资料管理、采购业务、仓储业务、销售业务及财务结算业务。

物流公司管理系统的业务内容包括基本信息管理、配送管理和仓储管理。

3．推动模式供应链业务流程

4 人一组模拟一条推动模式的供应链，核心企业为生产企业，首先根据预测制订生产计划并安排生产，然后以成品库存满足销售订单。要求各个角色配合，在系统中完成最终客户的订单。通过实验让学生掌握预测推动型生产模式的特点和业务流程，能理解预测推动型生产模式中制造商的库存管理方式及其与上下游的关系(注：可以让学生以同一个账户登录，通过系统切换来完成整个推动业务流程)。

4．拉动模式供应链业务流程

4 人一组模拟一条订单拉动型的供应链，要求各个角色配合，以最终客户的订单从下游至上游逐级拉动销售、生产、采购、配送等业务，最终完成订单。通过实验让学生掌握订单拉动型生产模式的特点和业务流程，能理解订单拉动型生产模式中制造商的库存管理方式及其与上下游的关系(注：可以让学生以同一个账户登录，通过系统切换来完成整个拉动业务流程)。

二、供应链管理实验目标

供应链管理系统从供应链运作和管理的角度对整个供应链过程进行综合的模拟和实验。通过模拟供应链运作，让学生体会供应链上下游企业之间的关系及其各自的功能，掌握物流、信息流、资金流的内容与流向，构建起对供应链框架和运作流程的基本认识，进一步体会各种供应链运作模式。同时让实验用户了解供应链中的推动式/拉动式生产、VMI管理、供应链信息指令、BOM 管理、电子采购、电子支付等一系列管理和业务思想。

三、供应链管理系统的功能

供应链管理系统包括供应商管理系统、生产企业管理系统、销售公司管理系统和物流公司系统四个子系统，模拟了以装配型生产企业为核心企业的供应链，生产企业通过采购、销售等业务与上游供应商和下游销售公司产生联系，形成一条供应链，而物流公司为整条供应链的参与方提供外包物流服务。同时四个子系统又能分别实现对公司内部资源与运作的管理。

四、供应链管理实验设计

1．设计总体思路

设计应体现供应链的整体业务流程以及供应链不同节点企业自身的业务流程。让学生掌握供应链的原理和知识，以及不同类型供应链(按订单生产——反应性供应链，按存货生产——效率性供应链，两者的区别在于存货缓冲点的位置)在计划、库存控制、业务流程方面的区别和特点。

2．供应链的构成

供应链上的节点企业：原材料供应商、制造商、分销商、零售商(超市、专卖店或电子商务网站等)。

供应链上的服务方：第三方物流公司、运输企业、配送中心、仓储企业等。

3．模拟案例的选择

制造企业按产品需求特性可分为备货型生产和订货型生产，代表了两种典型的供应链流程，一个是推动式模式，产品流向为：供应商→生产企业→销售企业→客户；另一个是拉动式模式，产品流向为：客户→销售企业→生产企业→供应商。本实验模拟案例选择两个典型的推动式模式和拉动式模式的企业，以便学生对不同类型的供应链有一个整体把握。

4．课程安排

实验分两个阶段进行。

第一阶段：学生以个人为单位，模拟供应链的各个企业，了解各个子系统功能、构成及其之间的关系，进行实际操作练习，完成订单响应。实验内容包括本实验任务 1 至任务 9。

第二阶段：以小组为单位模拟实验。将实验学生分组，每组四人，模拟一条供应链，小组成员分别模拟供应商、生产企业、销售公司和物流公司。可根据提供的模拟案例，进行实验。小组成员也可以自行组建公司，模拟整个供应链的内容。实验内容包括本实验任务 10 和任务 11。

五、实验设备与仪器

可登录网络的计算机；投影仪；供应链管理系统软件。

六、模拟案例

1．推动模式案例

(1) 生产企业。

① 生产企业的选择。

推动模式生产企业按存货生产，即对已有的标准产品或产品系列进行的生产，生产的目的是为了补充库存。通过成品库存随时满足用户需求。例如,家用电器、标准件、汽车等的生产。

典型行业:自行车制造业。

模拟厂家一:红星车业有限公司。

模拟厂家二:捷安特(中国)有限公司(可以根据需要添加相关信息)。

② 红星简介及基本信息。

红星车业有限公司是一家历史悠久的专业生产各类自行车的制造公司。公司的前身是成立于 1967 年的大红自行车装配厂,经过近半个多世纪的发展,公司已由过去以装配自行车为主发展到现在集自行车设计、制造于一体的现代化专业自行车方案的提供商。公司现在拥有近 13500 平方米的生产用地,位于环渤海湾的现代化工业重镇唐山市。

公司的客户遍布全国各地,现已在华北、东北、华东地区建立了稳固的客户关系。它们有总部位于北京的美丰自行车销售中心,总部位于上海的高科车行,总部位于西安的西部自行车销售公司,以及总部位于长春的亚太车行。这些分销商都在所在地区形成了遍布城乡的销售网点,使公司针对不同消费群体设计、生产的自行车能够在第一时间送到消费者手中。公司的产品由制造基地的仓库(公司目前共有三个仓库:两个原材料及半成品仓库,一个产成品仓库)配送到全国各大区的任务主要是由两家第三方物流公司来实现的,华东、东北以及华北部分市场主要由总部位于北京的顺风物流负责配送,而西北和剩余的华北部分市场则由总部位于西安的第三方物流提供商——道通天下物流来完成。

运用现代管理知识,结合公司内外部环境和多年来的管理经验,公司现在主要设有市场商务部、设计生产部、财务部、采购部和人力资源部等部门。设计生产部又划分为设计中心和制造中心,而制造中心又由几个生产车间和组装车间构成。

跨入新世纪以来,红星以市场为导向,以满足顾客需求为己任,通过不断的创新发展实现了公司跨越式发展。

③ 红星的经营信息。

在过去几年中,红星每年的生产规模都保持在 35 万~40 万辆,公司生产的三大类产品(普通家用自行车、山地自行车以及电动自行车)的数量比例大致为 5∶3∶2。对于普通家用自行车而言,其生产组装周期一般为 1 周,山地自行车的生产周期通常为 10 天,电动自行车的生产周期则大约需要 15 天。基于市场需求波动,上述三类产品的库存应该分别占当月生产的 10%、10% 和 15%,这样的库存安排能够确保满足由于季节性或其他原因而产生的突发需求。

④ 产品 BOM 信息。

自行车的主体结构是由车轮、车座和车架三部分组成。对于电动自行车来说,电瓶配置也是其重要的组成部分。具体来说,不论是什么类型的自行车,每一辆自行车都是由一个车架、一个车座以及两个车轮组成,对于电动自行车而言,还须增加四个蓄电瓶。

⑤ 系统模拟数据。

红星 2007 年上半年的生产计划，如表 8.42 所示。

表 8.42　红星 2007 年上半年生产计划信息表

月　份	普通家用自行车		山地自行车		电动自行车	
	生产周期	数　量	生产周期	数　量	生产周期	数　量
1	一	3312	一	2883	一	2986
	二	3808	二	2935	二	3045
	三	3400	三	3126		
	四	3526				
2	一	3948	一	3156	一	3087
	二	3869	二	2945	二	2902
	三	3415	三	3178		
	四	3960				
3	一	3689	一	2938	一	3000
	二	3345	二	3058	二	3000
	三	3745	三	3112		
	四	3628				
4	一	3536	一	2895	一	2950
	二	3175	二	3129	二	3050
	三	3221	三	3007		
	四	3830				
5	一	3460	一	3061	一	3096
	二	3619	二	2889	二	2911
	三	3847	三	3149		
	四	3556				
6	一	3510	一	2804	一	2946
	二	3495	二	3118	二	3038
	三	3968	三	2952		
	四	3783				

(2) 供应商。

公司所用原材料主要由当地的几家供应商来提供，它们主要有：红英车业、星月车业、亚光金属制品、银河金属制品、环宇链条、恒久橡胶以及凤凰电瓶等。

2．拉动模式案例

(1) 生产企业的选择。

拉动模式生产企业按用户订单生产。用户提出各种各样的要求，包括产品性能、数量等，经过协商确定出价格和交货期等要素，然后组织设计、采购和生产。如船舶、大电机、汽轮机、大型工业锅炉等。

典型行业：汽轮机。

模拟厂家一：泰斗实业有限公司。

模拟厂家二：中国东方电气集团公司。

(2) 泰斗简介及基本信息。

泰斗实业有限公司是由原泰斗汽轮机厂改制而成的国有控股股份制企业。始建于 1973 年，是国内某大型集团的成员企业。公司位于冰城哈尔滨城南岸，距市区 27 公里。公司是国内生产汽轮机的龙头企业，特别是对于水电站发电所用的专用汽轮机生产更是首屈一指，曾经为国家级水电站专门生产、设计大型汽轮机。

由于汽轮机不同于普通大众消费品，其生产一般是基于客户的具体要求进行设计、生产。订货型的市场需求决定了公司需要按照订单来安排生产。随着我国电力发展由过去的以火力发电向水电等环保发电方式的转变，公司在过去的几年中，订单数逐年高速增长。公司目前主要为我国几大发电集团(华电、国电、大唐、华能等)以及一些地方性的水电公司提供专业的汽轮机设计及生产服务。公司为客户制造好定制的产品后，一方面通过客户自行组织产品运输，另一方面则通过专业的物流运输公司将产品交付于客户指定的交货地点。与公司进行长期合作的物流公司是总部位于哈尔滨的远大快运。

由于每件产品的差异性较大，因此生产汽轮机所需要的主题零部件由公司自主进行生产加工，而后再进行整合，组装成客户要求的成品。这样一来，处于公司价值链上端的供应商主要是一些特种钢铁和生产汽轮机所需要的小器件的提供商。目前在国内生产特种钢的企业主要有西宁特钢、抚顺特钢以及太钢不锈。制造汽轮机所需要的小器件附件主要由同处一个工业园内的制造商提供，它们是：太达隔板、永动叶轮以及通用零部件等。

由于公司的生产是按照订单来组织生产，因此，公司需要以项目为管理单位，公司设有商务市场部、研发部、生产部、财务部、人力资源部、项目实施及售后技术支持服务部等管理部门。生产部又分为若干生产车间和组装车间。

公司以优质服务求生存，以良好信誉拓市场，以先进科技求发展，不断提升公司作为一家专业提供汽轮机及其相关产品解决方案的供应商在国内外市场上的竞争力；以实现设计、生产、管理、销售、服务现代化。

(3) 泰斗的经营信息。

新世纪以来，公司接到的生产订单越来越多，订单的金额也是越来越大，几千万的项目比比皆是，公司也在不断地调整业务流程和部门设计，通过提升内部的管理水平来尽可能地提高工作效率，进而最大限度地扩大生产规模。就目前而言，公司每年的销售额在亿元以上，完成的大小项目平均每年都有几十个，每个项目从接到订单立项到最后完工交付客户使用的生产周期也是不同的，一般需要 3～6 个月的时间，个别大型项目可能需要更长的生产周期。由于公司接到的订单一般比较随机，这就决定了公司对于一些原材料以及通用半成品的库存必须充沛，以便接到订单后可以迅速组织生产实施，保证能够按合同期约或提前交工。由于在生产车间制造完工的大型汽轮机一般不需要入库存放，而是直接进入运输环节，这样一来，公司在库房数量设置上主要安排原材料和半成品的存放，当然小型通用的产成品也必须设置相应的仓库进行存放，而后再出库。根据公司的生产当量和业务需求，公司现在设有 3 个半成品仓库、2 个原材料仓库以及 1 个大型产成品仓库。

(4) 产品 BOM 信息。

汽轮机的本体结构由静止和转动两部分组成。静止部分包括汽缸、隔板、轴承等；转动部分包括转子、叶轮、联轴器等(如图 8.83 所示)。

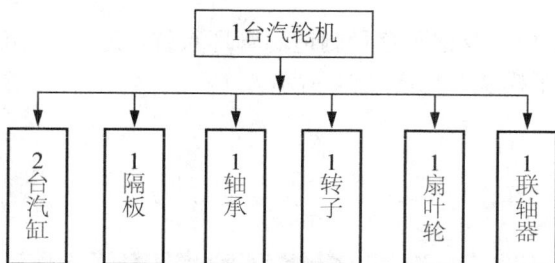

图 8.83　产品 BOM 图

(5) 系统模拟数据。

泰斗 2007 年上半年生产订单如表 8.43 所示。

表 8.43　泰斗 2007 年上半年生产订单表

客户名称	订单日期	交货日期	需求量	生产周期
国电	2007.1.18	2007.10.1	2	8 个月
华电	2007.3.6	2007.6.30	1	3 个月
华能	2007.3.25	2007.12.30	3	9 个月
大唐	2007.5.20	2008.4.1	2	10 个月

七、基础信息管理

1. 任务 1：角色分配

(1) 实验任务。

结合模拟案例背景，完成制造商、零售商、供应商、物流公司等账号和角色的分配。

(2) 实验步骤。

进行基础信息维护前，需要分别为各个节点企业分配相应的账号，实现以不同的账号登录相应的系统，维护相关的基本信息，在拉动和推动的案例背景中参考如下，可以登录教师管理平台进行账号的分配(建议此部分操作由教师完成)。

2. 任务 2：制造商基础信息录入

(1) 实验任务。

结合模拟案例背景，完成制造商(生产企业)的企业信息、客户管理、供应商管理、物流公司、物料管理、仓库管理、部门管理、员工管理、车间管理、BOM 管理、数据初始化等相关信息的录入；能够利用系统自有模板对部门、员工、车间、仓库、物料、客户、供应商、物流公司进行数据导入。

(2) 实验步骤。

① 首先以指定的用户名及密码登录制造商管理系统，进入"物流综合管理平台"模块的"制造商管理系统"子模块，如图 8.84 所示。

图 8.84 "物流综合管理平台"模块

② "制造商管理系统"模块的基础资料有：本企业信息、客户管理、供应商管理、物流公司、物料管理、仓库管理、部门管理、员工管理、车间管理、BOM 管理及数据初始化等，如图 8.85 所示。

图 8.85 制造商管理系统基础模块

③ 添加录入生产企业的相关信息。

单击左侧任务栏中的"生产企业基本信息"按钮，弹出"生产企业基本信息"对话框，再单击"新增"按钮，选择要添加的制造商，如：

制造商简称：红星车业有限公司　　制造商全称：山东省滨州市红星车业有限公司

拼音码：HXCY　　　所属地区：环渤海湾　　　电话：0543-3513373

联系人：孙小红　　　传真：0543-3513208　　　仓库地址：山东省滨州市

通信地址：滨州市滨北经济开发区　　　法人代表：魏敏佳

④ 添加客户管理的相关信息。

添加客户管理信息可以选择供应链上的下游客户，在"客户管理"对话框中单击"新增"按钮，选择要添加的客户，如北京美丰自行车销售中心、上海高科车行、西安西部自行车销售公司、长春亚太车行等。

待零售商全部通过审核以后，即可建立起制造商和零售商之间的关系，如图 8.86 所示。

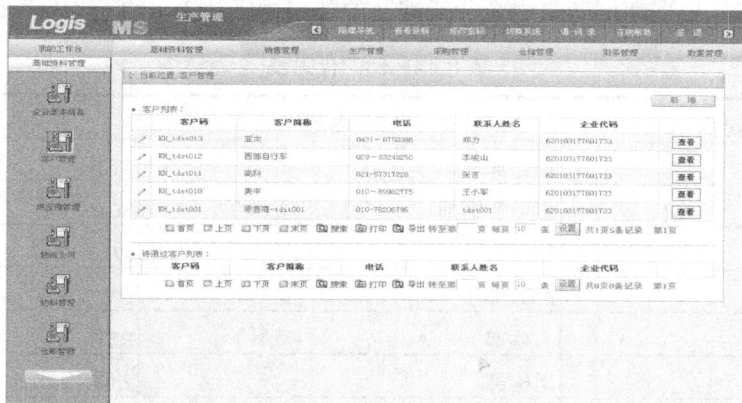

图 8.86　"客户管理"对话框

⑤ 添加供应商管理的相关信息。

添加供应商管理信息可以选择生产企业的上游供应商，打开"供应商管理"对话框，单击"新增"按钮，选择要添加的供应商，如：红英车业、星月车业、亚光金属制品、银河金属制品、环宇链条、恒久橡胶、凤凰电瓶等。

待全部供应商通过审核以后，即可建立起制造商和供应商之间的关系。

⑥ 添加物流公司的相关信息。

打开"物流公司"对话框，单击"新增"按钮，选择要添加的物流公司，如：北京顺风物流有限公司、北京四通物流有限公司。

当以物流公司的身份登录，待全部物流公司通过审核以后，即可建立起制造商和物流公司之间的关系。

21世纪应用型精品规划教材·物流管理

⑦ 添加物料管理的相关信息。

物料名称：脚架　　　　物料规格：GB 281—1984　　　　物料型号：1317

物料类别：原材料　　　计量单位：个　　　　　　　　默认仓库：红星一号库房

录入相关信息，然后对供应商进行维护，单击"维护供应商"按钮，可以选择供应商供应的产品，并填写相应的供应比例。

注意：如果有多个供应商供货的话，供应的比例之和应该为 100%，否则系统会提示出错。

单击"保存"按钮，最后单击"提交"按钮，即完成物料管理。

⑧ 添加仓库管理的相关信息。

库房名称：红星一号库房

拼音码：HXKF　　　　电话：13455667321　　　　联系人：王然

地址：北京市朝阳区酒仙桥中路 15 号

⑨ 部门管理：根据案例背景中企业所涉及的部门进行录入，部门代码表如表 8.44 所示。

表 8.44　部门代码表

部门简称	部门名称	拼 音 码
销售部	销售部	XSB
市场部	市场营销部	SCB
物流部	物流部	WLB
财务部	财务部	CWB
人事部	人事部	RSB
质检部	质检部	ZJB
采购部	采购部	CGB
生产部	生产部	SCB

⑩ 员工管理：根据案例背景添加制造企业中涉及的员工及岗位设定。

⑪ 车间管理：添加制造企业中所需的车间类型。

车间名称：冲压车间　　　拼音码：CYCJ

车间名称：铸塑车间　　　拼音码：ZSCJ

车间名称：组装车间　　　拼音码：ZZCJ

⑫ BOM 管理：根据每种产品的 BOM 对物料进行匹配设置。

父件编码：000050134

子件编码：000050135　　数量：1

子件编码：000050136　　数量：1

子件编码：000050137　　数量：1

⑬ 数据初始化：可利用系统自有模板对部门、员工、车间、仓库、物料进行数据导入。

3．任务3：供应商基础信息录入

(1) 实验任务。

结合模拟案例背景，完成供应商的企业信息、客户管理、物料管理、仓库管理、物流公司、部门管理、员工管理等相关信息的录入；能够利用系统自有模板对部门、员工、仓库、物料、客户、供应商等进行数据导入。

(2) 实验步骤。

供应商以相应的账号和密码登录。以红英车业为例，账号为 tdst003，密码为 1，进入后进行相关信息的录入和维护。

① 添加企业信息。

录入本企业的相关信息，操作同制造商。

② 客户管理。

对于供应商而言，客户管理主要是添加制造商，单击"新增"按钮可以添加相应客户，我们选择捷安特。

以捷安特的身份登录，通过审核后，即可将其加为红英车业的客户。

③ 物料管理，操作同制造商，不同之处在于，不需要对供应商进行维护。

④ 仓库管理，操作同制造商。

⑤ 物流公司管理，操作同制造商。

⑥ 部门管理，操作同制造商。

⑦ 员工管理，操作同制造商。

4．任务4：零售商基础信息录入

(1) 实验任务。

结合模拟案例背景，完成零售商的企业信息、供应商管理、物料管理、仓库管理、物流公司、部门管理、员工管理、销售货品管理等相关信息的录入；能够利用系统自有模板对部门、员工、仓库、物料、客户、供应商等进行数据导入。

(2) 实验步骤。

零售商以相应的账号和密码登录。以北京美丰自行车销售中心为例，账号为 tdst010，密码为 1，进入后进行相关信息的录入和维护。

① 添加企业信息。

录入本企业的相关信息，操作同制造商。

② 添加物流公司信息。

建立与物流公司的相关链接，操作同制造商。

③ 添加供应商管理。

对于零售商而言，其供应商一般为制造商，由于制造商(红星车业有限公司)在客户管理中，申请了将北京美丰自行车销售中心添加为自己的客户，所以在这里我们可以看到一个待通过的供应商列表。

单击"确认"按钮，可以将红星车业有限公司加为自己的供应商。也可以重新选择自己的供应商，例如可以选择捷安特(中国)有限公司。

待用户以捷安特公司的身份登录，并通过审核后，即可建立起两者之间的关系。

注意：制造商与供应商、制造商与零售商、制造商与物流公司、供应商与物流公司、零售商与物流公司之间的关系建立操作与此类似。任何一个节点企业都可以通过"供应商管理"或"客户管理"提出申请，待另一方通过审核后即可建立起两者之间的业务关系。

④ 物料管理，操作同制造商。

可以新增一个物料，也可以从供应商处，批量增加物料。单击"物料管理"对话框中的"批量增加物料"按钮，填写相关信息后，单击"确定"按钮，并单击"保存为我的物料"按钮。

⑤ 仓库管理，操作同制造商。

⑥ 部门管理，操作同制造商。

⑦ 员工管理，操作同制造商。

⑧ 销售货品管理

商品名称：红星自行车　　　规格型号：123　　　价格(元)：460

5. 任务5：物流公司基础信息录入

(1) 实验任务。

结合模拟案例背景，完成物流公司基本信息及客户信息的录入。

(2) 实验步骤。

物流公司基础信息录入，以物流公司的账号登录，如北京顺风物流有限公司，账号为tdst014，密码为1。

① 本企业基本信息，操作同上。

② 客户管理。操作同上，可以单击"确认"按钮，通过供应商、制造商、零售商的审核建立关系，也可以增加客户，待其通过审核以后，建立相互之间的关系。

八、供应链各节点企业业务实验

1. 任务6：制造商管理系统

(1) 实验任务。

① 能够进行制造商的企业信息客户管理、供应商管理、物流公司、物料管理、仓库管

理、部门管理、员工管理、车间管理、BOM 管理、数据初始化等相关信息的录入和维护。

② 能够完成采购订单录入、采购订单处理、采购订单查询、收货单录入、收货单处理及收货单查询等操作。

③ 能够录入、处理、查询生产订单；能够进行 MRP 的计算，完成生产、领料及采购建议；能够完成生产作业的录入、处理和查询操作。

④ 能够进行仓储单据的录入和查询，并完成出库、入库等操作。

⑤ 能够进行销售订单及发货单的录入、处理和查询操作。

⑥ 能够对出库货物生成应收账单，对入库货物生成应付账单。

(2) 实验步骤。

① 基础资料管理。

本企业信息：填写制造商的相关信息。

客户管理：单击"新增"按钮，可以选择需要添加的客户，然后以客户的身份登录，在"待通过客户列表"对话框中，单击"确认"按钮即可将其添加到相应的列表，从而建立相互之间的关系。

供应商管理：单击"新增"按钮，可以选择需要添加的供应商，然后以客户的身份登录，在"待通过列表"对话框中，单击"确认"按钮即可将其添加到相应的列表，从而建立相互之间的关系。

物流公司：单击"新增"按钮，可以选择需要添加的物流公司，然后以客户的身份登录，可以在"待通过列表"对话框中，单击"确认"按钮即可将其添加到相应的列表，从而建立相互之间的关系。

物料管理：新增供应链上所有产成品、半成品和原材料，并同步到上下游系统。教师可要求增加的数量。

仓库管理：为生产企业新增仓库用于物料的储存，教师可要求增加的数量。

部门管理：为生产企业构建组织机构，以保证正常运作。

员工管理：为各部门新增员工，总数可由教师决定。

车间管理：定义生产工艺，划分车间，以完成生产组装。

BOM 管理：定义物料之间的关系，建立至少 2 级 BOM 目录。

数据初始化：鼓励学生用此模块新增基础资料。

② 采购业务。

a. 采购订单录入。

增加一个采购订单，并保存。

b. 采购订单处理。

对新增的采购订单进行处理，确定是否采购。如果需要采购，则进行审核。

21世纪应用型精品规划教材·物流管理

c. 采购订单查询。

此模块用于对采购订单进行跟踪，可以查询订单所处的状态。

d. 收货单录入。

对已到货进行收货管理，录入收货单。

e. 收货单处理。

对收货单进行审批，确定收货单与实际收到的货物一致。

f. 收货单查询。

此模块用于对收货单进行跟踪，可以查询收货单所处的状态。

③ 生产业务。

a. 生产订单。

生产订单录入。在销售订单的拉动下，对于库存不足的商品要组织生产。首先打开"生产管理"→"生产订单录入"菜单，单击左侧任务栏中的"销售订单转入"按钮，可以看到所有需要组织生产的订单。在推动模式下，也可以根据企业计划，录入一个新的订单。

生产订单处理。此模块用于对录入的生产订单进行审核，确定是否要实施生产。

生产订单查询。此模块用于对生产订单进行跟踪，可以查询生产订单所处的状态。

b. MRP 操作。

MRP 运算。单击进入"MRP 运算"对话框会看到所有已经审核的生产订单列表，选中一个或多个生产订单，输入"运算日期"和是否考虑原材料安全库存、是否考虑半成品库存，单击"MRP 运算"按钮，系统根据计算结果给出生产建议(库存不足的半成品和产成品)、出库(领料)建议(库存现有的半成品和所有原材料)、采购建议(库存不足的原材料)。

MRP 查询。选择起始运算日期，然后单击"查询"按钮，即可查询出符合条件的 MRP 运算信息。

生产建议。单击进入"生产建议"对话框会看到根据 MRP 运算结果生成的生产建议列表。选中一条记录，指定"生产车间"和"生产工人"，单击"生成加工单"按钮，该加工单将自动转入"生产管理"→"生产作业录入"的列表中。

领料建议。指原材料出库建议或领料建议，单击"生成领料单"按钮，使生产车间领料。

采购建议。单击"采购建议"按钮会看到根据 MRP 运算结果生成的采购建议列表。选中一条记录，指定一家供应商，单击"生成采购计划"按钮，即可完成采购计划的生成。

c. 生产管理。

生产作业录入。单击"生产作业录入"按钮，列表中显示从"生产建议"转入的加工单，也可手动"新增"生产加工单。选中一个加工单，单击"审核"按钮即进入下一个环节。

生产作业处理。单击进入"生产作业处理"对话框，单击"未完成加工单"按钮，列表显示尚未完工的加工单；当某加工单完成时，在此页面选中该加工单，单击"完工"按钮，则该加工单自动转入"未入库加工单"列表；单击"未入库加工单"按钮，列表显示已经完工但尚未入库的加工单。选中该订单，单击"入库"按钮，即修改订单货品为已入库；如果单击"消耗"按钮，即修改订单货品为已被消耗。

生产作业查询。此模块用于对生产作业进行跟踪，可以查询生产作业所处的状态。如审核、已完工、已入库、消耗掉几种状态。

④　仓储业务。

a. 订单管理。

此模块可以查看由销售发货、采购收货、生产入库、领料出库等指令生成的出入库订单，也可新增订单。单击"保存订单"按钮，然后单击"生成作业计划"按钮，即可转入"出入库操作"。

b. 出入库操作。

选中待处理的出入库订单，直接单击"作业"按钮，审核无误后，单击"确认出库"按钮或"确认入库"按钮，即可完成出入库操作。

c. 单据查询。

在此可查询所有状态的出入库订单信息。

⑤　库存查询。

可以根据物料名称和库房名称查询相应的库存。

⑥　销售业务。

a. 销售订单录入。

此功能模块可以查看到由客户销售公司采购指令生成的销售订单，也可对销售订单进行新增、修改、查看、删除和提交等操作。

b. 销售订单处理。

此功能模块用于对销售订单进行审核，审核通过后，该订单进入实际履行阶段。

该模块中"是否发送到客户"项如选中则在"销售公司管理系统"→"采购管理"→"采购订单录入"中会产生一个针对该订单商品的采购订单。

c. 销售订单查询。

此功能模块用于对销售订单进行跟踪，可以跟踪订单所处的状态。

d. 发货单录入。

当销售订单的商品准备从仓库发货时，应先单击"发货单录入"按钮，再单击"新增"按钮。

在"发货单号"窗口单击"订单转入"按钮，将会显示所有"已审核"的销售订单，选择要发货的订单，销售订单的信息会自动显示在本发货单的相应项，然后指定"出货仓库"，输入其他项信息。在此单击"增加物料"按钮还可以增加发货商品。最后单击"保存发货单"按钮，回到发货单列表界面，可以对已录入的发货单进行修改、删除、查看和提交等操作。单击"提交"按钮后，发货单进入下一个环节(发货单处理)。

e. 发货单处理。

此功能模块可以对选定的发货单进行修改、查看和审核/下达操作。审核通过，则该订单进入实际履行阶段。

f. 发货单查询。

此功能模块用于对发货单进行跟踪，可以跟踪发货单所处的状态。

⑦　财务结算业务。

要求对出库货物生成应收账单，对入库货物生成应付账单。

a. 应收款。

单击"应收款"按钮，选择起始单据日期或客户查询出符合条件的应收款信息，勾选信息后单击"生成收款单"按钮，进入界面后填写发票号码、结算方式、结算账户、本次现收金额等信息后，单击"保存修改"按钮，即可进入"收款处理"。

b. 收款处理。

单击"收款处理"按钮，勾选一条收款单据信息后单击"修改"按钮，再次修改或审核无误后单击"保存修改"按钮，然后单击"收款确认"按钮，即完成收款操作。

c. 收款单。

单击"收款单"按钮，可查看每笔收款信息的收款单据号、收款日期、客户、收款金额、状态等相关信息。

d. 应付款。

单击"应付款"按钮，选择起始单据日期或客户查询出符合条件的应付款信息，勾选信息后单击"生成付款单"按钮，进入界面后填写发票号码、结算方式、结算账户、本次现付金额等信息后，单击"保存修改"按钮，即可进入"付款处理"。

e. 付款处理。

单击"付款处理"按钮，勾选一条付款单据信息后单击"修改"按钮，再次修改或审核无误后，单击"保存修改"按钮，然后单击"付款确认"按钮，即完成付款操作。

f. 付款单。

单击"付款单"按钮，可查看每笔付款信息的付款单据号、付款日期、供应商编码、电话、付款状态等相关信息。

⑧　数据管理。

a. 指令管理。

单击"指令管理"窗口的"指令跟踪"按钮，通过起始日期条件可查询出相应的单据信息，从而可查看单据号码、发送方、接收方、传递类型、传递时间等相关信息。

b. VMI 管理。

单击"VMI 管理"窗口的"库存情况"按钮，选择客户、货品编码、货品名称或规格等信息后单击"查询库存"按钮，即可查看相应客户的库房、货品编码、货品名称、规格、型号、数量等相关信息。

单击"销售情况"按钮，选择客户或起始日期后，单击"查询库存"按钮，即可查看相应客户的物料编码、物料名称、规格、包装单位、数量等相关信息。

2. 任务 7：供应商管理系统

(1) 实验任务。

① 能够进行供应商的企业信息、客户管理、物料管理、仓库管理、物流公司、部门管理、员工管理等相关信息的录入和维护。

② 能够完成采购订单录入、采购订单处理、采购订单查询、收货单录入、收货单处理及收货单查询等操作。

③ 能够进行仓储单据的录入和查询，并完成出库、入库等操作。

④ 能够进行销售订单及发货单的录入、处理和查询操作。

⑤ 能够对出库货物生成应收账单，对入库货物生成应付账单。

(2) 实验步骤。

① 基础资料管理。

本企业信息：填写供应商的相关信息。

客户管理：为销售公司新增客户，教师可规定增加的数量。

物料管理：新增供应商的物料。

仓库管理：为销售公司新增仓库用于商品储存，教师可规定增加的数量。

物流公司：建立和物流公司之间的关系。

部门管理：为生产企业构建组织机构，以保证正常运作。

员工管理：为各部门新增员工，总数可由教师规定。

② 仓储业务。

与制造商管理系统中的仓储业务模块相似，在此就不重复描述。

③ 销售业务。

与制造商管理系统中的销售业务模块相似，在此就不重复描述。

④ 财务结算业务。

与制造商管理系统中的财务结算模块相似，在此就不重复描述。

⑤ 数据管理。

与制造商管理系统中的数据管理模块相似，在此就不重复描述。

21世纪应用型精品规划教材·物流管理

3．任务 8：零售商管理系统

(1) 实验任务。

① 能够进行零售商的企业信息、物流公司、供应商管理、物料管理、仓库管理、部门管理、员工管理、销售货品管理等相关信息的录入和维护。

② 能够完成采购订单录入、采购订单处理、采购订单查询、收货单录入、收货单处理及收货单查询等操作。

③ 能够进行仓储单据的录入和查询，并完成出库、入库等操作。

④ 能够进行销售订单及发货单的录入、处理和查询操作。

⑤ 能够对出库货物生成应收账单，对入库货物生成应付账单。

(2) 实验步骤。

① 基础资料管理。

本企业信息：填写零售商的相关信息。

物流公司：添加物流公司，建立和物流公司之间的关系。

供应商管理：为零售商新增供应商，教师可规定增加的数量。

物料管理：新增零售商的物料，一般情况下为产成品。

仓库管理：为零售商新增仓库用于物料储存，教师可规定增加的数量。

部门管理：为零售商构建组织机构，以保证正常运作。

员工管理：为各部门新增员工，总数可由教师规定。

销售货品管理：新增零售商的销售货品。

② 采购业务。

与制造商管理系统中的采购业务模块相似，在此就不重复描述。

③ 仓储业务。

与制造商管理系统中的仓储业务模块相似，在此就不重复描述。

④ 销售业务。

与制造商管理系统中的销售业务模块相似，在此就不重复描述。

⑤ 财务结算业务。

与制造商管理系统中的财务结算业务模块相似，在此就不重复描述。

4．任务 9：物流公司系统

(1) 实验任务。

① 能够完成物流公司本企业信息、客户管理等相关信息的录入和维护。

② 能够完成配送订单的录入、新增查询配送订单。

③ 能够进行配送调度、完成调度操作，并进行配送作业的签收。

④ 能够完成仓储订单的录入、出入库操作以及单据和库存的查询。

(2) 实验步骤。

① 基本信息管理。

本企业管理：填写物流公司的相关信息。

客户管理：建立物流公司与制造商、供应商及零售商之间的关系。

库房管理：可新增库房信息。

② 配送管理。

a. 配送业务。

- 订单管理。进入"订单管理"窗口会看到由供应链各个参与方的销售发货指令生成的配送订单。也可新增订单，须填写托运人账号、托运人单位、托运人地址、发货人单位、发货人地址等信息。选中一条订单后，单击"生成作业计划"按钮，即下达该作业计划，转给配送调度在"配送管理"→"配送作业"→"配送调度"中调度运力和人员。

- 配送调度。单击"配送调度"按钮，可以新增一个调度单或者选中已有的调度单，并将配送单增加到相关的调度单上，即可完成配送调度。

- 客户签收。填写客户在运单上的签名和签收时间，单击后面的提交符号即可。签收意味着该运单完成。

- 配送单查询。直接查询配送单的状态。

- 跟踪。此功能模块用于对配送订单进行跟踪，可以查看订单所处的状态。

b. 结算管理。

- 应收费用。在"配送管理"→"结算管理"窗口中单击"应收费用"按钮，可查询到应收费用列表，包括订单号、要求到货时间、托运人账号、托运人姓名、收货人账号、收货人姓名、结算方式、运杂费、订单状态信息，勾选一条信息后单击"生成付款单"按钮，即可进入"应收处理"操作。

- 应收处理。单击"应收处理"按钮，可查询到已生成付款单的单据信息，勾选一条信息后单击"修改"按钮，审核或修改后单击"保存修改"按钮，然后单击"收款确认"按钮，即完成应收处理。

- 查询账单。单击"查询账单"按钮，选择收款单据号、客户名或状态信息可查询出符合条件的相应单据信息，勾选后单击"查看"按钮，即可查看相关详细信息。

③ 仓储管理。

a. 订单管理。

打开"仓储管理"→"作业管理"菜单，单击"订单管理"按钮，可查询到不同作业类型下的订单信息。单击"新增"按钮，填写库房编码、客户指令号、作业类型信息，再单击"批量增加"按钮增加物料信息和数量，然后单击"保存订单"按钮，即新增一条订单。然后回到"订单管理"对话框，勾选一条订单信息后单击"生成作业计划"按钮，即可进入"出入库操作"。

b. 出入库操作。

单击"出入库操作"按钮，勾选一条订单信息后，单击"作业"按钮，审核无误，单击"确认出库"按钮或"确认入库"按钮，即可完成出入库操作。

c. 单据查询。

在此可查询所有状态的出入库订单信息。

d. 库存查询。

可以根据物料或库房的编码或名称查询相应的库存。

九、推动模式供应链业务流程实验

1. 实验任务

4 人一组模拟一条推动模式的供应链，核心企业为生产企业，首先根据预测制订生产计划并安排生产，然后以成品库存满足销售订单。要求各个角色配合在系统中完成最终客户(教师)的订单。

注意：在做推动模式供应链业务流程实验前，需将推动模式模拟案例中的基本信息输入系统，并建立好相应的关系。

另外，也可以用同一个账号登录，通过系统切换由一个学生完成所有的业务流程。

2. 实验目的

(1) 能够理解并说出预测推动型生产模式的特点和业务流程。

(2) 能够理解预测推动型生产模式中制造商的库存管理方式及其与上下游的关系。

(3) 能够理解生产周期、生产批量、生产批次、安全库存等术语，并进行粗略的生产计划。

3. 实验步骤

准备工作：按照上半年最后一个生产周期的生产批量作为产成品的初始库存，提前生产出来并入库。可以由学生根据预测制订生产计划，或者由教师制订生产计划。各个角色同时开展业务，各自操作步骤如下。

(1) "制造商"根据生产计划进行生产订单的录入和处理。

登录供应链管理的供应商管理模块：以案例背景中的红星车业有限公司为例，以账号为 tdst001，密码为 1 登录系统。

进入制造商管理模块，根据生产计划，假设该月生产 500 台自行车，单击"生产管理"窗口中的"生产订单录入"按钮，新增一个生产订单，录入开工日期、完工日期、生产数量、货品名称、货品编号等相关信息。

打开"生产订单处理"对话框，选中目标订单进行审核，审核中可将相关数据进行修改或直接通过审核，单击"通过审核"按钮，即可完成生产订单的处理，我们可以查询到该订单已经通过审核。

(2)　"制造商"根据生产计划进行 MRP 运算，生成生产建议、领料建议和采购建议，然后分别生成生产加工单、领料单和采购单。

① 打开"MRP 操作"对话框，首先进行 MRP 运算。

选择目标生产订单，选择录入运算日期、是否考虑原材料安全库存、半成品库存等信息后单击 MRP 运算。

② 单击"MRP 查询"按钮，即可了解到该订单的生产建议、采购建议和出库建议。

注意：如果成品库存满足需求，则不会产生生产建议；如果原材料库存满足需求，则不会产生采购建议。

③ 生成生产加工单。

打开"生产建议"对话框，输入相关信息，生产数量设置为 500 台，即可生成加工单。在"生产管理"窗口中单击"生产作业录入"按钮，即可看到该订单。

选中该订单提交审核，即可完成生产加工单的处理，在"生产作业查询"对话框中可以看到该订单已经审核，进入待生产状态。

另外也可以直接增加生产加工单，单击"生产作业录入"按钮，根据货品的 BOM 结构进行"加工单"的录入。录入完毕后提交审核，即可完成生产加工单的处理，在"生产作业查询"对话框中可以看到该订单已经审核，进入待生产状态。

④ 生成领料单。

在"MRP 操作"窗口中打开"领料建议"对话框，输入领料数量，下达数量可根据实际情况填写，单击"生成领料单"按钮即可。

⑤ 生成采购单。

单击"采购建议"按钮，输入采购的数量，下达数量可以根据实际情况填写(比如建议的 301，我们也可以填写 300)，单击"生成采购计划"按钮即可。

(3)　"制造商"采购订单录入和处理(采购计划单)。

① 生成采购计划单。

在"采购管理"窗口中，单击"采购计划单"按钮，可以看到上一个环节生成的采购计划。

在此，可以对原始的供货比例和采购单价进行修改，并下达实际的数量，如单击齿盘组的"维护采购比例"按钮。修改完毕单击"保存"按钮，填写相应的下达数量，单击"生成采购单"按钮即可。

② 打开"采购订单录入"对话框，即可看到生成的采购计划单。

选中相应的采购订单，查看相关信息。分别选中所有采购单订单，单击"提交"按钮。

③ 打开"采购订单处理"对话框，显示待审核的采购订单。

选中其中一张订单，单击"审核"按钮。选中"是否发送到供应商"复选框(注意：此选项如果选择"是"，则供应商会自动产生一个销售订单；如果选择"否"，则供应商需要重新录入销售订单)，并单击"通过审核"按钮，也可以单击"作废"按钮取消此采购订单。

同理，选中其他采购订单，进行同样的操作，即完成采购订单的录入和处理。

进入采购订单查询可以看到，所有的采购订单都已完成审核。

(4) "供应商"销售订单的录入和处理。

登录供应商管理系统，如以星月车业为例，用户名为tdst004，密码为1。 在"销售管理"窗口中单击"销售订单录入"按钮，则会出现制造商红星车业提交的订单。

选中该订单，单击"提交"按钮，此订单进入"销售订单处理"对话框，等待审核。

注意：此处审核中"是否发送到客户"项目栏不要选中，防止订单来回无意义地传递。如果选择是，则会提示"不能逆向操作"。

(5) "供应商"进行发货单录入和处理，下达发货指令给仓储部门和物流公司。

在"销售管理"窗口，单击"发货单录入"按钮，新增发货单。也可以直接选择"订单转入"项目，在"出货仓库"项目的拓展按钮中选定出货仓库，单击"保存发货单"按钮，发货单添加完毕后单击"提交"按钮。

打开"发货单处理"对话框，选定订单，进行审核。并单击"审核通过"按钮，完成审核后进行下达发货指令，再次选定订单，单击"下达"按钮，选择"物流公司"单击"下达发货指令"按钮即可。

(6) "供应商"销售出库(进行仓储单据录入、处理和出库作业)。

在"仓储管理"窗口中，单击"出入库管理"菜单中的"订单管理"按钮，即可看到由步骤(5)生成的出库订单，选中并单击"生成作业计划"按钮，再单击"确认生成"按钮。

打开"出入库操作"对话框，选中出库作业单，单击"作业"按钮，再单击"确认出库"按钮，即可完成操作。

(7) "物流公司"配送订单处理、作业调度、进入配送途中。

用顺风物流的用户名为tdst014，密码为1，进入物流公司管理系统。

在"配送管理"窗口中单击"订单管理"按钮，将看到由供应商发送过来的配送单据。

选择目标配送单据，单击"生成作业计划"按钮，此单据进入配送调度，单击新增调度单(相当于新增运力)，填写相关信息，单击"提交"按钮。 将处于调度状态的运单，添加到运输调度单上，一个运力上可以添加多个运单。单击"发运出站"按钮即可。打开"配送单查询"窗口，可以看到运单处于在途状态。

(8) "制造商"原材料到货签收，进行收货单录入和处理，下达收货指令，"物流公司"

签收信息录入。

采用用户名为 tdst001，密码为 1，进入"制造商管理系统"模块，在"采购管理"窗口中单击"收货单录入"按钮，可以看到由物流公司传过来的未提交的收货单，选中收货单单击"提交"按钮，打开"收货单处理"对话框，录入相关信息，保存收货单。

单击"收货单处理"按钮，选中刚刚提交的单据，进行审核，单击"审核通过"按钮即可。

选中已审核收货单，下达收货指令，单击"下达收货指令"按钮，输入收货人签字和签字时间，单击订单后的图标，即可完成操作。

打开"配送单查询"对话框，可以看到该配送单已经完成了签收录入。

(9)　"制造商"原材料入库(进行仓储单据录入、处理和入库作业)。

打开"仓储管理"→"出入库管理"菜单，单击"订单管理"按钮，选中刚刚提交的采购入库订单，生成作业计划。

单击"出入库操作"按钮，选中刚产生的采购入库单，单击"作业"按钮，直接进行入库作业。

单击"确认入库"按钮， 打开"单据查询"对话框，可以看到采购入库单已完成操作。

(10)　"制造商"原材料领料出库(进行仓储单据录入、处理和出库作业)。

打开"生产管理"→"MRP 操作"菜单，单击"领料建议"按钮，输入下达数量，并单击"生成领料单"按钮。由于本批次的生产计划为 500 台，可以直接输入 500，单击"生成领料单"按钮，也可以按照领料建议分批生成领料单。

在"仓储管理"窗口中单击"出入库管理"菜单，再单击"订单管理"按钮，选中刚刚生成的领料单，生成作业计划。

打开 "出入库操作"对话框，选中订单，单击"作业"按钮，进行出库作业，再单击"确认出库"按钮即可。

(11)　"制造商"半成品生产完成，直接消耗。

进入"制造商管理系统"模块，打开"生产管理"菜单，单击"生产作业录入"按钮，新增加工单并提交处理。

单击"生产作业处理"按钮，进行半成品生产，单击"完工"按钮。

(12)　"制造商"产成品生产完成入库。

选中生成的加工单，单击"完工"按钮，加工完毕之后，单击"未入库加工单"按钮，选择已完工产成品，单击"入库"按钮即可。

进入"生产作业查询"对话框，即可看到该生产订单处于已入库状态。

(13)　"零售商"进行采购订单录入和处理。

进入"零售商管理系统"模块，以北京美丰自行车销售中心为例，用户名为 tdst010，密码为1。

打开"采购管理"菜单,单击"采购订单录入"按钮,新增采购订单。

零售商可以选择自己的供应商,假设选择"红星车业有限公司";运输方式为汽车;添加物料:自行车 100 辆;录入完毕后保存订单并提交准备审核。

审核时注意勾选"是否发送到供应商"项目,此时该采购订单即会发送到供应商。

同理,该采购订单符合要求即可单击审核通过,反之,作废处理。

(14)"制造商"进行销售订单录入和处理。

进入"制造商管理系统"模块,单击"销售管理"窗口中的"销售订单录入"按钮,可以看到来自零售商的未提交订单,选中该订单,进行提交和审核(操作同步骤(4))。

(15)"制造商"进行发货单录入和处理,下达发货指令给仓储部门和物流公司。

单击"销售管理"窗口中的"发货单录入"按钮,新增后提交审核,直至下达发货指令给仓储部门和物流公司(操作同步骤(5))。

(16)"制造商"销售出库(进行仓储单据录入、处理和出库作业)。

打开"仓储管理"菜单,单击"订单管理"按钮即可看到刚刚由发货单转化过来的出库单,选中并生成作业计划、进行出入库作业(操作同步骤(6))。

单击"确认出库"按钮,即可完成操作。

(17)"物流公司"配送订单处理、作业调度、进入配送途中(操作同步骤(7))。

由于选择的物流公司为四通物流,以四通物流的用户名为 tdst015,密码为 1,进入物流公司管理系统。

在"配送管理"窗口中,单击"订单管理"按钮,将看到由供应商发送过来的配送单据。

选择目标配送单据,单击"生成作业计划"按钮,然后单击"确认生成"按钮,进入配送调度,单击新增调度单(相当于新增运力),输入相关信息,单击"提交"按钮。

将处于调度状态的运单,添加到运输调度单上,一个运力上可以添加多个运单。单击"发运出站"按钮。

打开"配送单查询"对话框,可以看到运单处于在途状态。

打开"客户签收"对话框,可根据运单号来查询相应订单,填写收货人签字、签字时间后单击操作,即完成客户签收操作。

(18)"零售商"产成品到货签收,进行收货单录入和处理,下达收货指令。"物流公司"签收信息录入(操作同步骤(8))以用户名为 tdst010,密码为 1,进入美丰自行车零售管理系统,在"采购管理"窗口中单击"收货单录入"按钮,可以看到由物流公司传过来的未提交的收货单,选中收货单单击"提交"按钮。

打开"收货单处理"对话框,录入相关信息,选择收货仓库,保存收货单。

单击"收货单处理"按钮,选中刚刚提交的单据,进行审核,单击"审核通过"按钮。

选中已审核收货单,下达收货指令,单击"下达收货指令"按钮即可。

此时可以登录"物流公司系统"，打开"配送管理"菜单，单击"客户签收"按钮，进行签收信息的录入，填写收货人签字和签字时间，单击订单后的图标，即可完成操作。

打开"配送单"对话框查询，可以看到该配送单已经完成了签收录入。

(19) "零售商"入库(进行仓储单据录入、处理和入库作业)。

进入仓储管理模块，进行收货入库，基本程序跟其他节点入库一致。

打开 "单据查询"对话框可以看到，采购入库单已经完成操作。

(20) "最终客户"下达订单，"零售商"销售订单的录入和处理。

最终客户的订单，由老师下达给学生，学生进入零售商系统进行销售订单的录入和处理。以用户名为 tdst010，密码为 1 登录美丰自行车的零售商管理模块，进入到管理界面。

进入销售管理模块，单击销售订单录入，新增订单：客户可自定义；运输方式为：汽车；增加物料：自行车 10 辆。

保存订单，并提交处理，紧接着进入销售订单处理模块，进行审核，若所提交订单符合要求即可审核通过，否则进行作废处理。

(21) "零售商"进行发货单录入和处理，下达发货指令给仓储部门和物流公司。

发货单录入与处理同制造商的发货单录入与处理流程一致，填入相关信息后，单击"保存发货单"按钮，提交、审核即可。

(22) "零售商"销售出库(进行仓储单据录入、处理和出库作业)，流程同制造商发货出库。

(23) "物流公司"配送订单录入处理、配送调度、进入配送途中。操作同上。

(24) "最终客户"签收货品，"物流公司"签收信息录入。顺风物流公司将货物安全送达客户后，将客户签收信息录入系统，单击"确认"按钮即完成所有操作。

十、拉动模式供应链业务流程实验

1．实验任务

4 人一组模拟一条订单拉动型的供应链，要求各个角色配合，以最终客户(教师)的订单从下游至上游逐级拉动销售、生产、采购、配送等业务，最终完成订单。

注意：在做拉式模式供应链业务流程实验之前，需将拉式模式的模拟案例的基本信息输入系统，并建立好相应的关系。

另外，也可以同一个账号登录，通过系统切换由一个学生完成所有的业务流程。

2．实验目的

(1) 能够理解并说出订单拉动型生产模式的特点和业务流程。

(2) 能够理解订单拉动型生产模式中制造商的库存管理方式及其与上下游的关系。

3. 实验步骤

(1) "零售商"销售订单录入与处理。

由教师下达客户订单给零售商,客户需要 15 台汽轮机。以零售商如华通贸易的身份登录系统,以用户名为 ldst008,密码为 1 登录供应链管理的零售商管理模块,进入到零售商华通贸易的管理界面。

打开"销售管理"菜单,单击"销售订单录入"按钮,新增订单。客户可自定义,运输方式为:汽车;增加物料:汽轮机 15 台,可以从不同的供应商处选择物料,假设我们选择泰斗汽轮机。保存订单,并提交处理,紧接着打开"销售订单处理"对话框,进行审核。若所提交订单符合要求即可审核通过,否则执行作废处理。

(2) "零售商"采购订单录入与处理。

在"采购管理"窗口中单击"采购订单录入"按钮,新增采购订单,供应商选择泰斗实业有限公司;运输方式为汽车;添加物料:汽轮机 15 台;录入完毕后保存订单并提交审核。

审核时注意勾选"是否发送到供应商"项目,此时该采购订单即会发送到供应商。

同理,该采购订单符合要求即可单击审核通过,反之,执行作废处理。

(3) "制造商"销售订单录入与处理。

以泰斗实业有限公司的用户名为 ldst001,密码为 1,登录制造商管理系统。

进入销售管理模块,单击销售订单录入即可看到刚刚零售商"华通贸易"发送过来的采购订单,直接提交处理,审核通过。

注意:此处审核中不要勾选"是否发送到客户"项目,防止订单来回无意义传递。

(4) "制造商"生产订单录入与处理。

打开"生产管理"菜单,显示"生产管理"窗口,由于是拉动式生产,即根据销售订单来生产,所以生产订单不需另外录入,直接选择"销售订单转入"项目。根据销售订单录入生产数量,单击生成生产订单即可。

将生产订单提交处理,审核中可将相关数据进行修改或直接通过审核。

(5) "制造商"MRP 运算和加工单、采购单、领料单的生成。

操作同推动式操作中的步骤(2)。

① MRP 计算:在" MRP 操作"窗口中首先进行 MRP 运算。

选择目标生产订单,选择运算日期、是否考虑原材料安全库存、半成品库存等信息后单击 MRP 运算,进入相关建议,进行调整,并生成对应单据,以生产建议为例,调整后生成加工单。

② 打开"MRP 查询"对话框即可了解到该订单的生产建议、采购建议和出库建议。

③ 生成生产加工单。

打开"生产建议"对话框,填写相关信息,下达生产数量 15 台,单击"生成加工单"

按钮，即可生成加工单。

在"生产管理"窗口中打开"生产作业录入"对话框，即可看到该订单。

选中该订单进行审核，即可完成生产加工单的处理，在"生产作业查询"对话框中，可以看到该订单已经审核，进入待生产状态。

④ 生成领料单。

打开"领料建议"对话框，输入领料数量，下达数量可根据实际情况填写，单击"生成领料单"按钮即可。

⑤ 生成采购单。

打开"采购建议"对话框，输入采购的数量，下达数量可以根据实际情况填写，单击"生成采购计划"按钮即可。

(6) "制造商"采购订单录入与处理。

进入"采购管理"窗口，单击"采购计划单"按钮，可以看到刚才的采购建议生成的采购计划，核对下达具体采购数量即可，在这里如果是多个供应商供货，也可以修改每个供应商的采购比例。设置完毕单击"生成采购单"按钮即可。

打开"采购订单录入"对话框，可以看到未审核的三个订单，接着进行审核，审核时勾选"是否发送到供应商"项目，单击"审核通过"按钮。

打开"采购订单查询"对话框，可以看到所有的订单都已经通过审核。

(7) "供应商"销售订单录入与处理。

以供应商西宁特钢为例，用户名为ldst003，密码为1。

打开"销售管理"菜单，单击"销售订单录入"按钮，出现制造商泰斗实业有限公司提交的订单。

选中并提交审核，进入销售订单处理模块，进行审核。

注意：此处审核中"是否发送到客户"项目不要选中，防止订单来回无意义传递。

(8) "供应商"发货单录入与处理，下达发货指令给仓储部门和物流公司。

在"销售管理"窗口中单击"发货单录入"按钮，新增发货单，直接选择订单转入，选择"出货仓库"，保存发货单，发货单填写完毕后提交审核。

单击"审核通过"按钮，完成审核后进行下达发货指令，选定订单，单击"下达"按钮，选择"物流公司"，本实验选择远大快运物流公司，单击"下达发货指令"按钮即可。

(9) "供应商"销售出库(进行仓储单据的录入、处理和出库操作)。

在"仓储管理"窗口中单击"出入库管理"菜单，在"订单管理"按钮，即可看到步骤(8)生成的出库订单。

选中该订单，单击"生成作业计划"按钮，再打开"出入库操作"对话框。

在"出入库操作"对话框中，勾选一条订单信息后，单击"作业"按钮，审核无误后，单击"确认出库"按钮，即可完成出库操作。

(10) "物流公司"配送订单处理、作业调度、进入配送途中。

以远大快运的用户名为 ldst010，密码为 1 登录进入"物流公司管理系统"模块。

打开"配送管理"菜单，打开"订单管理"对话框将看到由供应商发送过来的配送单据。

选择目标配送单据，单击"生成作业计划"按钮，即可进入配送调度。进入配送调度界面，单击新增调度单(相当于新增运力)，输入相关信息，单击"提交"按钮。

将处于调度状态的运单，添加到运输调度单上，一个运力上可以添加多个运单。单击"发运出站"按钮即可。

打开"配送单查询"对话框，可以看到运单处于在途状态。

(11) "制造商"原材料到货签收，进行收货单录入和处理，下达收货指令。

"物流公司"签收信息录入。以用户名为 ldst001，密码为 1，进入"制造商管理系统"模块，打开"采购管理"菜单，单击"收货单录入"按钮，可以看到由物流公司传过来的未提交的收货单，选中收货单单击"提交"按钮。

打开"收货单处理"对话框，录入相关信息，保存收货单。

打开"收货单处理"对话框，选中刚刚提交的单据，进行审核，单击"审核通过"按钮。

选中已审核收货单，下达收货指令，单击"下达收货指令"按钮即可。

此时可以进入"物流公司系统"模块，在"配送管理"窗口单击"客户签收"按钮，输入收货人签字和签字时间，单击订单后的图标，即可完成操作。

打开"配送单查询"对话框可以看到，该配送单已经完成了签收录入。

(12) "制造商"原材料入库(进行仓储单据录入、处理和入库作业)。

打开"仓储管理"→"出入库管理"菜单，打开"订单管理"对话框，选中刚刚提交的采购入库订单，生成作业计划。

单击"出入库操作"按钮，选中刚产生的采购入库单，单击"作业"，直接进行入库作业。

单击"确认入库"按钮，打开"单据查询"对话框可以看到，采购入库单已经完成操作。

(13) "制造商"原材料领料出库(进行仓储单据录入、处理和出库作业)。

在"生产管理"窗口中打开"MRP 操作"菜单，打开"领料建议"对话框，输入下达数量，并单击"生成领料单"按钮。由于本批次的生产计划为 15 台，可以直接输入 15，单击"生成领料单"按钮。

在"仓储管理"窗口中打开"出入库管理"菜单，单击"订单管理"按钮，选中刚刚生成的领料单，生成作业计划。

打开"出入库操作"对话框，选中订单，单击"作业"按钮，进行出库作业。单击"确认出库"按钮即可。

(14) "制造商"半成品生产完成，直接消耗。

如果有半成品生产，则进入"制造商管理系统"模块，打开"生产管理"菜单，单击"生产作业录入"按钮，新增加工单并提交处理。

单击"生产作业处理"按钮，进行原材料生产，单击"完工"按钮即可。

(15) "制造商"产成品生产完成入库。

在"生产管理"窗口中打开"生产作业处理"对话框，选中生成的加工单，单击"完工"按钮。加工完毕之后，单击"未入库加工单"按钮，选择已完工产成品，单击"入库"按钮。

在"仓储管理"窗口中打开"订单管理"对话框可以看到刚才的入库订单，生成作业计划；再打开"出入库操作"对话框，单击"作业"按钮并在该界面单击"确认入库"按钮，进行入库操作。

(16) "制造商"发货单录入和处理，下达发货指令。

打开"销售管理"菜单，单击"发货单录入"按钮，新增一个发货订单，直接单击"订单转入"按钮，保存发货单后，提交并审核，直接下达发货指令给仓储部门和物流公司。

(17) "制造商"销售出库(进行仓储单据录入、处理和出库作业)。

在"仓储管理"窗口中打开"订单管理"对话框即可看到刚刚由发货单转化过来的出库单，生成作业计划，再进行出入库作业。

打开"出入库操作"对话框，单击"作业"按钮，再单击"确认出库"按钮，即可完成操作。

(18) "物流公司"配送订单处理、作业调度、进入配送途中。

以远大快运的用户名为 ldst010，密码为 1 登录进入"物流公司管理系统"模块，打开"配送管理"→"配送作业"菜单，单击"订单管理"按钮将看到由供应商发送过来的配送单据。

选择目标配送单据，单击"生成作业计划"按钮，即可进入配送调度操作。

打开"配送调度"对话框，单击新增调度单(相当于新增运力)，填写相关信息，单击"提交"按钮。

将处于调度状态的运单，添加到运输调度单上，一个运力上可以添加多个运单。单击"发运出站"按钮即可。

打开"配送单查询"对话框，可以看到运单处于在途状态。

(19) "零售商"产成品到货签收，进行收货单录入与处理，下达收货指令。

"物流公司"签收信息录入，以用户名为 ldst008，密码为 1 登录华通贸易零售管理系统，在"采购管理"窗口中打开"收货单录入"对话框，可以看到由物流公司传过来的未提交的收货单，选中收货单单击"提交"按钮。

在"收货单录入"对话框中，录入相关信息，选择收货仓库，保存收货单。

在"收货单处理"对话框中选中刚刚提交的单据，进行审核，单击"审核通过"按钮即可。

选中已审核收货单，下达收货指令，单击"下达收货指令"按钮即可。

此时可以登录"物流公司系统"模块，在"配送管理"窗口中单击"客户签收"按钮，进行签收信息的录入，填写收货人签字和签字时间，单击订单后的图标，即可完成操作。

打开"配送单"对话框查询，可以看到该配送单已经完成了签收录入。

(20) "零售商"仓储部门收货入库。

打开"仓储管理"窗口，进行收货入库，基本程序跟其他各个节点入库流程一致。

(21) "零售商"发货单录入与处理，下达发货指令给仓储部门和物流公司。

发货单录入与处理同制造商的发货单录入与处理的流程一致，将发货指令下达给仓储部门和物流公司。

在发货单处理界面的物流公司处选择成都龙桥物流公司。

(22) "零售商"销售出库(进行仓储单据录入、处理和出库作业)。

在"仓储管理"窗口单击"订单管理"按钮即可看到刚刚由发货单转化过来的出库单，选中，生成作业计划、进行出入库作业。

打开"出入库操作"对话框，单击"作业"按钮，并通过审核。单击"确认出库"按钮，即可完成操作。

(23) "物流公司"配送订单处理、作业调度、进入配送途中。

以龙桥物流公司的用户名为ldst011，密码为1登录进入"物流公司系统"模块，在"配送管理"窗口中单击"订单管理"按钮将看到由供应商发送过来的配送单据。

选择目标配送单据，单击"生成作业计划"按钮，即可进入配送调度操作。在"配送调度"对话框，单击新增调度单(相当于新增运力)，填写相关信息，单击"提交"按钮。

将处于调度状态的运单，添加到运输调度单上，一个运力上可以添加多个运单。单击"发运出站"按钮。打开"配送单查询"对话框，可以看到运单处于在途状态。

(24) "最终客户"签收货物，"物流公司"录入签收信息。

十一、注意事项

(1) 及时保存指令及数据，防止丢失。

(2) 学生应复习之前供应链相关知识内容。

十二、实验思考题

(1) 什么是供应链管理，供应链管理的特点是什么？

(2) 中国企业供应链管理现状及主要问题是什么？

(3)　如何完善供应链中的库存问题？

(4)　供应链中的契约关系如何设计？

十三、实验报告要求

(1)　完整记录实验数据，包括实验数据录入情况及生成的相关表单。

(2)　完成实验思考题。

(3)　总结实验体会，可提出改善建议。

(4)　结合当地企业供应链管理现状做出调研，并进行分析，写出调研报告。

参 考 文 献

[1] 王成林. 物流实践教学[M]. 北京：中国物资出版社，2010.

[2] 濮小金，司志刚. 现代物流[M]. 北京：机械工业出版社，2005.

[3] 陈文若. 第三方物流[M]. 北京：对外经济贸易大学出版社，2005.

[4] 陈昭方. 实验与创新能力培养[M]. 武汉：华中科技大学出版社，2009.

[5] 查有梁. 教育建模[M]. 南宁：广西教育出版社，2003.

[6] 魏国辰. 物流机械设备的运用与管理[M]. 北京：中国物资出版社，2007.

[7] 邬跃. 物流实验教程[M]. 北京：高等教育出版社，2009.

[8] 宁宁. 物流信息系统综合实验教程[M]. 重庆：重庆大学出版社，2007.

[9] 周溪召. 物流与系统工程[M]. 上海：上海财经大学出版社，2003.

[10] 鲁晓春. 现代物流基础设施与设备[M]. 北京：中国物资出版社，2006.

[11] 石焱. 电子商务应用综合实训指导[M]. 北京：中国水利水电出版社，2008.

[12] 武晓钊. 物流公司岗位综合实训[M]. 上海：上海财经大学出版社，2006.

[13] 汝宜红，宋伯慧. 配送管理[M]. 北京：机械工业出版社，2006.

[14] 李联卫. 物流案例与实训[M]. 北京：化学工业出版社，2009.

[15] 郑文岭. 企业物流实训[M]. 北京：中国劳动社会保障出版社，2006.

[16] 李文斐，张娟. 现代物流设备与技术实务[M]. 北京：人民邮电出版社，2006.

[17] 董千里. 物流企业运作与实务[M]. 北京：人民交通出版社，2004.

[18] 陈百建. 物流实验实训教程[M]. 北京：化学工业出版社，2006.

[19] 王成林. 物流实训[M]. 北京：中国物资出版社，2010.

[20] 汝宜红. 物流学[M]. 北京：中国铁道出版社，2003.

[21] 王转，程国全，冯爱兰. 物流系统工程[M]. 北京：高等教育出版社，2004.

[22] 储雪俭. 现代物流管理教程[M]. 上海：上海三联书店，2002.

[23] 姜璐，王德胜. 系统科学新论[M]. 北京：华夏出版社，1990.

[24] 刘刚. 供应链管理[M]. 北京：化学工业出版社，2002.

[25] 杨家其. 现代物流与运输[M]. 北京：人民交通出版社，2002.

[26] 谢识予. 经济博弈论[M]. 上海：复旦大学出版社，2002.

[27] 秦明森. 物流作业优化方法[M]. 北京：中国物资出版社，2003.

[28] 田雪. 国际化实战型物流人才培养模式研究[J]. 中国市场，2009(10)：35-36.

[29] 伊继东. 创新人才培养模式的实践与思考[J]. 国家教育行政学院学报，2009(4)：7-10.

[30] 王转等. 物流设施计划与设计[M]. 北京：中国物资出版社，2004.

[31] 姚城. 物流配送中心系统规划[M]. 北京：清华大学出版社，2003.

[32] 张可明. 物流系统分析[M]. 北京：清华大学出版社，北京交通大学出版社，2004.

[33] 林立千. 设施规划与物流中心设计[M]. 北京：清华大学出版社，2003.